RELIGION VERNETZT PLUS 8

Herausgegeben von
Prof. Dr. Hans Mendl und
Prof. Dr. Markus Schiefer Ferrari

Erarbeitet von
Judith Eder,
Dr. Patrick Rotter,
Matthias Werner,
Dr. Michael Winklmann

RELIGION VERNETZT PLUS 8

Unterrichtswerk für katholische Religionslehre am Gymnasium

Herausgegeben von
Prof. Dr. Hans Mendl und Prof. Dr. Markus Schiefer Ferrari

Erarbeitet von
Judith Eder, Dr. Patrick Rotter, Matthias Werner, Dr. Michael Winklmann

Unter Rückgriff auf die Ausgabe *Religion vernetzt 8*,
herausgegeben von Prof. Dr. Hans Mendl und Prof. Dr. Markus Schiefer Ferrari,
erarbeitet von Alexander Keller, Dr. Annegret Langenhorst, Gerald Mackenrodt, Elke Obermeier

Zugelassen als Lehrbuch für den katholischen Religionsunterricht an Gymnasien von den Diözesanbischöfen von Augsburg, Bamberg, Eichstätt, München und Freising, Passau, Regensburg und Würzburg.

Illustration: Markus Lefrançois, Kassel
Notensatz: Kontrapunkt Satzstudio Bautzen
Umschlaggestaltung: Rosendahl, Berlin
Layoutkonzept: Ungermeyer, Berlin
Technische Umsetzung: Straive

www.cornelsen.de

1. Auflage, 1. Druck 2023

Alle Drucke dieser Auflage sind inhaltlich unverändert und können im Unterricht nebeneinander verwendet werden.

© 2023 Cornelsen Verlag GmbH, Berlin

Druck: Grafisches Centrum Cuno GmbH & Co.KG, Calbe

ISBN 978-3-06-065526-7 (Schülerbuch)
ISBN 978-3-06-065712-4 (E-Book)

PEFC zertifiziert
Dieses Produkt stammt aus nachhaltig bewirtschafteten Wäldern und kontrollierten Quellen.

www.pefc.de

PEFC/04-31-1370

Liebe Schülerinnen, liebe Schüler!

Ein neues Schuljahr hat begonnen und natürlich gibt es im Religionsunterricht wieder viel zu entdecken. Blättert doch euer Relibuch erst einmal in Ruhe durch!

Der Buchtitel „Religion vernetzt PLUS" bedeutet:

- In der Auseinandersetzung mit den Themen dieses Jahres könnt ihr euer Verständnis von Religion und Glauben, euer „religiöses Netzwerk", weiterentwickeln.
- Dies geschieht im gemeinsamen Gespräch und kreativen Tun mit anderen, also im „Netzwerk" eurer Klasse oder Lerngruppe.
- Das Buch lädt auch dazu ein, über den eigenen Tellerrand hinauszublicken und in Medien wie dem Internet Religion zu entdecken und Verbindungen zu knüpfen.
- Das „PLUS" könnt ihr als Anregung verstehen, immer intensiver in die Welt der Religion einzutauchen, sie im Alltag wahrzunehmen und religiöses Wissen zu erwerben. Es geht darum, urteilsfähig zu werden und sich selbst religiös ausdrücken zu können.
- Das „PLUS" kann man auch als +, also wie ein Kreuz schreiben. Der erste Bezugspunkt eures Nachdenkens über Religion ist der christliche Glaube.

So sind die einzelnen Kapitel aufgebaut:

- Das Bild und die Informationen auf der ersten Doppelseite lenken euren Blick auf das Thema des Kapitels.
- Die **Netzkarte** auf der zweiten Doppelseite bietet euch eine Übersicht über die einzelnen Stationen des Kapitels – und damit auch die Möglichkeit, euren Lernweg gemeinsam mit eurer Lehrerin, eurem Lehrer zu planen. Eine Gesamt-Netzkarte, die thematische Querverbindungen zwischen den einzelnen Kapiteln zeigt, findet ihr auf ▶ S. 140.
- Auf der Seite mit dem Hinweis **„So geht's"** wird jeweils eine besonders wichtige Methode vorgestellt. Sie erleichtert euch die Erschließung des aktuellen Themas, ist aber in den anderen Kapiteln ebenso hilfreich.
- Die abschließenden Übungsaufgaben unter der Überschrift **„Zeige, was du kannst"** ermöglichen euch, euer Wissen und eure Fähigkeiten anzuwenden. Sie bündeln das Gelernte und vernetzen es mit Inhalten und Methoden aus den anderen Kapiteln.

Am Ende des Buches findet ihr weitere nützliche **Methoden** (▶ S. 124). Auf diese wird auch in den Arbeitsaufträgen mithilfe eines ▶ blauen Pfeils verwiesen. Durch diese Methoden lernt ihr, euch selbstständig religiöse Fragestellungen zu erarbeiten.
Vor manchen Begriffen oder Namen steht in den Kapiteln ein ▶ hellbrauner Pfeil. Dieser verweist auf das **Lexikon** hinten im Buch (▶ S. 127). Hier werden diese Begriffe in alphabetischer Reihenfolge mit Text und Bild erläutert.

Euer Autoren- und Herausgeberteam

Inhalt

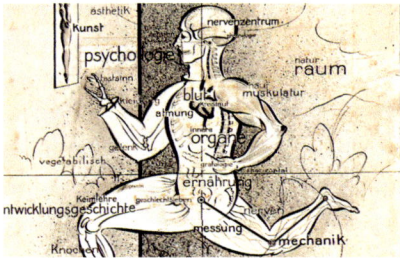

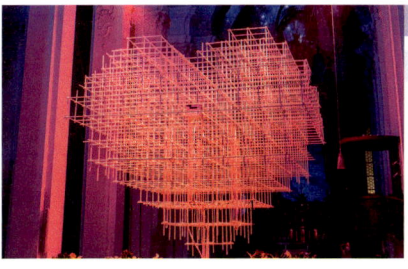

1 Schöpfung –
Was ist der Mensch?

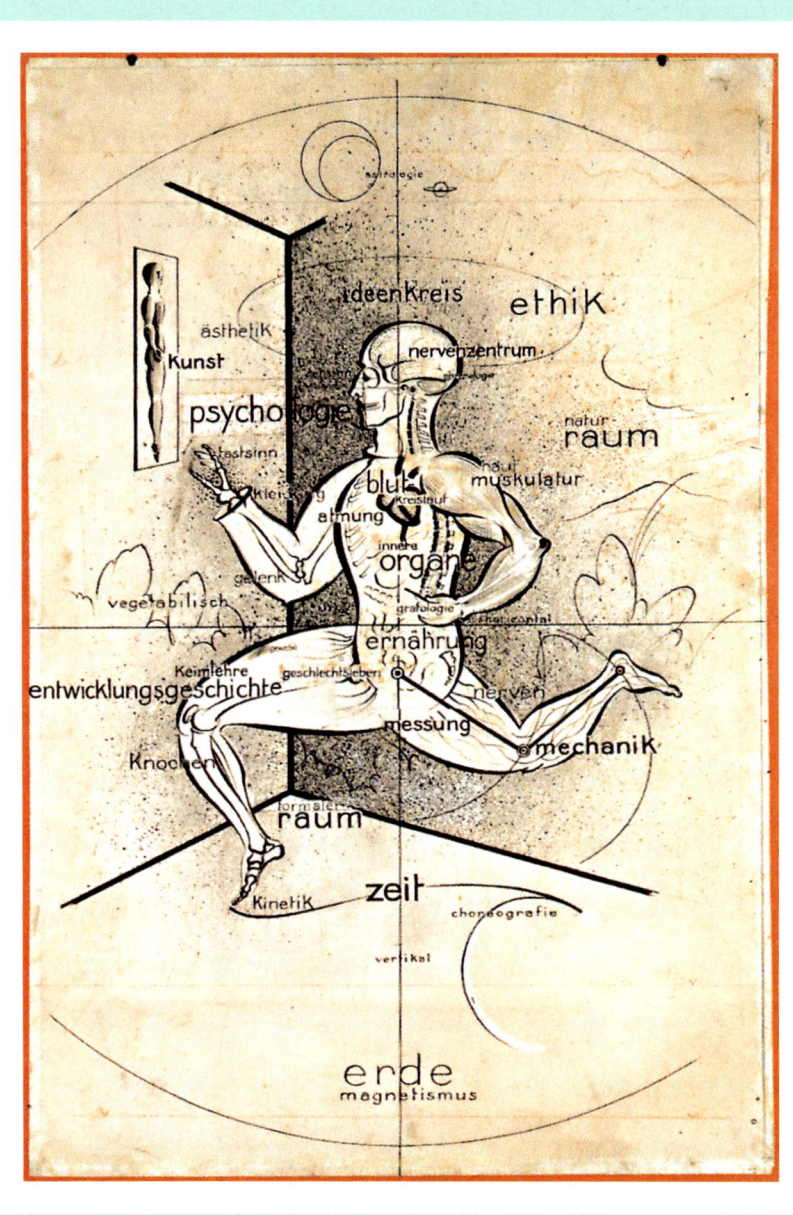

Schädelbasislektion

Was du bist steht am Rand
Anatomischer Tafeln.
Dem Skelett an der Wand
Was von Seele zu schwafeln
Liegt gerad so verquer
Wie im Rachen der Zeit
(Kleinhirn hin, Stammhirn her)
Diese Scheiß Sterblichkeit.

Durs Grünbein

»» *²Herr, unser Herr,*
wie gewaltig ist dein Name auf der ganzen Erde,
der du deine Hoheit gebreitet hast über den Himmel.
⁴Seh ich deine Himmel, die Werke deiner Finger,
Mond und Sterne, die du befestigt:
⁵Was ist der Mensch, dass du seiner gedenkst,
des Menschen Kind, dass du dich seiner annimmst?
⁶Du hast ihn nur wenig geringer gemacht als Gott,
du hast ihn gekrönt mit Pracht und Herrlichkeit.
⁷Du hast ihn als Herrscher eingesetzt über die Werke
deiner Hände,
alles hast du gelegt unter seine Füße:
¹⁰Herr, unser Herr, wie gewaltig ist dein Name auf
der ganzen Erde! ««   aus Ps 8

◄ Oskar Schlemmer, 1928

1 Das Bild links zeigt den Menschen im Zusammenspiel mit seiner Umwelt. Untersucht, wie Oskar Schlemmer sich den Menschen im Jahr 1928 vorgestellt hat. Erstellt dazu eine Tabelle, die zeigt, was den Menschen beeinflusst und worauf der Mensch Einfluss nimmt.

2 Die Frage „Was ist der Mensch?" in ►Ps 8 wird im Rahmen dieses Kapitels immer wieder gestellt werden.
- Arbeitet heraus, welche Antwort der Psalm auf diese Frage gibt. Schlagt dazu den gesamten Text in der Bibel nach.
- Welches Verhältnis des Menschen zur Schöpfung wird darin zum Ausdruck gebracht?

3 Auch in dem Gedicht von Durs Grünbein kommt eine bestimmte Vorstellung vom Menschen zum Ausdruck. Vergleicht den Text mit dem Ausschnitt aus ►Ps 8.

4 Beschreibt, aus welcher Perspektive die Figuren im Comic sich der Frage „Warum glaubst du, sind wir hier?" nähern.
- Erklärt, warum beide am Ende unzufrieden sind.
- Formuliert eure Antworten auf die Frage.

5 Gestaltet eine von Oskar Schlemmer inspirierte Zeichnung, die darstellt, wie ihr euch den Menschen und das Verhältnis zu seiner Umwelt im 21. Jahrhundert vorstellt.

Tipp zu Aufgabe 3: Sucht, z. B. in eurem Biologiebuch, nach einer anatomischen Tafel des Menschen und vergleicht sie mit dem Titelbild des Kapitels.

Netzkarte

Was ist der Mensch? Die Bibel erzählt in starken Bildern von der Erschaffung der Welt durch Gott. Auch der Mensch ist von Gott erschaffen und Teil der Schöpfung. Er hat die Aufgabe, sich selbst und seinen Platz in dieser Welt zu finden und zu gestalten. Gleichzeitig vertraut ihm Gott an, die Schöpfung zu gestalten. Daraus erwächst eine besondere Verantwortung des Menschen und ein dauerhafter Auftrag, gut für Gottes Werk zu sorgen.

... auf der Suche nach Selbsterkenntnis

1 Mensch

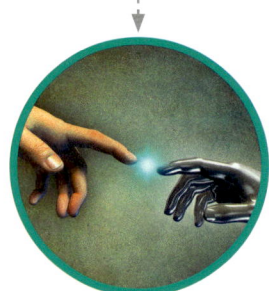

... ist von Gott gewollt

... ist ein Beziehungswesen

1 Haltet einen Kurzvortrag, in dem ihr in drei Minuten spontan die Frage „Was ist eigentlich ein Mensch?" beantwortet. Verwendet dafür keine Hilfsmittel.
2 Auf der rechten Seite findet ihr einige Thesen über den Menschen. Wählt in Gruppen je eine Aussage aus und gestaltet eine Mindmap dazu.
3 Sucht während der Arbeit an diesem Kapitel nach Menschenbildern in Medien, Werbung, Wirtschaft und Kultur. Gestaltet damit eine Collage und gebt den Bildern jeweils einen Untertitel: „Der Mensch, ein ..."

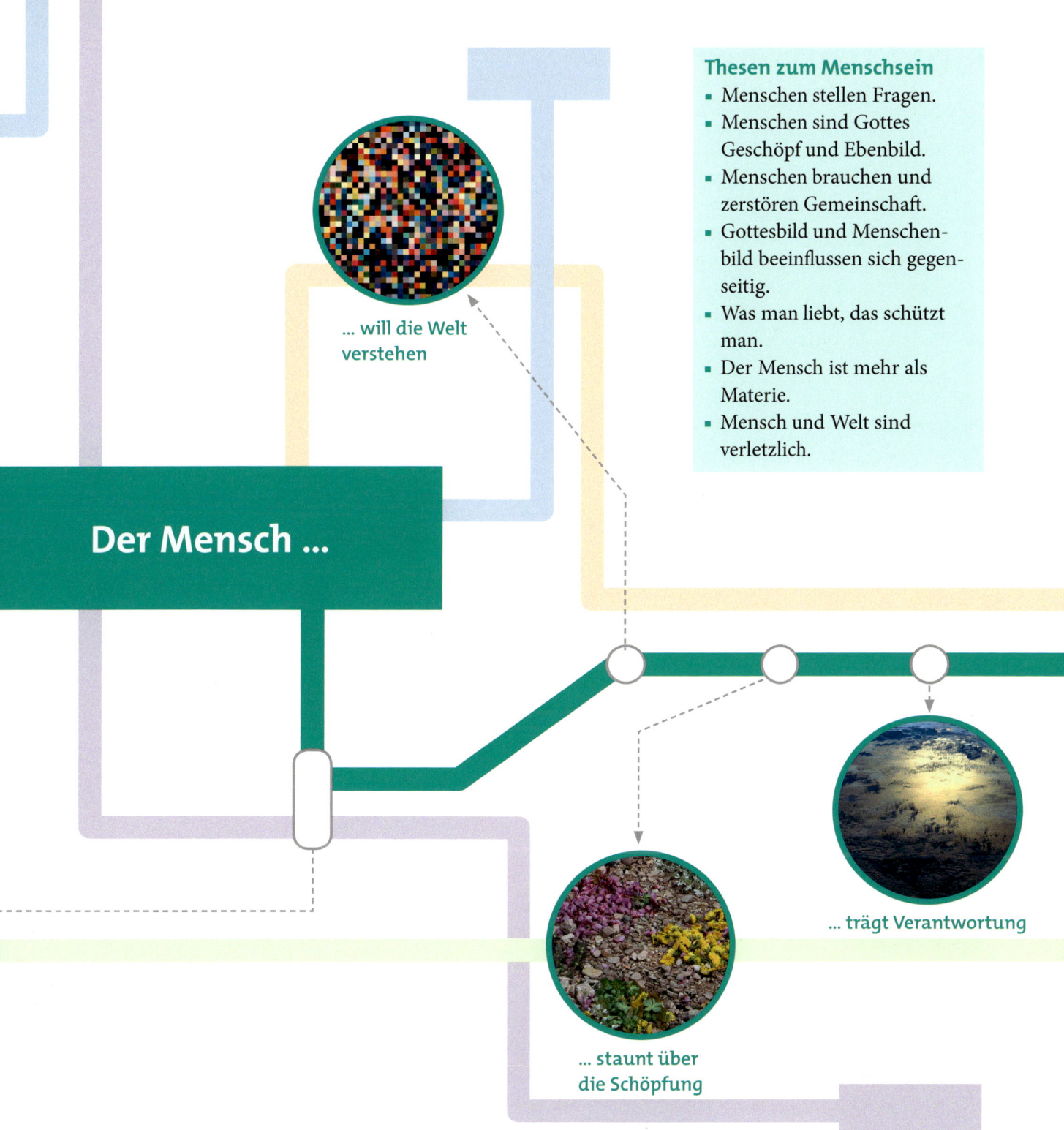

Thesen zum Menschsein
- Menschen stellen Fragen.
- Menschen sind Gottes Geschöpf und Ebenbild.
- Menschen brauchen und zerstören Gemeinschaft.
- Gottesbild und Menschenbild beeinflussen sich gegenseitig.
- Was man liebt, das schützt man.
- Der Mensch ist mehr als Materie.
- Mensch und Welt sind verletzlich.

... will die Welt verstehen

Der Mensch ...

... trägt Verantwortung

... staunt über die Schöpfung

Gott und Mensch

Die Bibel erörtert nicht theoretisch, was der Mensch ist, sondern beschreibt seine Beziehung zu Gott, den Mitmenschen und anderen Lebewesen in erzählender Form. Insbesondere die Urgeschichte (▶ Gen 1–11) redet davon, wie Welt und Mensch „eigentlich" sind. In der ersten Schöpfungserzählung (▶ Gen 1) bekommt der Mensch als Abbild Gottes den Auftrag, die Schöpfung zu gestalten und zu bewahren.

Der Mensch als Geschöpf Gottes

Nach ▶ Gen 1 ist und bleibt Gott der Schöpfer der Welt. Durch Werke der Trennung und Ausschmückung entstehen Zeit und Raum. Die Erde wird erfüllt von allen Arten von Tieren und schließlich, am sechsten Tag, durch den Menschen, dem eine besondere Rolle und Aufgabe zugewiesen wird.

Gottebenbildlichkeit des Menschen: Wenn der Mensch als Bild Gottes bezeichnet wird, knüpft das an altorientalische Vorstellungen an: Ein Bild oder eine Statue kann stellvertretend den Herrscher repräsentieren. Vor allem aber soll damit die größtmögliche Verwandtschaft zwischen Gott und Mensch zum Ausdruck gebracht werden.

Der Mensch als Mann und Frau: Die Gottebenbildlichkeit ist bei beiden Geschlechtern gleichermaßen gegeben. Jeder Mensch ist Stellvertreter bzw. Stellvertreterin Gottes und sorgt sich um die Welt.

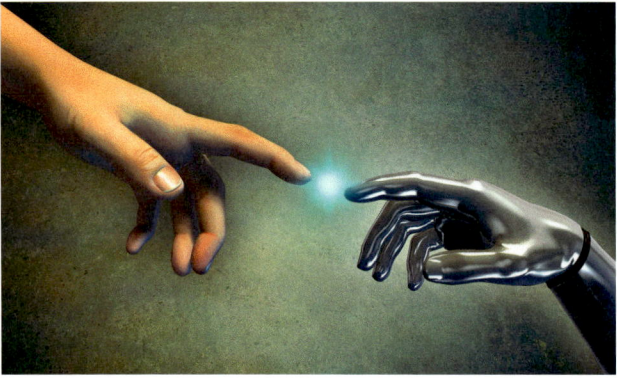

Wert und Würde des Menschen: Aufgrund seiner Gottebenbildlichkeit kommt jedem Menschen uneingeschränkt und unabhängig von körperlichen, kognitiven und psychischen Einschränkungen oder Unterscheidungsmerkmalen wie Geschlecht, Hautfarbe, Herkunft und Religion die gleiche Würde und der gleiche Wert zu.

Herrschafts- bzw. Hüteauftrag des Menschen: Als Bild Gottes ist der Mensch beauftragt, wie ein königlicher Hirte dafür zu sorgen, dass alle in der Schöpfung leben können. Damit ist kein Freibrief zur Ausbeutung der Schöpfung, sondern eine besondere Verantwortung für sie verbunden.

---

1 Sucht zu den einzelnen Aspekten des Menschenbildes der ersten Schöpfungserzählung Emojis, Ikons oder Bilder und gestaltet damit eine Collage.

2 Beschreibt den Aufbau der Schöpfungserzählung in ▶ Gen 1. Ihr könnt dabei auch die Illustrationen in der Initiale „I" („*In principio*", lat. für „Im Anfang", ▶ rechts) zu Hilfe nehmen. Arbeitet heraus, inwiefern sich die Erschaffung des Menschen vom Schöpfungswerk an den anderen Tagen unterscheidet.

3 Das Bild links ist angelehnt an die berühmte „Erschaffung Adams" (1508–1512) von Michelangelo.
- Vergleicht die Bilder und formuliert jeweils einen Satz, der ihre Aussage zusammenfasst. Das Bild von Michelangelo findet ihr z. B. im Internet.
- Diskutiert, wo ihr Chancen und Grenzen des Herrschaftsauftrags des Menschen heute seht.

4 In alten Bibelausgaben unterstützen oft kunstvolle Buchmalereien die Bedeutung des Textes (▶ rechts). Gestaltet für den Eröffnungstext ▶ Gen 1 ein modernes Bibelkunstwerk (▶ Bible-Art-Journaling), indem ihr die Schönheit des Textes z. B. durch Übermalungen oder Hervorhebung unterstreicht und Bildelemente zur Bedeutung des Menschen in der Schöpfung kreiert.

GENESIS

Im Anfang erschuf Gott Himmel und Erde. [2] Die Erde war wüst und wirr und Finsternis lag über der Urflut und Gottes Geist schwebte über dem Wasser. [3] Gott sprach: Es werde Licht. Und es wurde Licht. [4] Gott sah, dass das Licht gut war. Und Gott schied das Licht von der Finsternis. [5] Und Gott nannte das Licht Tag und die Finsternis nannte er Nacht. Es wurde Abend und es wurde Morgen: erster Tag.

(...)

[26] Dann sprach Gott: Lasst uns Menschen machen als unser Bild, uns ähnlich! Sie sollen walten über die Fische des Meeres, über die Vögel des Himmels, über das Vieh, über die ganze Erde und über alle Kriechtiere, die auf der Erde kriechen. [27] Gott erschuf den Menschen als sein Bild, als Bild Gottes erschuf er ihn. Männlich und weiblich erschuf er sie.

[28] Gott segnete sie und Gott sprach zu ihnen: Seid fruchtbar und mehrt euch, füllt die Erde und unterwerft sie und waltet über die Fische des Meeres, über die Vögel des Himmels und über alle Tiere, die auf der Erde kriechen!

[29] Dann sprach Gott: Siehe, ich gebe euch alles Gewächs, das Samen bildet auf der ganzen Erde, und alle Bäume, die Früchte tragen mit Samen darin. Euch sollen sie zur Nahrung dienen. [30] Allen Tieren der Erde, allen Vögeln des Himmels und allem, was auf der Erde kriecht, das Lebensatem in sich hat, gebe ich alles grüne Gewächs zur Nahrung. Und so geschah es. [31] Gott sah alles an, was er gemacht hatte: Und siehe, es war sehr gut. Es wurde Abend und es wurde Morgen: der sechste Tag.

aus Gen 1

▲ *Buchmalerei, um 1500*

Der Mensch in Gemeinschaft

Die zweite Schöpfungserzählung, die in ▶ Gen 2 steht, handelt erneut von der Erschaffung der Welt und des Menschen als Mann und Frau und von deren Rolle in der Schöpfung.

Der Mensch im Garten Eden

⁴Das ist die Geschichte der Entstehung von Himmel und Erde, als sie erschaffen wurden. Zur Zeit, als Gott, der HERR, Erde und Himmel machte, ⁵gab es auf der Erde noch keine Feldsträucher und wuchsen noch keine Feldpflanzen, denn Gott, der HERR, hatte es auf die Erde noch nicht regnen lassen und es gab noch keinen Menschen, der den Erdboden bearbeitete, ⁶aber Feuchtigkeit stieg aus der Erde auf und tränkte die ganze Fläche des Erdbodens. ⁷Da formte Gott, der HERR, den Menschen, Staub vom Erdboden, und blies in seine Nase den Lebensatem. So wurde der Mensch zu einem lebendigen Wesen.

¹⁵Gott, der HERR, nahm den Menschen und gab ihm seinen Wohnsitz im Garten von Eden, damit er ihn bearbeite und hüte. ¹⁸Dann sprach Gott, der HERR: Es ist nicht gut, dass der Mensch allein ist. Ich will ihm eine Hilfe machen, die ihm ebenbürtig ist. ¹⁹Gott, der HERR, formte aus dem Erdboden alle Tiere des Feldes und alle Vögel des Himmels und führte sie dem Menschen zu, um zu sehen, wie er sie benennen würde. Und wie der Mensch jedes lebendige Wesen benannte, so sollte sein Name sein. ²⁰Der Mensch gab Namen allem Vieh, den Vögeln des Himmels und allen Tieren des Feldes. Aber eine Hilfe, die dem Menschen ebenbürtig war, fand er nicht.

²¹Da ließ Gott, der HERR, einen tiefen Schlaf auf den Menschen fallen, sodass er einschlief, nahm eine seiner Rippen und verschloss ihre Stelle mit Fleisch. ²²Gott, der HERR, baute aus der Rippe, die er vom Menschen genommen hatte, eine Frau und führte sie dem Menschen zu. ²³Und der Mensch sprach: Das endlich ist Bein von meinem Bein und Fleisch von meinem Fleisch. Frau soll sie genannt werden; denn vom Mann ist sie genommen. ²⁴Darum verlässt der Mann Vater und Mutter und hängt seiner Frau an und sie werden ein Fleisch. ²⁵Beide, der Mensch und seine Frau, waren nackt, aber sie schämten sich nicht voreinander.

aus Gen 2,4–25

Die beiden Schöpfungserzählungen in ▶ Gen 1 und ▶ Gen 2 erzählen auf unterschiedliche Weise, wie der Mensch in die Welt kam. Sie wollen jedoch nicht tatsächliche Vorgänge beschreiben. Vielmehr veranschaulichen sie bildhaft, was es bedeutet, ein Mensch zu sein. So charakterisieren sie das Verhältnis der Menschen zueinander, zur Welt und zu Gott. Die Erzählung in ▶ Gen 2 drückt es so aus: Der Mensch ist aus Erde gemacht; er gehört zur Erde. Seine Lebenskraft verdankt er Gott, der ihm den „Lebensatem" gibt. Er bekommt von ihm auch einen Auftrag, nämlich den Garten, den er bewohnt, zu „hüten". Doch der Mensch ist zunächst allein. Um als Mensch vollendet zu sein, braucht er ein Gegenüber, mit dem er ein Leben in gleichberechtigter Gemeinschaft führen kann.

Hebräische Wortkunde			
adamah:	Erde	**isch:**	Mann
adam:	Mensch	**ischah:**	Frau

1 Untersucht, welche Aussagen über den Menschen und seine Beziehung zu Gott und zu anderen Lebewesen sich aus ▶ Gen 2 ableiten lassen. Gestaltet dazu eine Mindmap. Berücksichtigt dabei die Wortkunde oben.

2 Gott erschafft den Menschen als Mann und Frau.
   ▪ Beschreibt, wie sie aufeinander bezogen sind. Die Wortkunde gibt euch wieder einen Hinweis. Sammelt Adjektive, die diese Beziehung veranschaulichen.

Salvador Dalí, 1964 ▶

- Erklärt, warum aus der Erzählung in ▶Gen 2 hervorgeht, dass Mann und Frau ebenbürtig sind.
3 Der Mensch bekommt in dieser Geschichte eine besondere Stellung in der Schöpfung zugewiesen.
  - Beschreibt, worin die Sonderstellung des Menschen besteht.
  - Vergleicht die Wortwahl des Auftrages an den Menschen in ▶Gen 2,15 und Gen 1,28. Analysiert,

inwiefern die Aufträge sich unterscheiden. Ihr könnt als Hilfestellung z. B. jeweils ein Wortfeld bilden.

4 Das Bild von Salvador Dalí heißt „*Faciamus hominem*" („Lasst uns den Menschen machen").
  - Beschreibt das Bild und beantwortet für euch persönlich die Frage, wer auf dem Bild dargestellt ist.
  - Welcher Schöpfungserzählung ordnet ihr das Bild zu? Begründet eure Wahl.

Götter des Gemetzels? Mythen vom Anfang

Alle Religionen haben ihre eigenen Mythen. Diese Erzählungen handeln von ihren Gottheiten und deren Bedeutung und wollen vor allem die Herkunft der Welt und die Stellung des Menschen deuten. Bekannt ist aus dem Umfeld des Alten Testaments vor allem der babylonische Schöpfungsmythos „Enuma elisch". Bemerkenswerte Ähnlichkeiten, aber auch Unterschiede zur biblischen Schöpfungserzählung fallen ins Auge.

▲ *Evelyn Paul, 1916*

Der „Enuma elisch"-Mythos
Als oben der Himmel noch nicht war
und unten nicht die Erde,
noch kein Strauchwerk,
noch kein Rohrdickicht,
da wogten im All das süße Urmeer Apsu
und das salzige Urmeer Tiamat.
Apsu und Tiamat vermischten ihre Wasser
als Mann und Frau, und es ward geschaffen Ea,
gewaltig an Kräften.
Keiner der Götter war ihm gleich.

Ea tötete Apsu, seinen Vater

Und Ea zeugte einen Sohn.
Marduk war sein Name.
Marduk wurde groß und stark.
Er war ein mächtiger, weiser Gott.

Tiamat aber wollte Rache für Apsu, ihren Mann.
Sie rüstete für den Kampf gegen Ea.
Tiamat wurde ein Drache.

Ea rief Marduk:
Du bist der Kühnste. Töte Tiamat!

Und Ea gab Marduk den Herrscherstab.
Und Marduk nahm eine Keule
und Pfeil und Bogen. Er nahm das Netz.
Er kam mit dem Wirbelwind.

Der Wind blähte Tiamats Körper auf.
Marduk entsandte den Pfeil.
Der drang durch den Panzer in ihr Herz.
Tiamat war tot.

Marduk zerschlug sie mit der Keule.
Er zerteilte Tiamat.

Er hob die eine Hälfte auf,
und befestigte sie als Himmel.
Aus der anderen Hälfte schuf er die Erde,
das Wasser, die Flüsse und Seen.

Er teilte den Himmel in zwölf Zonen.
Zwölf Monate erhielt das Jahr.
Den Mondgott ließ er leuchten bei Nacht,
den Sonnengott bei Tag.

Dann ruhte der Held von seinem Kampf,
von seinem Schöpfungswerk.
Und danach sprach Marduk:
Ich schaffe Neues:
Den Menschen will ich schaffen,
ein Wesen, das uns dienen soll.
Aus Götterblut erschuf er den Menschen.

Marduk war der größte Gott.
Die Götter sprachen: Wir wollen dich ehren.
Wir wollen dir einen Tempel bauen.
Da erglänzte Marduk vor Freude.

Die Götter bauten einen Turm.
Sie bereiteten eine Wohnung für Marduk.
Sie gaben ihm Namen, große Namen:
„Der Himmel und Erde erschuf",
„Marduk, der den Menschen erschuf",
„Der Tiamat bezwang".   *Dietrich Steinwede*

Erläuterungen

Enuma elisch: Der hymnische Text über die Erschaffung der Welt war für das Reich von ▶ Babylon sehr wichtig: Am Neujahrsfest wurde er von den Priestern bei einer feierlichen Zeremonie verlesen. Die Anwesenheit des Königs war Pflicht. Der Text verherrlicht den höchsten Gott Marduk und unterstreicht dadurch den Herrschaftsanspruch der Babylonier. Auf Keilschrifttafeln aus dem 9. bis 2. Jahrhundert v. Chr. ist das insgesamt rund 900 Zeilen lange Epos fast vollständig erhalten. Man darf davon ausgehen, dass die Verfasser von ▶ Gen 1 den Text kannten.

Marduk: Marduk war ursprünglich ein Stadtgott der Stadt Babylon. Im Laufe der Zeit stieg er zum Haupt- und Staatsgott des gesamten babylonischen Reiches auf. Er gilt als Welt- und Menschenschöpfer; Allmacht und Weisheit, aber auch kriegerische Fähigkeiten zeichnen ihn aus.

Mythos: Eine überlieferte Geschichte, die die Existenz der Welt und der Menschen erzählerisch und nicht rational-begrifflich erklären will, nennt man Mythos (griech. „Erzählung, Rede, Geschichte"). Mythen vom Anfang der Welt wollen nicht wörtlich beschreiben, was genau am Anfang geschehen ist, sondern erzählen vom Sinn und vom Wert der Welt und des Lebens. Sie antworten auf die Frage, warum und wozu es die Welt und uns Menschen gibt.

---

1 Lest die babylonische Schöpfungserzählung. Vergleicht sie mit ▶ Gen 1: Welche Motive kommen vor? Wo liegen Ähnlichkeiten, wo Unterschiede?

2 Evelyn Paul hat vor über hundert Jahren Illustrationen zum Götterkampf von Tiamat und Marduk geschaffen.
  ▪ Charakterisiert, wie sie die beiden Göttergestalten darstellt. Entspricht das Bild eurer Vorstellung nach der Lektüre des Textes? Begründet eure Einschätzung.
  ▪ Vergleicht Marduk mit dem biblischen Schöpfergott. Sammelt Adjektive und gestaltet einen kurzen Text.

3 Interpretiert die Stellen aus dem Text, die von der Erschaffung des Menschen durch Marduk erzählen. Was wird damit über die Menschen ausgesagt? Zieht zum Vergleich auch ▶ Gen 1,26–28 und Gen 2,7-8.15 heran.

4 Zeigt am Beispiel von „Enuma elisch", was einen Mythos ausmacht.

Tipp zu Aufgabe 2: Ihr könnt im Internet nach weiteren Darstellungen des Kampfes von Tiamat und Marduk suchen. Begründet, warum die Geschichte offenbar beliebt ist.

Der Mensch und seine Grenzen

Nach der Erschaffung des Menschen zeigen weitere mythische Erzählungen im Buch Genesis den Menschen in seinem Erkenntnis- und Schaffensdrang. Er lotet seine Möglichkeiten aus, gefährdet aber damit sich selbst und die Beziehungen unter den Menschen und auch die Beziehung zu Gott.

Die Geschichten in ▶ Gen 1–11 spiegeln Grunderfahrungen der Menschen. Diese Geschichten machen deutlich, dass das Leben von Einschränkungen und Gefährdungen bestimmt ist. Der Mensch versucht, seine Begrenzungen zu durchbrechen, aber das geht nicht gut aus:

- Nach den beiden Schöpfungsgeschichten folgt in **Gen 3** die Erzählung, wie das erste Menschenpaar durch die Übertretung von Gottes Gebot den paradiesischen Frieden stört.
- **Gen 4** thematisiert in der Erzählung über den Brudermord von Kain an Abel (▶ Gen 4,1–16) Konflikte und Neid unter den Menschen.
- **Gen 6–9** erzählt, wie Gott die Menschen in einer großen Flut vernichten will. Nur Noach, seine Familie und von allen Tieren ein Paar werden verschont: Noach erhält von Gott den Auftrag, eine Arche zum Schutz für sie zu bauen.
- In **Gen 11** wollen die Menschen einen Turm „bis in den Himmel" bauen, um sich „einen Namen (zu) machen" (▶ Gen 11,1–9). Gott verwirrt daraufhin ihre Sprache und bringt so das Projekt zum Erliegen. Die Menschen verstehen sich nicht mehr und zerstreuen sich über die Erde.

Allen Geschichten liegt dasselbe Thema zugrunde: ein gestörtes Verhältnis zwischen den Menschen und Gott. Gott verweist den Menschen in seine Schranken. Doch er entzieht ihm nicht seine Zuwendung, sondern stiftet trotz aller Verfehlungen einen neuen Bund mit den Menschen (▶ Gen 9,8).

Der Fall des Menschen

¹Die Schlange war schlauer als alle Tiere des Feldes, die Gott, der HERR, gemacht hatte. Sie sagte zu der Frau: Hat Gott wirklich gesagt: Ihr dürft von keinem Baum des Gartens essen? ²Die Frau entgegnete der Schlange: Von den Früchten der Bäume im Garten dürfen wir essen; ³nur von den Früchten des Baumes, der in der Mitte des Gartens steht, hat Gott gesagt: Davon dürft ihr nicht essen und daran dürft ihr nicht rühren, sonst werdet ihr sterben.

⁴Darauf sagte die Schlange zur Frau: Nein, ihr werdet nicht sterben. ⁵Gott weiß vielmehr: Sobald ihr davon esst, gehen euch die Augen auf; ihr werdet wie Gott und erkennt Gut und Böse. ⁶Da sah die Frau, dass es köstlich wäre, von dem Baum zu essen, dass der Baum eine Augenweide war und begehrenswert war, um klug zu werden. Sie nahm von seinen Früchten und aß; sie gab auch ihrem Mann, der bei ihr war, und auch er aß.

⁷Da gingen beiden die Augen auf und sie erkannten, dass sie nackt waren. Sie hefteten Feigenblätter zusammen und machten sich einen Schurz. ⁸Als sie an den Schritten hörten, dass sich Gott, der HERR, beim Tagwind im Garten erging, versteckten sich der Mensch und seine Frau vor Gott, dem HERRN, inmitten der Bäume des Gartens. ⁹Aber Gott, der HERR, rief nach dem Menschen und sprach zu ihm: Wo bist du? ¹⁰Er antwortete: Ich habe deine Schritte gehört im Garten; da geriet ich in Furcht, weil ich nackt bin, und versteckte mich. ¹¹Darauf fragte er: Wer hat dir gesagt, dass du nackt bist? Hast du von dem Baum gegessen, von dem ich dir geboten habe, davon nicht zu essen? ¹²Der Mensch antwortete: Die Frau, die du mir beigesellt hast, sie hat mir von dem Baum gegeben. So habe ich gegessen. ¹³Gott, der HERR, sprach zu der Frau: Was hast du getan? Die Frau antwortete: Die Schlange hat mich verführt. So habe ich gegessen. Gen 3,1–13

Frank Pieth/Ursula Ruoff, 2013 ▶

1 Untersucht ▶ Gen 3,1–13 nach den Gesprächsstrategien und dem Verhalten der Beteiligten und zeigt die Folgen auf.

2 Wie es weitergeht, erzählt ▶ Gen 3,14–24. Arbeitet heraus, wie das Bild oben das erste Menschenpaar und die Schöpfungserzählung in einen heutigen Zusammenhang stellt, und formuliert eine Bildunterschrift.

3 Analysiert die Erzählungen von Kain und Abel und vom Turmbau zu Babel unter dem Aspekt „gestörte Kommunikation". Achtet auch auf Gesten und Blicke. Was sind die Auswirkungen? Führt Beispiele an, wo ihr Parallelen zu heute ziehen könnt.

4 Fasst zusammen, wo in ▶ Gen 11, 1–9 problematische Denk- und Handlungsweisen deutlich werden.

Menschen im Spiegel ihrer Zeit

Mythische Erzählungen vermitteln bestimmte Bilder vom Menschen. Auch heute erzählen Geschichten, wie Menschen sind. Solche „modernen Mythen" spiegeln sich z. B. in Filmen, Computerspielen und sozialen Netzwerken. Hier eröffnen sich neue Antwortmöglichkeiten für die alte Frage „Wer bin ich?".

Mein Avatar – mein „anderes Ich"?

In vielen Computerspielen ist es möglich, Spielelemente oder den Spielverlauf mitzugestalten, z. B. indem die Spielfigur, der Avatar, nach eigenen Vorstellungen geformt wird. Spieler können sich fragen: Wer und wie will ich sein? Ritter oder Magierin? Wie möchte ich von meinen Mitspielern und Mitspielerinnen wahrgenommen werden? Will ich lieber auf der Seite der „Guten" stehen oder als Bösewicht gegen „das System" kämpfen? Welche Eigenschaften soll meine Spielfigur haben?

Ein Avatar ist die *Verkörperung* eines Spielers, er ist nicht mit ihm *identisch*. Durch einen Avatar schlüpft man in einen anderen Charakter, kann sich ausprobieren, „spielerisch" gegen Regeln verstoßen, die im „normalen" Leben gelten – auch wenn man „in Wirklichkeit" ganz anders ist. Dazu gehört auch, dass Computerspiele oft Entscheidungen für eine bestimmte Spieltaktik einfordern, die den weiteren Spielverlauf maßgeblich beeinflussen: Versuche ich bzw. mein Avatar, das Spielziel durch Kampf zu erreichen, greife ich zu Intrigen oder setze ich eher auf Kommunikation und Verhandlungsgeschick?

Wissenschaftlich betrachtet

Die Forschung hat herausgefunden, dass Rollenspieler beim Spielen das Gefühl haben, in den Körper ihres Avatars zu schlüpfen. Anhand der Hirnaktivität konnte sie zeigen, dass Gamer sich emotional ähnlich eng mit ihrem Avatar verbunden fühlen wie mit ihrem besten Freund. Das beeinflusst auch das Verhalten in der realen Welt: Wer am Computer in die Rolle eines Superhelden schlüpft, ist anschließend hilfsbereiter.

nach Gehirn und Geist, 6/2014

---

1 Präsentiert in einem kurzen Vortrag ein Spiel, das ihr gerne spielt. Erläutert Spielinhalt und -ziel. Untersucht gemeinsam, welche Rollenzuweisungen und Menschenbilder dem Spiel zugrunde liegen.

2 Erstellt einen Steckbrief für den Avatar, der euch in einem Spiel verkörpert bzw. verkörpern könnte, und erklärt, warum ihr ihn so gestaltet habt.

3 Betrachtet die Illustration und erörtert, welche „Vorteile" es bietet, in einen Avatar zu schlüpfen. Denkt dabei auch an geschlechtsspezifische Rollenzuweisungen.

4 Sammelt in einer Tabelle links die Bedürfnisse, die hinter Selfies stecken, und rechts mögliche Gefahren einer Selbstinszenierung.

Selfies – Spiegelbilder eines Menschen?

Ich am perfekten Strand, ich bei einem Mega-Konzert-Event, ich in meinem neuen Outfit … alles dokumentiert durch Selfies – Für viele Menschen ist es zur Gewohnheit geworden, sich selbst und ihr Leben mittels Selfies zu präsentieren und vor allem in sozialen Netzwerken zu teilen. Laut einer Studie machen 85 Prozent aller Jugendlichen regelmäßig Selfies und posten sie, in der Hoffnung auf viele „Likes", die digitale Form des Kompliments. Je mehr Menschen ein Bild „liken", desto besser fürs Selbstvertrauen. Durch die Inszenierung und die Anwendung von technischen Filtern kann jede und jeder darauf Einfluss nehmen, wie er oder sie sich den anderen zeigt. Selfies sind also ein Mittel, um die Kontrolle über die Darstellung des Ichs zu behalten und zu bestimmen, wie andere einen sehen. Doch spiegeln sie den wirklichen Menschen oder zeigen sie nur die „schönen Seiten", nur eine Fassade oder Klischees? Andererseits steckt in jedem Selfie auch viel von dem Menschen, der es macht und postet: Sehnsucht nach Anerkennung und Wertschätzung, individuelle Träume und Vorstellungen vom Leben. Selfies bieten die Möglichkeit, Neues auszuprobieren, in Rollen zu schlüpfen und einen eigenen Stil zu finden.

▲ *Claude Cahun, 1928*

❯❯ *Wir haben einen Klassenchat, dort haben alle ein Profilbild. Meistens sind das Selfies, die die eigene Person besonders gut aussehen lassen. Bei vielen Fotos denke ich mir aber, dass sie gar nicht zeigen, was für ein Mensch das ist. Schminke, Haargel und Caps verdecken die Persönlichkeit.* ❮❮   *Kim, 14 Jahre*

- ▪ Macht eine Umfrage zu „Selfies", in der ihr die Einträge eurer Tabelle auf ihre Gültigkeit überprüft.
- ▪ Selfies orientieren sich häufig an Vorstellungen von dem, was andere als „normal", „schön" oder „perfekt" betrachten. Diskutiert die Ursachen und Folgen.
5 Der Mythos von Narziss spielt mit dem Motiv des Spiegelbildes.
- ▪ Formuliert eine Aussage, die dieser Mythos über das Wesen des Menschen macht.
- ▪ Prüft, welche Gemeinsamkeiten zwischen Selfies und dem Mythos von Narziss bestehen könnten.
6 Viele Künstlerinnen und Künstler haben sich in Selbstporträts dargestellt. Deutet das Bild von Claude Cahun: Welche Rolle spielt dort der Spiegel?

Der Narziss-Mythos
Narziss war der Sohn der Nymphe Liriope. Er war so schön, dass viele sich in ihn verliebten. Aber er wies alle ab und erwiderte ihre Liebe nicht.
Als er eines Tages aus einer Quelle trinken wollte, sah er im Wasser sein Spiegelbild und war davon ganz verzaubert. Er konnte sich von dem Anblick nicht mehr lösen. Vergeblich versuchte er, sein Spiegelbild zu umarmen und zu berühren. Diese unerfüllte Liebe war für ihn so schmerzvoll, dass er starb.   *nach Ovid*

Was ist ein Kuss?

Wir können die Wirklichkeit, in der wir leben, aus verschiedenen Perspektiven betrachten. Oft gibt es auf unsere Fragen nicht nur eine richtige Antwort.

Beim Nachdenken über die Welt besteht die Aufgabe darin, die unterschiedlichen Antworten auf unsere Fragen miteinander in Beziehung zu bringen.

▲ *Marilène Oliver, 2005*

Das Bild „The Kiss" aus dem Zyklus „Two Worlds" der britischen Künstlerin Marilène Oliver zeigt eine Frau und einen Mann, die sich küssen. Die Aufnahme wurde in einem Magnetresonanztomografen angefertigt. Dieses Gerät kommt normalerweise v. a. in der Medizin zum Einsatz.

1 Das Bild irritiert „gängige" Erwartungen und Sehgewohnheiten. Beschreibt es und untersucht, wie sich Motiv und Darstellungsform oder auch Motiv und methodisches Vorgehen der Künstlerin zueinander verhalten. Dabei kann euch ▸ S. 21 helfen.

2 Sucht nach weiteren Kussdarstellungen in der Kunst. Beschreibt, welche Perspektive die Künstlerinnen und Künstler bei ihren Bildern gewählt haben und auf welchen Aspekt sie jeweils Wert gelegt haben.

3 Fasst in einem Satz zusammen, was das Kunstwerk für euch ausdrückt. Diskutiert anschließend, ob ihr die Perspektive für angemessen haltet.

4 Stellt euch vor, ihr wäret Kunstvermittler in einem Museum und wollt Besucher über die Besonderheiten des Bildes informieren. Bereitet einen kurzen Vortrag vor.

5 Erläutert, warum es wichtig ist, komplementär denken zu können. Klärt dafür zunächst, was „komplementär" bedeutet.

So geht's
Perspektivenübernahme einüben

In einer pluralen Welt erscheint es als unverzichtbar für das soziale Miteinander, verschiedene Sichtweisen wahrzunehmen und nachvollziehen zu können. Zu einem Thema oder zu einer Fragestellung kann es ganz unterschiedliche Meinungen und Überzeugungen geben, die einander auch widersprechen können. Einen Sachverhalt aus verschiedenen Perspektiven zu betrachten, kann dazu beitragen, diesen besser zu verstehen. Wer zu einer Perspektivenübernahme fähig ist, kann komplementär denken.

Ihr könnt euer Denken dahingehend schulen, indem ihr Themen oder Phänomene durch verschiedene „Brillen", d. h. aus verschiedenen Perspektiven, betrachtet. Dabei könnt ihr z. B. so vorgehen:

1 Das Thema benennen

Wenn ihr einer Sache begegnet, die euch irritiert, könnte das daran liegen, dass die Darstellung eurer gewohnten Sichtweise entgegenläuft. Zunächst gilt es also zu entdecken, worin die Irritation besteht.
Das Bild links ist ein Beispiel dafür: Das romantische Motiv eines Kusses passt auf den ersten Blick nicht zur Darstellungsweise eines medizintechnischen Geräts.

2 Fragehaltung klären

Jede Perspektive betrachtet eine Sache mit einer spezifischen Fragestellung im Hintergrund. Versucht, jeweils eine Frage zu formulieren, die für eine bestimmte Betrachtungsweise charakteristisch ist. Oft liegt ein Unterschied z. B. in der Frage nach dem, „wie" etwas ist, und dem, „warum" etwas ist.
Die Medizin fragt z. B. danach, welche physiologischen Veränderungen in einem menschlichen Körper während des Küssens vorgehen. Die Psychologie fragt nach der Beziehung der beiden Personen.

3 Informationen sammeln

Um neue oder andere Erkenntnisse über eine Sache oder ein Thema zu erlangen, ist der Austausch mit anderen unerlässlich. Ihr könnt beispielsweise das Gespräch mit Menschen suchen, die aufgrund ihrer Herkunft, Ausbildung und Erfahrungen eine ganz andere Perspektive haben. Ihr könnt Literatur suchen, die sich mit dem Thema beschäftigt. Eine Recherche der Hintergründe und Fakten ermöglicht eine sachliche Auseinandersetzung.
Beim Beispiel links könnt ihr Informationen zu den Vorgängen im Körper während eines Kusses sammeln, Menschen befragen, was sie bei einem Kuss empfinden, andere Darstellungen des Kuss-Motivs finden etc.

4 Würdigung aller Perspektiven

Die Grundannahme ist, dass zunächst alle Seiten eines Themas berechtigte Herangehensweisen darstellen. Ihr könnt zu jeder Perspektive, die ihr untersucht habt, einen Satz formulieren, der das Wichtigste dieser Perspektive wiedergibt.
Bei dem Bild links stellt die aus der Medizin entlehnte Technik sachlich zwei Körper dar. Das Motiv des Kusses spricht die Gefühlswelt an.

5 Berührungspunkte finden

Die verschiedenen Aspekte einer Sache können miteinander in Beziehung gesetzt werden. Sucht die Berührungspunkte. Ihr könnt sie z. B. mithilfe einer Mindmap visualisieren. Dadurch entsteht im Idealfall ein vollständigeres Bild einer Sache oder eines Themas. Aspekte, die zuerst nicht zusammenzupassen scheinen, ergeben am Ende doch eine Einheit.
Wo ergeben sich Berührungspunkte zwischen einer medizinischen, psychologischen und romantischen Sichtweise im Bild links?

Verschiedene Blicke auf Welt und Mensch

Naturwissenschaft und Theologie betrachten Welt und Mensch aus unterschiedlichen Perspektiven. Zum Beispiel beschäftigen sie sich mit Fragen zum Anfang der Welt. Dabei kommen sie zu unterschiedlichen Antworten und Welt- bzw. Menschenbildern. Doch was zunächst widersprüchlich erscheint, schließt sich bei genauerem Hinsehen nicht gegenseitig aus – es ergänzt sich.

Forscherinnen und Forscher, die sich aus **naturwissenschaftlicher Perspektive** mit dem Anfang der Welt und der Menschen auseinandersetzen, wollen genau wissen, wie z. B. unsere Erde entstanden ist. Die Frage nach einem Schöpfer (Wer?) oder einem Grund für unser Dasein (Warum?) stellen sie nicht. Forscherinnen und Forscher, die sich aus **theologischer Perspektive** mit dem Anfang der Welt und der Menschen auseinandersetzen, interessiert weniger, wie unsere Erde und wir Menschen entstanden sind. Sie fragen nach dem Sinn der Schöpfung. Warum gibt es die Erde? Warum sind wir Menschen so, wie wir sind? Theologinnen und Theologen gehen dabei von einer Voraussetzung aus: Es gibt einen Gott, der will, dass wir Menschen auf dieser Erde leben.

Mensch

„Der Mensch, der Mensch!", sagte sie, aufbegehrend gegen das Gemessenwerden mit dem Maß der Maße. „Was ist denn der Mensch! Nicht einmal ein Virus! Schon wenn du an unsere Galaxie denkst. Und wie viele Galaxien gibt's denn!"

An einem Montagvormittag aber, während zweier Freistunden, läuft sie, nicht einmal ein Virus, von Schallplattengeschäft zu Schallplattengeschäft und fragt nach dem Konzert für zwei Cembali und Streichorchester, c-moll, Bachwerkeverzeichnis 1060, das sie am Sonntag gehört hat. Reiner Kunze

» *Theologen wird von Physikern schnell ein kindliches Gott- und Weltverständnis unterstellt. Ich finde, das beruht eher auf Unkenntnis.* «
Heino Falcke, Astrophysiker

» *Schöpfungsgeschichten sind keine naturwissenschaftlichen Reportagen unbeteiligter Beobachter, sondern Botschaften über unsere persönliche Bedeutung, Aufgabe und Verantwortung in dieser Welt.* «
Arnold Benz, Astrophysiker

» *Von einem Schöpfergott zu sprechen bedeutet nicht, danach zu fragen: „Was hat Gott einmal gemacht?" – sei es am Beginn der Zeit oder während der Evolution –, sondern zu fragen, was Gott für uns und die Welt insgesamt heute, in unserer Zeit, bedeutet.* «   nach Sallie McFague, Theologin

1 Stellt mithilfe des Sachtextes in einer Grafik dar, was die Perspektiven von Naturwissenschaft und Theologie unterscheidet und was sie gemeinsam haben.

2 Führt ein Schreibgespräch zum Zitat von Heino Falcke. Recherchiert zuvor, wer er ist.

3 Arbeitet heraus, wie die Perspektiven eines Naturwissenschaftlers und einer Theologin in den Zitaten von Arnold Benz und Sallie McFague ineinandergreifen.

4 Der Text von Reiner Kunze wirft die Frage auf, was der Mensch sei.
 - Analysiert, mit welchen sprachlichen Bildern der Autor arbeitet, um die verschiedenen „Seiten" des Menschen zu beschreiben.
 - Beurteilt, ob der Autor eine der „Seiten" ergreift.
 - Findet eigene gegensätzliche Bilder, die für euch zum Ausdruck bringen, was der Mensch ist.

▲ *Gerhard Richter, 1974*

5 Das Bild von Gerhard Richter wurde von einem Computer generiert. Die Anordnung der Farben erfolgte nach dem Zufallsprinzip.

- Beschreibt die Rolle des Künstlers bei der Entstehung des Bildes. Zeigt Konsequenzen für einen Künstler, eine Künstlerin und den Schöpfungsprozess auf.

- Diskutiert: Kann Gerhard Richter als der „Schöpfer" des Kunstwerkes bezeichnet werden? Sammelt eure Pro- und Kontra-Argumente.

- Erörtert, ob die Kunst eigene Deutungen und Antworten auf die Fragen nach der Schöpfung und dem Menschen geben kann.

Vom Staunen zum Bewahren

◄ Das Foto, das der Astronaut Alexander Gerst bei seinem ersten Aufenthalt im All aufgenommen hat, zeigt, wie dünn die lebenswichtige Atmosphäre um die Erde ist.

Viele Menschen fühlen sich für die Bewahrung der Schöpfung verantwortlich. Christinnen und Christen verstehen diese als von Gott übertragene Aufgabe (▶ S. 11 und 12) für jede und jeden Einzelnen.

Liebe Enkelkinder,
ich befinde mich gerade auf der internationalen Raumstation im Cupola-Aussichtsmodul und schaue auf euren wunderschönen Planeten runter. (…)
5 Im Moment leben da unten 7 Milliarden Menschen. (…) Und wenn ich so auf den Planeten runterschau, dann denke ich, dass ich mich bei euch wohl leider entschuldigen muss. Im Moment sieht es so aus, als ob wir, meine Generation, euch den Planeten nicht gerade
10 im besten Zustand hinterlassen werden.
Im Nachhinein sagen natürlich immer viele Leute, sie hätten davon nichts gewusst, aber in Wirklichkeit ist es uns Menschen schon sehr klar, dass wir im Moment den Planeten mit Kohlendioxid verpesten, dass wir das Klima zum Kippen bringen, dass wir Wälder roden, 15 dass wir die Meere mit Müll verschmutzen, dass wir die limitierten Ressourcen viel zu schnell verbrauchen und dass wir zum Großteil sinnlose Kriege führen. Und jeder von uns muss sich da an die eigene Nase fassen und sich überlegen, wohin das gerade führt. Ich 20 hoffe sehr für euch, dass wir noch die Kurve kriegen und ein paar Dinge verbessern können, und ich würde mir wünschen, dass wir nicht bei euch als die Generation in Erinnerung bleiben, die eure Lebensgrundlage egoistisch und rücksichtslos zerstört hat. (…) Ich 25 wünschte mir, ich könnte durch eure Augen in die Zukunft schauen, in eure Welt, wie ihr sie seht. Das geht leider nicht und deswegen ist das Einzige, was mir bleibt, zu versuchen, eure Zukunft möglich zu machen. Und zwar die beste, die ich mir vorstellen kann. 30

Alexander Gerst, Kommandant der Expedition 57, Internationale Raumstation, 25. November 2018

NATÜRLICH UNVERPACKT

„Bohne" – Schülerinnen und Schüler starten Unverpackt-Projekt

Am Anfang stand die Frage von acht Schülerinnen und Schülern des katholischen St.-Josef-Gymnasiums in Bocholt, was sie selbst ganz konkret für die Umwelt tun könnten. Nach vielen Gesprächen und Diskussionen beschlossen sie, ein Projekt gegen das Problem des Verpackungsmülls ins Leben zu rufen. Gemeinsam mit einer engagierten Lehrerin entwickelten die Jugendlichen einen Businessplan für einen mobilen Unverpackt-Laden, der Produkte wie Nudeln, Reis und Müsli, aber auch Duschgel und Waschmittel ohne Plastikverpackung anbieten sollte. Die Idee fand v. a. über die sozialen Netzwerke zahlreiche Unterstützer und Förderinnen, die durch ihre Spenden den Kauf eines Verkaufsanhängers ermöglichten. Auch ein Name war schnell gefunden: Aus dem Kfz-Kennzeichen für Bocholt „Boh" und „ohne" Verpackung wurde „Bohne".

Einmal pro Woche bieten die Schülerinnen und Schüler nun ein Sortiment von etwa 40 Produkten auf einem Bocholter Markt an. Bei der Kundschaft stößt das Geschäft auf großes Interesse und Zustimmung.

▲ *Das Projektteam vor dem „Bohne"-Verkaufswagen*

›› *Seid fruchtbar und mehrt euch, füllt die Erde und unterwerft sie und waltet über die Fische des Meeres, über die Vögel des Himmels und über alle Tiere, die auf der Erde kriechen!* ‹‹   *Gen 1,28*

KRONE DER SCHÖPFUNG

1 Nur wenige Menschen haben bisher die Erde mit eigenen Augen von außen gesehen. Alle berichteten, welch großen Eindruck der Anblick auf sie gemacht habe. Formuliert Gedanken, die euch beim Betrachten von Fotos der Erde aus dem All durch den Kopf gehen.

2 Alexander Gerst spricht zu seinen Enkelkindern, die er vielleicht in Zukunft haben wird.
- Fasst den Briefinhalt als Kurznachricht zusammen.
- Stellt euch vor, die zukünftige Generation antwortet ihm. Entwerft eine mögliche Rede der Enkelkinder.

3 Der Auftrag an die Menschen in ▶ Gen 1,28, die Erde zu „unterwerfen" und über die Tiere zu „walten", wurde oft missverstanden.
- Überlegt, was ein „guter Verwalter" tun sollte, und stellt dar, welches Verhalten dagegen problematisch ist. Interpretiert in diesem Zusammenhang auch die Karikatur oben.
- Formuliert den Auftrag in euren eigenen Worten neu.

4 Das Projekt „Bohne" ist ein kleines Beispiel für die Umsetzung des Auftrags, die Schöpfung zu bewahren.
- Diskutiert, welche Wirkung diese Art von Engagement hat. Wo seht ihr evtl. Grenzen?
- Ihr könnt auch selbst eine Idee entwickeln, wofür und wie ihr euch engagieren wollt.

Freude, Lob und Dank

Das Staunen über die Schöpfung drücken Christinnen und Christen durch ihr Lob des Schöpfers und seiner Schöpfung aus, z. B. im „Sonnengesang".

Höchster, allmächtiger, guter Herr,
dein sind der Lobpreis, die Herrlichkeit und Ehre
und jeglicher Segen.
Dir allein, Höchster, gebühren sie,
5   und kein Mensch ist würdig, dich zu nennen.

Gelobt seist du, mein Herr,
mit allen deinen Geschöpfen,
zumal dem Herrn Bruder Sonne;
er ist der Tag, und du spendest uns das Licht
10 durch ihn.
Und schön ist er und strahlend in großem Glanz,
dein Sinnbild, o Höchster.

Gelobt seist du, mein Herr,
durch Schwester Mond und die Sterne;
15 am Himmel hast du sie gebildet,
hell leuchtend und kostbar und schön.

Gelobt seist du, mein Herr,
durch Bruder Wind und durch Luft und Wolken
und heiteren Himmel und jegliches Wetter,
durch das du deinen Geschöpfen den Unterhalt gibst.   20

Gelobt seist du, mein Herr,
durch Schwester Wasser,
gar nützlich ist es und demütig und kostbar
und keusch.

Gelobt seist du, mein Herr,   25
durch Bruder Feuer,
durch das du die Nacht erleuchtest;
und schön ist es und liebenswürdig und kraftvoll
und stark.

Gelobt seist du, mein Herr,   30
durch unsere Schwester, Mutter Erde,
die uns ernährt und lenkt
und vielfältige Früchte hervorbringt
und bunte Blumen und Kräuter.

Gelobt seist du, mein Herr,   35
durch jene, die verzeihen um deiner Liebe willen
und Krankheit ertragen und Drangsal.
Selig jene, die solches ertragen in Frieden,
denn von dir, Höchster, werden sie gekrönt werden.

Gelobt seist du, mein Herr,   40
durch unsere Schwester, den leiblichen Tod;
ihm kann kein Mensch lebend entrinnen.
Wehe jenen, die in schwerer Sünde sterben.
Selig jene, die sich in deinem heiligsten Willen finden,
denn der zweite Tod wird ihnen kein Leid antun.   45

Lobt und preist meinen Herrn
und sagt ihm Dank und dient ihm mit großer Demut.
Franz von Assisi

▲ *Glasarche, 2018*

„Gelobt seist du, mein Herr", sang der heilige Franziskus von Assisi. In diesem schönen Lobgesang erinnerte er uns daran, dass unser gemeinsames Haus wie eine Schwester ist, mit der wir das Leben teilen, und wie
5 *eine schöne Mutter, die uns in ihre Arme schließt (…). Diese Schwester schreit auf wegen des Schadens, den wir ihr aufgrund des unverantwortlichen Gebrauchs und des Missbrauchs der Güter zufügen, die Gott in sie hineingelegt hat. Wir sind in dem Gedanken aufge-*
10 *wachsen, dass wir ihre Eigentümer und Herrscher seien, berechtigt, sie auszuplündern. (…)*

Wir vergessen, dass wir selber Erde sind (vgl. Gen 2,7). Unser eigener Körper ist aus den Elementen des Planeten gebildet; seine Luft ist es, die uns den Atem gibt, und sein Wasser belebt und erquickt uns. (…) 15
Heute sind wir uns unter Gläubigen und Nichtgläubigen darüber einig, dass die Erde im Wesentlichen ein gemeinsames Erbe ist, dessen Früchte allen zugute- kommen müssen. Für die Gläubigen verwandelt sich das in eine Frage der Treue gegenüber dem Schöpfer, 20 *denn Gott hat die Welt für alle erschaffen.*
Papst Franziskus, Enzyklika Laudato si', 1–2, 93

1 Kurz vor seinem Tod im Jahr 1226 hat der hl. ▶ Franz von Assisi den Sonnengesang (▶ S. 26) geschrieben.
- Begründet, warum er auch für Negatives dankt.
- Der Beginn der Strophen mit „Laudato si' *per*" kann „Gelobt seist du *mit, durch* oder *für*" bedeuten. Diskutiert, wie sich die Bedeutung jeweils verändert.

2 Überlege für dich: Wofür könntest du „Danke" sagen?
- Suche Orte oder Dinge und halte sie fotografisch fest oder gestalte ein ▶ Landart-Kunstwerk (▶ S. 26) dazu.
- An wen möchtest du deinen Dank richten?

3 „Laudato si'" heißt die Umwelt-▶ Enzyklika des Papstes.
- Formuliert Thesen, wie der Papst den Zusammenhang zwischen Schöpfungslob und -verantwortung sieht.
- Der Papst spricht von „Treue gegenüber dem Schöpfer". Sucht Beispiele in eurer Region, wo diese Treue verletzt bzw. eingelöst wird.

4 Ergänzt zum Bild der Glasarche den Satz „Schöpfung ist …". Informiert euch über das Projekt. Wo in eurer Umgebung wäre ein geeigneter Platz für das Kunstwerk? Begründet euren Vorschlag.

Zeige, was du kannst

Aufgabe A: Ein Maulkorb für den Papst?

Bevor Papst Franziskus die ▶ Enzyklika Laudato si' veröffentlichte, gab es Kritik an der Themenwahl. Der US-amerikanische Politiker Rick Santorum forderte Franziskus sinngemäß auf, die Wissenschaft den Wissenschaftlern zu überlassen und sich auf Theologie und Moral zu konzentrieren.

1 Erörtere, ob der Papst sich zu Umweltfragen äußern sollte. Beziehe auch die Zitate aus *Laudato si'* auf ▶ S. 45 in deine Argumentation ein.
2 Verfasse einen Brief an den Politiker, in dem du Stellung nimmst zu dem Vorwurf, der Papst mische sich unberechtigterweise ein.

Aufgabe B: Ein Schöpfungslied?

Eva

Ich halt die Welt in meiner Hand
Das Glasei voller Land und Wolken
Den Himmel werde ich bevölkern
Ich ruf die Farne aus dem Sand

Ich schüttle Affen aus dem Ärmel
Ameisen und getupfte Panther
Kaninchen, Krabbeltiere
Ich streu Topas, Azur und Tau

Ich weiß jetzt, dass ich alles kann
Ich erkenne die Tiere an der Haut
Die Vögel am Gesang
Dem Menschen gebe ich Namen

Die Farbe, die kleckerte, stand plötzlich in Brand
Heiß fällt die Palette aus meiner Hand
Die Erde steht offen, ich seh sie laufen
Auf meinem grünen Gras

Willst du manchmal, dass ich dich nicht erkenne?
Und dass ich nicht allmächtig bin?
Du willst mich vergessen, meine Früchte essen
Und mich betrügen mit dem Mann
(...)

Nun steh ich da in meinem Morgenmantel
Ich dachte, ich könnte alles
Und wenn ich weg bin, dann kommt auf Zehenspitzen
Der Engel mit dem großen Schwert

Lennaert Nijgh

1 Lies den Liedtext und vergleiche ihn mit den biblischen Schöpfungserzählungen. Untersuche, wo die Bibel und das Lied übereinstimmen und wo Unterschiede deutlich werden.
2 Der niederländische Liedermacher Boudewijn de Groot hat den Text „Eva" vertont. Du kannst das Lied im Internet anhören und untersuchen, wo der Text durch die Musik hervorgehoben wird.
3 Vergleiche das Menschen- und Gottesbild sowie die Beziehung zwischen Mensch und Gott im Lied mit den Erkenntnissen, die du im Verlauf des Kapitels gewonnen hast. Diskutiere anschließend, ob diese Version der Geschichte mit den biblischen Erzählungen in Einklang zu bringen ist.
4 Lies einen Schöpfungspsalm (z. B. ▶ Ps 8 oder Ps 104) und gestalte eine sprachlich moderne Version. Überlege passende Präsentationsformen, durch die das Staunen über die Schöpfung zum Ausdruck kommt.

Aufgabe C: Schöpfung und Physik

Für den Astrophysiker Gerhard Börner sind Naturwissenschaft und Theologie unvereinbare Pole. In einem Interview äußerte er sich folgendermaßen:
Frage: *Herr Börner, als Astrophysiker erforschen Sie den Kosmos bis zu seinem jüngsten Tag – ist Ihnen unterwegs je Gott begegnet?*

5 **Börner:** *Nein. Das ist nicht möglich. Im physikalischen Weltbild ist kein Platz für Gott. Selbst Versuche, über ihn in der Sprache der Physik zu reden, sind nicht schlüssig. Naturwissenschaftlich lässt sich ein Schöpfer nicht begreifen, weil er außerhalb des Erforschbaren steht. (...)*

10 **Frage:** *Sind Sie als Wissenschaftler auch offen dafür, dass Ihnen eines Tages jemand eine Weltformel präsentiert, die ganz ohne einen Erschaffer auskommt?*
Börner: *Ich glaube nicht, dass das möglich ist. Die physikalische Erklärung der Welt wird ja um den*

15 *Preis gewonnen, dass der Erklärer nicht mehr darin vorkommt. Für ihn ist ebenso kein Platz wie für Sinn, Geist oder Gott. Die Glaubensfragen bleiben unbeantwortet, und hier muss eine persönliche Entscheidung getroffen werden. Es gibt für den Glauben nicht die*

20 *Sicherheit, mit der eine physikalische Formel gilt.*

1 Beschreibe die Karikatur und erläutere, welche Lösung sie für das Verhältnis von physikalischer und religiöser Sichtweise auf den Anfang der Welt anbietet.

2 Untersuche, ob diese Lösung für Physik und Theologie zufriedenstellend ist. Lies dazu das Interview.

3 Tauscht euch mit einem Partner, einer Partnerin über eure Position zwischen Naturwissenschaft und Theologie aus. Bezieht dabei eure Erkenntnisse aus dem Kapitel ein.

Aufgabe D: Sich positionieren

1 Greife die Frage aus dem Cartoon ▶ S. 7 auf und beantworte sie vor dem Hintergrund dieses Kapitels noch einmal.

2 Gestalte einen eigenen Cartoon mit deinen Gedanken oder Antworten in den Sprechblasen. Wie endet deine Bildergeschichte?

3 Betrachtet eure Menschenbilder-Collage ▶ S. 8. Diskutiert, ob sie repräsentativ ist. Schreibt wichtige Stichwörter aus dem Kapitel auf Karten und ordnet diese den Bildern in der Collage zu.

2 Stimme für eine gerechtere Welt

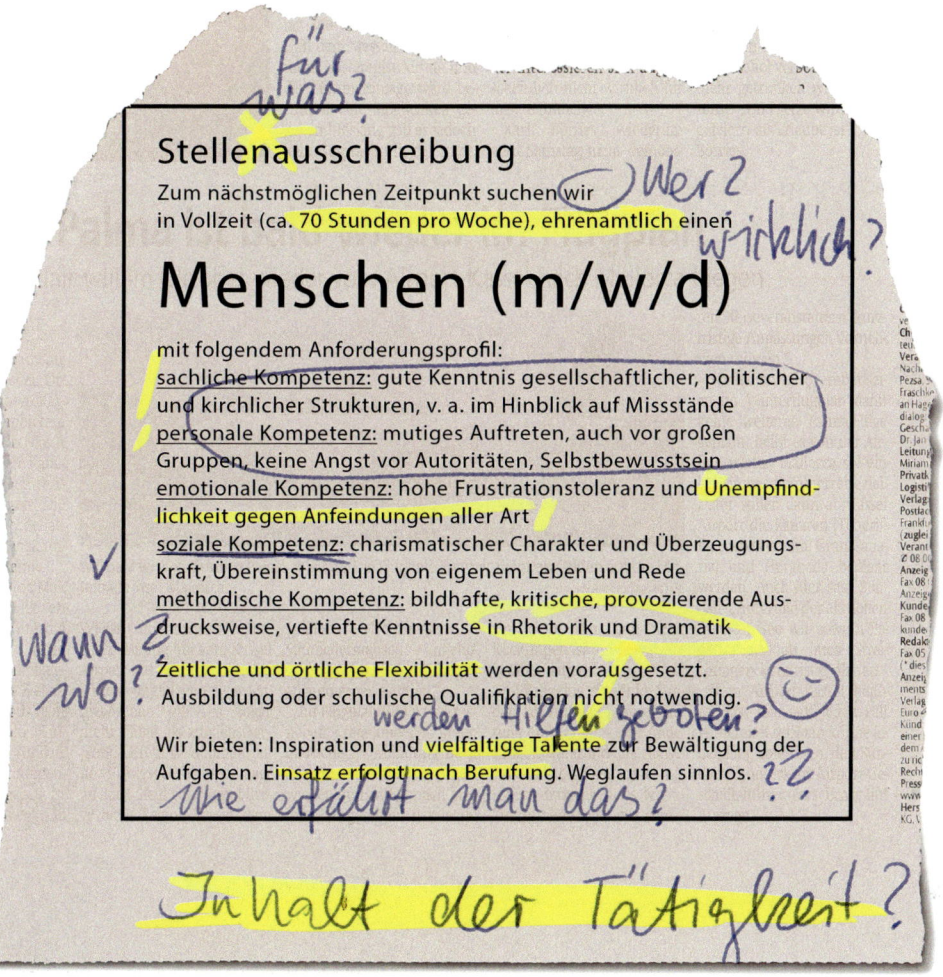

Stellenausschreibung

Zum nächstmöglichen Zeitpunkt suchen wir in Vollzeit (ca. 70 Stunden pro Woche), ehrenamtlich einen

Menschen (m/w/d)

mit folgendem Anforderungsprofil:
sachliche Kompetenz: gute Kenntnis gesellschaftlicher, politischer und kirchlicher Strukturen, v. a. im Hinblick auf Missstände
personale Kompetenz: mutiges Auftreten, auch vor großen Gruppen, keine Angst vor Autoritäten, Selbstbewusstsein
emotionale Kompetenz: hohe Frustrationstoleranz und Unempfindlichkeit gegen Anfeindungen aller Art
soziale Kompetenz: charismatischer Charakter und Überzeugungskraft, Übereinstimmung von eigenem Leben und Rede
methodische Kompetenz: bildhafte, kritische, provozierende Ausdrucksweise, vertiefte Kenntnisse in Rhetorik und Dramatik

Zeitliche und örtliche Flexibilität werden vorausgesetzt. Ausbildung oder schulische Qualifikation nicht notwendig.

Wir bieten: Inspiration und vielfältige Talente zur Bewältigung der Aufgaben. Einsatz erfolgt nach Berufung. Weglaufen sinnlos.

Handschriftliche Notizen: „für was?", „Wer? wirklich?", „Wann wo?", „werden Hilfen geboten?", „Wie erfüllt man das?", „Inhalt der Tätigkeit?"

---

1 Ein Cellist musiziert in der von Bomben zerstörten Nationalbibliothek von Sarajevo.

- Beschreibt den Gegensatz im Bild links.
- Gestaltet dazu eine ▶ Rollage, indem ihr z. B. ein Foto der intakten Bibliothek mit dem Bild links kombiniert. Ihr könnt auch andere Gegensätze auf diese Weise visualisieren, z. B. Armut/Reichtum.

2 In der Anzeige oben fehlt die Bezeichnung der Stelle.

- Fasst zusammen, welche Eigenschaften von einer Bewerberin oder einem Bewerber gefordert werden.
- Nennt mögliche Einsatzbereiche, bei denen diese Eigenschaften gefragt sind.
- Würdest du dich selbst auf die Stelle bewerben? Begründe, warum bzw. warum nicht.

3 Stellt euch vor, ihr führt mit interessierten Menschen Bewerbungsgespräche.

- Welche Personen fallen euch ein, die in das „Stellenprofil" passen?
- Könnte der Cellist im Bild links, der in einer Kriegsruine in Sarajevo musiziert, ein passender Bewerber sein? Erklärt, warum er eurer Meinung nach infrage käme oder warum nicht.

4 Fake News – Führer – Follower. Viele Menschen wollen andere beeinflussen, nicht immer zu deren Bestem.

- Welchen Menschen folgt ihr, z. B. in den sozialen Medien? Nennt Gründe, warum sie euch faszinieren.
- Diskutiert, woran man die Glaubwürdigkeit einer Person erkennen kann. Erstellt dazu eine Wortwolke.

Netzkarte

In der Welt gibt es Missstände, Ungerechtigkeit und Unterdrückung. Schon in der Bibel wird von Prophetinnen und Propheten berichtet, die dieses Unrecht benennen und die Verantwortlichen anklagen. Gleichzeitig geben ihre Worte Hoffnung und eine Vorstellung davon, wie die Dinge sein könnten. Dabei berufen sie sich auf die Gebote Gottes als Anlass und Orientierung für ihr Handeln.

... geben Hoffnung

... fordern Umkehr

... und Prophetinnen

1 Erläutert, was Roman Herzog mit „Unrecht im Kleinen" meint, und überlegt, warum es sich in diesem Stadium „noch" bekämpfen lässt. Bezieht die Fragen bzw. die Aussage im Kasten rechts in eure Überlegungen ein.
2 Sammelt verschiedene Unrechts-Situationen und nennt sie in einer Schlagzeile beim Namen.
   - Stellt dar, worin das Unrecht besteht, und begründet, warum ihr die Situation als solches empfindet.
   - Tauscht euch in einem „Speeddating" darüber aus, was ihr dagegen tun könntet, und notiert eure Ideen unter euren Schlagzeilen.
3 Gestaltet Postkarten, die Menschen Mut machen, gegen Unrecht vorzugehen.

Tipp zu Aufgabe 2: Beim Speeddating wechselt ihr nach drei Minuten die Gesprächspartnerin bzw. den Gesprächspartner.

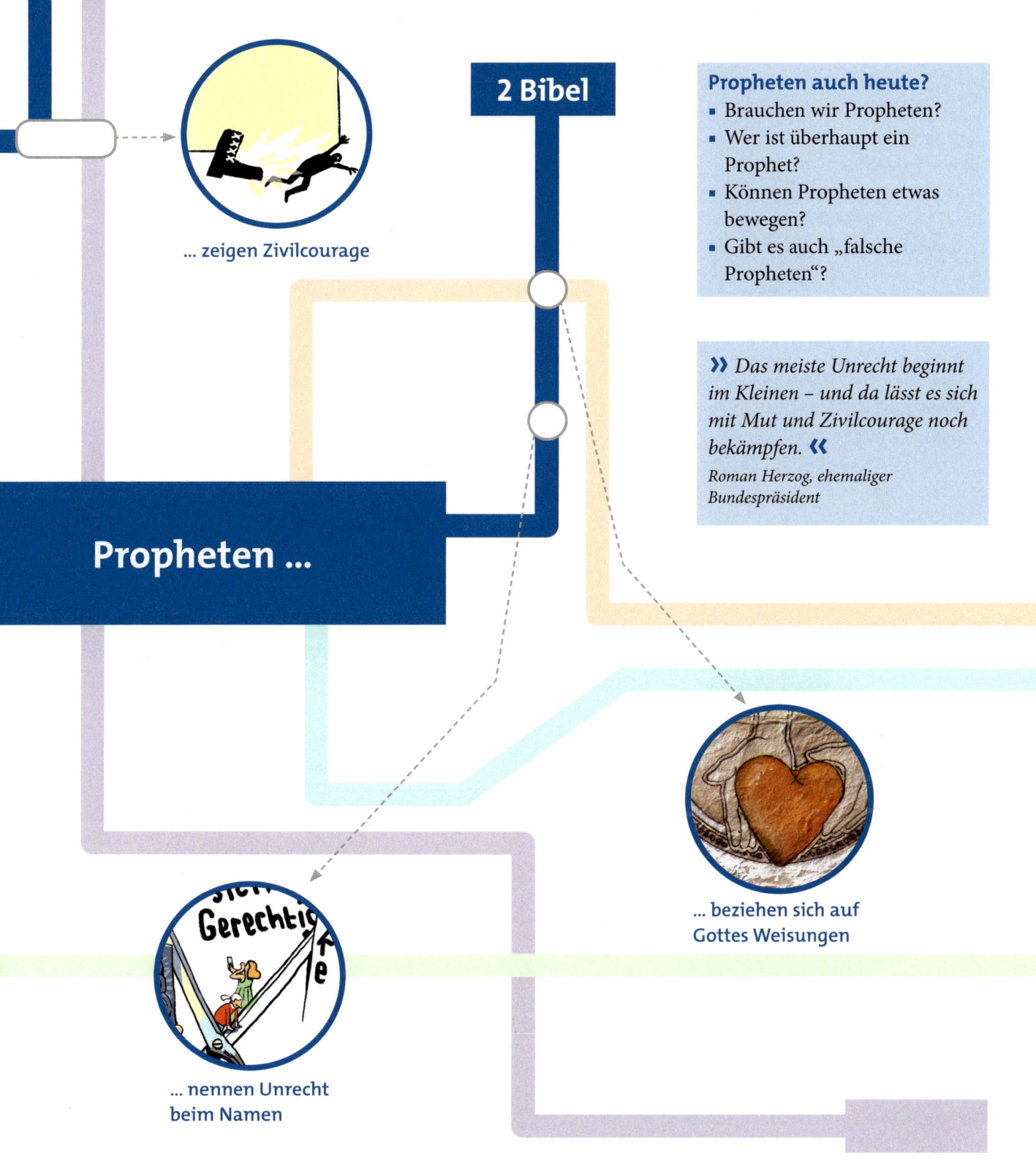

... zeigen Zivilcourage

2 Bibel

Propheten ...

... nennen Unrecht beim Namen

... beziehen sich auf Gottes Weisungen

Propheten auch heute?
- Brauchen wir Propheten?
- Wer ist überhaupt ein Prophet?
- Können Propheten etwas bewegen?
- Gibt es auch „falsche Propheten"?

» *Das meiste Unrecht beginnt im Kleinen – und da lässt es sich mit Mut und Zivilcourage noch bekämpfen.* «
Roman Herzog, ehemaliger Bundespräsident

Das schreit zum Himmel ...

Wo Menschen zusammenleben, geht es oft ungerecht zu. In jeder Gesellschaft gibt es „die oben" und „die unten". Diese Erfahrung machten die Menschen zu biblischen Zeiten bereits genauso wie heute. Doch immer gab und gibt es Männer und Frauen, die Unrecht beim Namen nennen und sich ihm mutig entgegenstellen.

„Alle Menschen sind frei und gleich an Würde und Rechten geboren." So lautet der erste Satz der Allgemeinen Erklärung der ▶ Menschenrechte. Für Christen ist die Begründung für diese Annahme die Gottebenbildlichkeit des Menschen (▶ S. 10).
Die Erfahrung zeigt jedoch, dass diese Grundannahme in der Realität oft genug nicht eingelöst wird: Ob ein Mensch tatsächlich die gleichen Rechte und die gleiche Würde genießt wie ein anderer, hängt z. B. davon ab, wo er geboren wurde, welcher sozialen Gruppe er angehört und – daraus folgend – welche Möglichkeiten der *Teilhabe* er hat. Gesundheit, Ernährung, Bildungs- und Aufstiegschancen, Einfluss und Selbstbestimmung hängen mit der Verteilung von Geld, Besitz und Macht zusammen. Wenn diese ungleich verteilt sind, entsteht Ungerechtigkeit.
Doch was ist eigentlich Gerechtigkeit und wer bestimmt, was gerecht ist? Ist es „gerecht", wenn alle genau das Gleiche bekommen? Steht es ihnen nicht „von Rechts wegen" zu? Und ist es schon „ungerecht", wenn man irgendwo zurückstehen muss und weniger bekommt als andere?
Rechtliche und formale *Gleichheit* führt nicht zwangsläufig zu Gerechtigkeit. Viele sehen daher in der *Gleichstellung* aller Menschen die Antwort auf Ungerechtigkeit. Diese geht über die bloße gleichmäßige Zuteilung von materiellen Gütern hinaus. Gleichstellung bedeutet die Schaffung der *Möglichkeit für alle*, in sozialer und materieller Hinsicht ein Leben in Würde zu führen.

Skandal in der Verwaltung
Staatsbeamte bereichern sich
Israel Der Glanz unserer Tage unter König Jerobeam kann nicht darüber hinwegtäuschen, dass es im Inneren brodelt. Immer lauter werden die Stimmen, die den Verfall des Systems anklagen: Habgierige Verwalter wirtschaften in die eigenen Taschen und gewissenlose Richter verschließen ihre Augen davor.

Landbevölkerung verarmt zunehmend
Nur Städte profitieren vom Aufschwung
Samaria Der Wohlstand und das wirtschaftliche Wachstum in ganz Israel lassen alle Bewohner des Landes aufatmen. Wirklich alle? Reichtum und Ansehen ballen sich vor allem in den Städten. Dort trinkt die Oberschicht Wein aus königlichen Gütern, während auf dem Land die Bauern darben.

Frömmelei statt Gerechtigkeit
Wallfahrer werden aufgeschreckt
Bet-El Zur alljährlichen Pilgerfahrt brachte die Oberschicht ihre großzügigen Gaben mit, um für Wohlstand und Frieden zu beten. Während die Gläubigen unter frommen Gesängen im Heiligtum Opfer darbrachten, bettelten draußen Menschen um Essen.

---

1 Setzt euch damit auseinander, was Gerechtigkeit bzw. Ungerechtigkeit bedeutet.
- Diskutiert, ob es für alle Schülerinnen und Schüler ein kostenloses Mittagessen in der Schule geben sollte. Wäre das gerecht oder ungerecht?
- Führt die Sätze weiter: „Ungerecht ist, dass ...", „Gerecht ist, wenn ...".

Es ist fünf vor zwölf!
Ist der Klimawandel noch zu stoppen?
Deutschland Die Bewältigung der Klimakrise sehen viele junge Menschen als wichtigste Aufgabe des 21. Jahrhunderts an. Zehntausende demonstrieren für mehr Klimaschutz und fordern eine wirkungsvollere Politik, die dem Ausmaß der Krise gerecht wird.

In der Armutsfalle
Schere zwischen Arm und Reich geht immer weiter auseinander
Welt Das Einkommensgefälle gefährdet nach Meinung vieler Deutscher den Zusammenhalt in der Gesellschaft. Trotz des Wirtschaftswachstums in einzelnen Ländern steigt weltweit die Zahl der Arbeitslosen und Hungernden, die Arbeits- und Lebensbedingungen werden für viele immer unmenschlicher.

Das Geld der Kirche
Wie viel Luxus braucht der liebe Gott?
Bayern Himmelsvisionen in Rosa und Hellblau, umgeben von güldenem Schein: Verheißung auf ein besseres Leben im Jenseits. Verspielte Formen und verschwenderische Pracht prägen das Bild barocker Kirchen. Doch braucht es zur Verehrung einen solchen Luxus? Oder sollte die Kirche ihren Schatz nicht lieber den Benachteiligten zugute kommen lassen?

▲ *Kinderarbeiter auf einer Müllkippe in Manila*

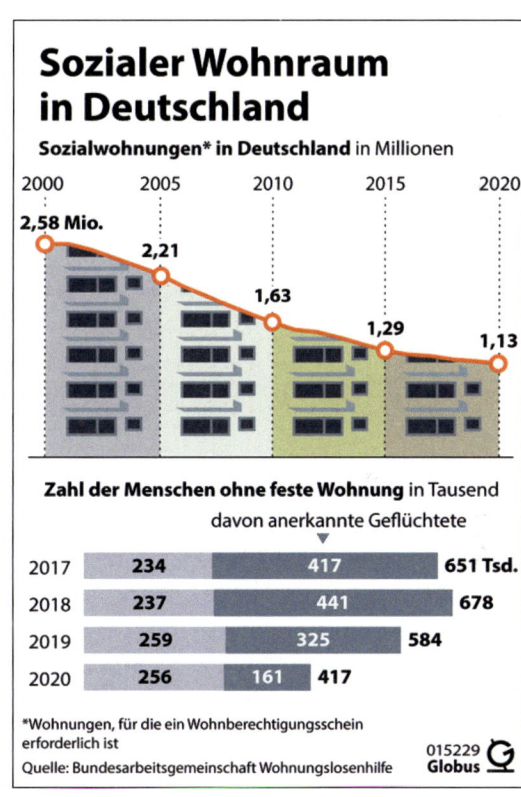

Sozialer Wohnraum in Deutschland

Sozialwohnungen* in Deutschland in Millionen

2000	2005	2010	2015	2020
2,58 Mio.	2,21	1,63	1,29	1,13

Zahl der Menschen ohne feste Wohnung in Tausend
davon anerkannte Geflüchtete ▼

2017	234	417	651 Tsd.
2018	237	441	678
2019	259	325	584
2020	256	161	417

*Wohnungen, für die ein Wohnberechtigungsschein erforderlich ist
Quelle: Bundesarbeitsgemeinschaft Wohnungslosenhilfe

015229
Globus

---

2 Lest die „Zeitungsberichte" und arbeitet die inhaltlichen Unterschiede und Ähnlichkeiten zwischen den Meldungen auf der linken und rechten Seite heraus. Stellt dar, was für euch eine gerechte Gesellschaft ausmacht.

3 Welche Missstände in der heutigen Zeit schreien eurer Meinung nach „zum Himmel"? Die Texte und Abbildungen geben euch Hinweise. Untersucht Zusammenhänge und beschreibt mögliche Ursachen.

4 Recherchiert, welche Missstände es an eurem Wohnort gibt. Haltet eure Eindrücke fotografisch fest und gestaltet mit den Fotos einen ▶ Gallery Walk. Hängt neben jedes Foto eine Karte, auf der ihr erläutert, was zu sehen ist und worin für euch der Missstand besteht.

Gott: Liebhaber der Menschen

Im Buch Exodus wird erzählt, dass Gott das Volk Israel aus der Sklaverei befreit und auf dem Weg in die Freiheit begleitet hat. Diese Erfahrung ist prägend für die gesamte biblische Botschaft: Im Vertrauen auf Gott können Menschen Situationen der Unterdrückung und Ungerechtigkeiten überwinden und in Freiheit leben.

Hans Peter Eggerl, o. J. ▶

>> ¹⁹*Denn als die Rosse des Pharao mit ihren Wagen und ihren Reitern ins Meer zogen, ließ der HERR das Wasser des Meeres auf sie zurückfluten, nachdem die Israeliten auf trockenem Boden mitten durchs Meer gezogen waren.* ²⁰*Die Prophetin Mirjam, die Schwester Aarons, nahm die Pauke in die Hand und alle Frauen zogen mit Paukenschlag und Tanz hinter ihr her.* ²¹*Mirjam sang ihnen vor: Singt dem HERRN ein Lied, denn er ist hoch und erhaben! Ross und Reiter warf er ins Meer.* « Ex 15,19–21

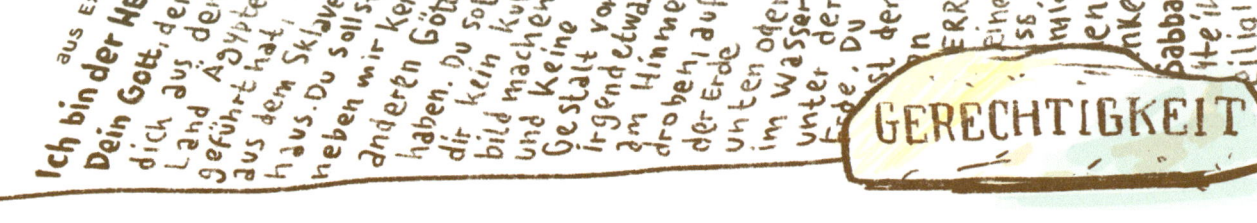

1 Mirjam singt ein Jubellied über die Rettung Israels.
- Tragt zusammen, was ihr über diese Ereignisse wisst. Ihr könnt in ▶Ex 13,17–14,31 nachlesen.
- Gott ist in der Bibel parteiisch. Erläutert, warum und für wen er Partei ergreift.
- Diskutiert: Ist es angebracht, Gott dafür zu loben, dass er „Ross und Reiter" ins Meer wirft? In anderen Bibelübersetzungen heißt es, dass Gott „Ross und Wagen" vernichtet. Analysiert den Unterschied in der Aussage.
- Betrachtet und deutet das Bild oben zum „Auszug aus Ägypten" von H. P. Eggerl. Dreht es auch einmal um 180 Grad.

2 Aus welcher Situation wünschst du dir Befreiung? Suche dazu ein Lied aus. Wenn du willst, spiele es vor und erzähle die Geschichte, die dahintersteckt.

>> ²⁰ *Wenn dich morgen dein Kind fragt: Warum achtet ihr auf die Eidesbestimmungen und die Gesetze und die Rechtsentscheide, auf die der HERR, unser Gott, euch verpflichtet hat?, ²¹ dann sollst du deinem Kind antworten: Wir waren Sklaven des Pharao in Ägypten und der HERR hat uns mit starker Hand aus Ägypten geführt. ²⁴ Der HERR hat uns verpflichtet, alle diese Gesetze zu halten und den HERRN, unseren Gott, zu fürchten, damit es uns alle Tage gut geht und er für unser Leben aufkommt wie am heutigen Tag.* <<

aus Dtn 6

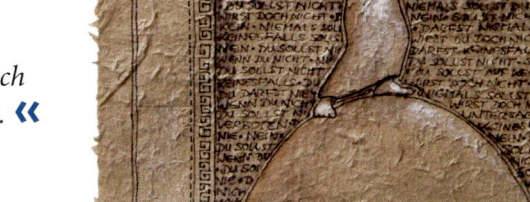

>> *Alles, was ihr von anderen erwartet, das tut auch ihnen! Darin besteht das Gesetz und die Propheten.* <<

Mt 7,12

Hans Peter Eggerl, o. J. ▶

---

3 Gott schließt mit dem Volk Israel einen Bund und gibt ihm die ▶ Zehn Gebote mit auf den Weg (▶ Ex 20).

- Zeigt mithilfe der Weg-Illustration und ▶ Dtn 6 auf, warum die Gebote und die Erinnerung an den Exodus wichtig für Glauben und Zusammenleben sind.
- Betrachtet und deutet das rechte Bild von H. P. Eggerl.
- Schreibt kurze Kommentare zur Seitenüberschrift: „Gott ist Liebhaber der Menschen, denn …"

4 Erklärt, warum sich alle Gebote in der Goldenen Regel der Bergpredigt (▶ Mt 7,12) zusammenfassen lassen.

Für Profis: In der Osternacht werden die Erzählung vom Durchzug durch das Rote Meer (▶ Ex 14,15–15,1) gelesen und Verse aus dem Jubellied von Mose und Mirjam (▶ Ex 15) gesungen. Zeigt auf, was den ▶ Exodus und die Botschaft von Ostern verbindet.

Amos kämpft für Recht und Gerechtigkeit

Der Bund mit Gott und seine Gebote sollten den Menschen eine Hilfe sein, um im Frieden zusammenleben zu können. Zur Zeit des Propheten Amos herrschte jedoch große Ungerechtigkeit: Während das Volk verarmte, lebte die Oberschicht in Saus und Braus. Amos beklagte diese Zustände, die für ihn die Folge der Abwendung der Menschen von Gott und seinen Weisungen waren. Mit deutlichen Worten kritisierte er die Herrscher und die Reichen.

Hört dieses Wort, die ihr die Armen verfolgt und die Gebeugten im Land unterdrückt! Am 8,4

Ihr trinkt den Wein aus Opferschalen, ihr salbt euch mit den feinsten Ölen, aber über den Untergang Josefs sorgt ihr euch nicht. Am 6,6

Ihr bringt den Unschuldigen in Not, ihr lasst euch bestechen und weist den Armen ab am Tor*. Am 5,12

Ihr liegt auf Betten aus Elfenbein und faulenzt auf euren Polstern. Am 6,4

Weg mit dem Lärm deiner Lieder! Dein Harfenspiel will ich nicht hören, sondern das Recht ströme wie Wasser, die Gerechtigkeit wie ein nie versiegender Bach. Am 5,23–24

Ich hasse eure Feste, ich verabscheue sie und kann eure Feiern nicht riechen. Wenn ihr mir Brandopfer darbringt, ich habe kein Gefallen an euren Gaben und eure fetten Heilsopfer will ich nicht sehen. Am 5,21–22

Weh denen, die das Recht in bitterer Wermut verwandeln und die Gerechtigkeit zu Boden schlagen. Am 5,7

* In den Städten des Altertums waren die Stadttore ein Ort, wo man sich traf und wichtige Dinge beschlossen wurden. Dort wurde auch Gericht gehalten und in Streitfällen Recht gesprochen.

Das Nordreich zur Zeit von Amos

Seit dem 10. Jahrhundert v. Chr. war Israel geteilt in das Südreich Juda und das ▸ Nordreich Israel. Unter König Jerobeam II. im 8. Jahrhundert erlebte das Nordreich eine Zeit des wirtschaftlichen Aufschwungs. Vor diesem Hintergrund trat Amos auf, ein Viehhirte und Landwirt, und prangerte die Kehrseite des wirtschaftlichen Erfolgs an. Denn von diesem profitierten v. a. die Städte und deren Oberschicht: der Herrscher, die Beamten und die Priester. Ihr Reichtum ging auf Kosten der Landbevölkerung, der durch die Ausbeutung die Lebensgrundlage entzogen wurde. Im Buch Amos ist überliefert, wie sich der ▸ Prophet in harten Worten gegen Unterdrückung, Verschwendung und Heuchelei aussprach.

Was bedeutet „Prophet"?

Das Wort „Prophet" (von griech. *prophétes*) meint ursprünglich eine Person, die für eine Gottheit zum Volk spricht und deren Willen oder Rat verkündet. Das hebräische Wort für Prophet ist *nabi* (= berufener Rufer).
Im Altertum gab es an Königshöfen oder Heiligtümern angestellte Propheten, die z. B. den Herrscher bei Entscheidungen berieten. Sie verdienten so ihren Lebensunterhalt und waren vom Wohlwollen ihrer Auftraggeber abhängig. Um nicht mit ihnen in Konflikt zu geraten, waren sie oft weniger kritisch oder redeten den Mächtigen nach dem Mund. Die Propheten, von denen die Bibel erzählt, waren dagegen Menschen, die sich – oft auch gegen ihren Willen – von Gott berufen fühlten, in seinem Namen zu sprechen. Sie hatten den Mut, die Reichen und Mächtigen schonungslos zu kritisieren, ungerechte Verhältnisse anzuprangern und vor der Abkehr von Gott zu warnen. Gleichzeitig warben sie um Einsicht und forderten die Menschen auf, auf den Weg der Gebote zurückzukehren. Doch oft wollten die Menschen nicht auf ihre Worte hören.

》 *Ich bin kein Prophet und kein Prophetenschüler, sondern ich bin ein Viehhirte und veredle Maulbeerfeigen. Aber der HERR hat mich hinter meiner Herde weggenommen und zu mir gesagt: Geh und prophezeie meinem Volk Israel!* **《** *Am 7,14–15*

》 *Amazja, der Priester von Bet-El, sandte zu Jerobeam, dem König von Israel, und ließ ihm sagen: Mitten im Haus Israel hat sich Amos gegen dich verschworen; seine Worte sind unerträglich für das Land. Zu Amos aber sagte Amazja: Seher, geh, flieh ins Land Juda! Iss dort dein Brot und prophezeie dort!* **《** *Am 7,10.12*

---

1 Der Prophet Amos scheut vor klaren Worten und kräftiger Kritik nicht zurück.
- Arbeitet aus den Versen auf der linken Seite heraus, welche konkreten Probleme seiner Zeit Amos aufgreift, und findet jeweils ein Stichwort dafür.
- Erklärt, warum Amos auch die üppigen Opfer der Reichen in ▸Am 5,21–24 so deutlich kritisiert.
- Stellt euch vor, Amos würde heute leben. Was würde er sagen? Ihr könnt euch von der Illustration anregen lassen.

2 Erklärt mithilfe der Texte auf dieser Seite das Selbstverständnis der biblischen Propheten und benennt ihre „Aufgaben". Welche Risiken nahmen sie in Erfüllung ihrer Berufung auf sich? Berücksichtigt dabei auch die beiden Bibelstellen ▸Am 7,14–15 und Am 7,10.12.

3 Recherchiert arbeitsteilig in Gruppenarbeit über Amos und entwerft ein Bild seiner Person, seines Wirkens und seiner prophetischen Botschaft. Hinweise und Material findet ihr in der Bibel (▸Am 1,1; 3,9–15; 4,1–3; 5,7.10–12; 8,5–6) und z. B. in einem Bibellexikon. Gestaltet gemeinsam eine Präsentation über Amos.

4 Diskutiert, ob Amos ein geeigneter Bewerber für das Stellenangebot auf ▸ S. 31 wäre.

5 Verfasst einen Artikel über Amos für die Zeitschrift von ▸ amnesty international unter der Überschrift „Amos – ein Vorkämpfer für ▸ Menschenrechte?".

Prophetinnen im Namen Gottes

Zu den prophetischen Gestalten der Bibel gehören auch Frauen. In der Nachfolge Moses verschaffen sie sich als „Sprachrohr Gottes" Gehör, fordern Gottes Weisungen ein und ermöglichen eine erneute Rettung des Volkes Israel durch Gott. Bemerkenswert sind vor allem zwei Prophetinnen, die an wichtigen Stellen der Geschichte des Volkes Israel wirkten und daher erinnert werden: Debora und Hulda.

Die Prophetin und Retterin Debora

Debora – so heißt eine weise Richterin und Prophetin, von der die Bibel im Buch der ▶ Richter erzählt. Ihr Name, der übersetzt „Biene" bedeutet, weist einen Gleichklang mit dem hebräischen Begriff für „Wort" *(dabar)* auf. Darin kann man einen Hinweis auf ihre Aufgabe und ihre Autorität als Sprachrohr Gottes und Mittlerin zwischen Gott und den Menschen sehen. Die Menschen, so heißt es in der Debora-Erzählung, *„kamen zu ihr (…), um sich Recht sprechen zu lassen"* (▶ Ri 4,5).

Debora wird als *„Frau des Lappidot"* (▶ Ri 4,4) vorgestellt. Auch der Name *Lappidot* könnte einen Hinweis auf Deboras Rolle geben. Im Hebräischen bedeutet er so viel wie „Fackel" oder „Feuer". In Deboras Charakterisierung könnte somit auch die Vorstellung einer „Feuerfrau" bzw. „geistbegabten" Frau mitschwingen.

Als Israel zwanzig Jahre lang von einem feindlichen Heerführer namens Sisera grausam unterdrückt wurde, wandten sich die Israeliten in ihrer Not hilfesuchend an sie. Daraufhin rief sie Barak, den Heerführer der Israeliten, zu sich und teilte ihm den Auftrag Gottes mit, ein Heer gegen Sisera aufzustellen und in den Krieg zu ziehen. Barak nahm die Weisung unter der Bedingung an, dass Debora ihn und das Heer auf den Berg Tabor begleitete. So führte sie gemeinsam mit Barak das Heer gegen Sisera und

seine neunhundert eisernen Kampfwagen. Das machte dem Volk Israel Mut und gab ihm Zuversicht, mit dem Beistand Gottes, in dessen Namen Debora sprach, vom Joch der Unterdrückung befreit zu werden. Als Sisera und sein Heer besiegt waren, sang sie mit Barak ein Siegeslied:

>> *³Hört, ihr Könige, horcht auf, ihr Fürsten! Ich will für den HERRN, ich will singen, für den HERRN, den Gott Israels, spielen. ⁶In (diesen) Tagen (…) lagen die Wege verlassen da; wer unterwegs war, ging auf verschlungenen Wegen. ⁷Bewohner des offenen Landes gab es nicht mehr, es gab sie nicht mehr in Israel, bis du dich erhobst, Debora, bis du dich erhobst, Mutter in Israel. ⁹Mein Herz gehört Israels Führern. Ihr, die ihr bereit seid im Volk, preist den HERRN! ¹¹Horch, sie jubeln zwischen den Tränken; dort besingt man die rettenden Taten des HERRN, seine rettenden Taten an den Bauern in Israel. ¹²Wach auf, wach auf, Debora! Wach auf, wach auf, sing ein Lied! Erheb dich, Barak, führ deine Gefangenen heim, Sohn Abinoams!* <<   *aus Ri 5*

Die Debora-Erzählung endet mit dem Hinweis, das Land habe nach diesem Ereignis „vierzig Jahre lang Ruhe" gehabt. So wird die Hoffnung bekräftigt, dass Israel aufgrund der Fürsprache einer Frau weiterhin auf die Rettung durch Gott vertrauen darf.

>> *Deborah ist unzweifelhaft die machtvollste Frau der jüdischen Geschichte. Sie war Richterin, Anführerin, militärische Strategin und Befehlshaberin, eine Prophetin und eine Ikone. (…) Sie wurde für ihre Schönheit verehrt, für ihre Weisheit, insbesondere aber für ihre Stärke.* <<   *Deborah Feldman*

Die Prophetin Hulda

Im zweiten Buch der Könige (▶ 2 Kön 22f.) wird erzählt, dass bei Renovierungsarbeiten im Tempel ein in Vergessenheit geratenes Gesetzesbuch wiederentdeckt wurde. König Joschija (641–609 v. Chr.) fürchtete den Zorn Gottes für sich und sein Volk, weil sie die Weisungen dieses Buches nicht befolgt hatten. Er ordnete an, den Willen Gottes zu erfragen, wandte sich dafür aber nicht, wie gewöhnlich, an die Priester im Tempel. Ebenso wenig zog er den Propheten ▶ Jeremia zurate, der sich zu dieser Zeit in Jerusalem aufgehalten haben dürfte. Vielmehr entsandte er eine mit hochrangigen Beamten besetzte Delegation zur

Prophetin Hulda, um von ihr zu erfahren, welche Konsequenzen er und sein Volk zu erwarten hätten. Mit der Verkündigung des Gotteswortes bestätigte Hulda die Verbindlichkeit des wieder aufgefundenen Gesetzbuches. Da die Menschen das erste Gebot nicht beachtet und andere Götter angebetet hatten, verkündete sie Unheil über Juda und seine Bewohner. König Joschija ließ daraufhin alle Kultstätten zerstören, untersagte den Götzendienst

und ordnete an, dass das Pessachfest wieder gefeiert werden sollte, wie es im Bund mit Gott vorgeschrieben war. Trotzdem konnte König Joschija das Schicksal seines Volkes nicht abwenden. Die Erzählung deutet an, dass es sich bei dem wiedergefundenen Buch um das Buch der Weisungen des Mose handelte, das neben der Bundeslade aufbewahrt worden war (▶ Dtn 31,26) und vermutlich den Kern des heutigen Buches Deuteronomium („Zweites Gesetz"), enthalten hat, in dem die ▶ Zehn Gebote überliefert sind.

Die Bedeutung der Prophetinnen

Prophetie begleitet das Volk Israel von der Richter- bis zur Exilzeit. Auch wenn die biblischen Texte nur wenige Frauen im prophetischen Amt bezeugen, zeigen die Erzählungen über Debora und Hulda deren besondere Bedeutung. Indem von Debora am Anfang und Hulda am Ende dieser Phase der Geschichte Israels erzählt wird und damit die Erzählungen über Propheten wie Samuel, Natan, Elija und Elischa eingerahmt werden, wird die prophetische Funktion, das Wort Gottes zu verkünden, an wichtigen Punkten der Geschichte Frauen zugeschrieben.

---

1 Benennt mithilfe der Texte, welche Fähigkeiten Debora und Hulda als Prophetinnen auszeichnen. Informiert euch auch, z. B. in einem Bibellexikon, über die Propheten, die von diesen beiden Frauen eingerahmt werden.

2 Zeigt Ähnlichkeiten zwischen der Debora- bzw. Hulda-Erzählung und dem ▶ Exodusgeschehen auf und diskutiert, inwiefern die beiden Prophetinnen in der Nachfolge Moses und Mirjams handeln.

3 Die Briefmarke zeigt, dass Hulda bis heute einen Platz in der Geschichte Israels hat. Arbeitet heraus, welche Bedeutung die Erzählung von Hulda heute hat. Prüft, inwieweit dies auch für die Debora-Erzählung gilt.

4 Nennt Frauen oder Frauengruppen, die heute in der Tradition der biblischen Prophetinnen stehen. Stellt dar, was sie tun, und erklärt, inwiefern sie „Stimmen für eine gerechtere Welt" sind.

Rufer im Namen der Gerechtigkeit

In Zeiten von gesellschaftlichen Krisen ist es eine wichtige Aufgabe der Kirche, von Christinnen und Christen, in der Nachfolge der biblischen Propheten Unrecht und Ungerechtigkeit anzuklagen und ihre Stimme als Anwälte für die Armen zu erheben.

Heute sitzen die Zyniker, die keine Hemmungen haben, sich auf Kosten anderer zu bereichern, in aller Regel nicht mehr in Königspalästen, sondern in Büros in New York, London und anderen Metropolen dieser
5 *Welt. Anders als die Tyrannen im Alten Orient brauchen sie sich bei ihren Beutezügen allerdings nicht auf das eigene Volk beschränken, sondern sie können in der ganzen Welt ihr Unwesen treiben. Dazu benötigen sie auch nicht wie ihre antiken Vorfahren teure Arme-*
10 *en, sondern es reichen Laptop, Handy und das ‚nötige Kleingeld‘ für ein paar Investments und Anwaltshonorare.*
Unglaublich, aber wahr: Während die internationale Staatengemeinschaft sich den Kopf darüber zerbricht,
15 *wie man die Schuldenprobleme von Entwicklungsländern in den Griff bekommen kann, haben sich gewissenlose Spekulanten gerade auf Geschäfte mit diesen Schulden spezialisiert. (...) Angesichts solcher schreienden Ungerechtigkeiten fällt es mir auch als*
20 *Bischof schwer, mich zurückzuhalten. Ich wünsche raffgierigen und gewissenlosen Spekulanten unserer Tage nicht das Schicksal, das der Prophet Jeremia dem König Jojakim vorhergesagt hat. Aber ich glaube fest, dass diese ‚Investoren‘, die mit ihnen kooperierenden*
25 *Banker und ihre (Un-)Rechtsanwälte dereinst vor Gott Rechenschaft für das von ihnen begangene Unrecht werden ablegen müssen. Ich glaube nicht, dass ihnen dann der Hinweis auf bestehende Gesetzeslücken helfen wird. Die Gebote Gottes kennen keine Löcher,*
30 *durch die jene schlüpfen könnten, die sich an der Not und dem Elend anderer bereichern.*

Kardinal Reinhard Marx

In seinem Buch „Das Kapital. Ein Plädoyer für den Menschen" klagt der Münchener Kardinal Reinhard Marx an, dass Macht und Geld oft nicht zum Wohl der Menschen eingesetzt werden, sondern sich manche auf Kosten anderer bereichern, indem sie das globalisierte Wirtschaftssystem geschickt nutzen. Er bezieht sich bei seiner Kritik ausdrücklich auf den Propheten ▸ Jeremia, der König Jojakim (608 bis 598 v. Chr.) in drastischen Worten seine Ungerechtigkeit vorhält und ihm als Strafe Gottes ein erbärmliches Ende prophezeit.

» *¹³ Weh dem, der seinen Palast mit Ungerechtigkeit baut, seine Gemächer mit Unrecht,*
der seinen Nächsten ohne Entgelt arbeiten lässt und ihm seinen Lohn nicht gibt,
¹⁴ der sagt: Ich baue mir einen stattlichen Palast und weite Gemächer!
Er setzt ihm hohe Fenster ein, täfelt ihn mit Zedernholz und bemalt ihn mit Mennigrot.
¹⁵ Bist du König geworden, um mit Zedern zu prunken? Hat dein Vater nicht auch gegessen und getrunken, dabei aber Recht und Gerechtigkeit geübt? Und es ging ihm gut.
¹⁶ Dem Schwachen und Armen verhalf er zum Recht. Das war gut. Heißt nicht das, mich zu erkennen? – Spruch des HERRN.
¹⁷ Doch deine Augen und dein Herz sind nur auf deinen Vorteil gerichtet,
darauf, das Blut von Unschuldigen zu vergießen, und darauf, Bedrückung und Erpressung zu verüben.
¹⁸ Darum – so spricht der HERR über Jojakim, den Sohn Joschijas, den König von Juda:
¹⁹ Man wird für ihn nicht die Totenklage halten (...) Ein Eselsbegräbnis wird er bekommen. Man schleift ihn weg und wirft ihn hin, draußen vor den Toren Jerusalems. «   *Jer 22,13–19*

Weniger ist leer.

Es gibt so viele,
die hoffen auf mehr,
um überleben zu können.
Ihre Spende hilft.

Mitglied der
actalliance

1 Analysiert den Text von Kardinal Reinhard Marx inhaltlich und sprachlich. Folgende Fragen helfen euch dabei:
- Welche Themen und Probleme greift er auf?
- Wen spricht er an – direkt und indirekt?
- Mit welchen Mitteln legt er seine Botschaft dar?
2 Die Kirche als Anwalt der Armen
- Führt eine Fish-Bowl-Diskussion durch, ob die Kirche
sich zum Thema Armut äußern soll.
- Sprecht Passagen des Textes von Kardinal Marx reih-
um mit eindringlicher Stimme und diskutiert die
mögliche Wirkung einer solchen prophetischen Rede.
3 Kardinal Marx stellt seine Forderungen in die Nachfolge
des Propheten Jeremia.
- Recherchiert, z. B. im Lexikon, wer Jeremia war.

- Erinnert euch an biblische Grundlagen, mit denen
man gegen die Missstände, die Kardinal Marx
anprangert, argumentieren könnte.
4 Untersucht das Plakat „Weniger ist leer".
- Beschreibt, wie es auf euch wirkt und wodurch es
diese Wirkung erzielt.
- Erläutert die Aussage des Plakats und begründet,
inwiefern sie prophetisch zu nennen ist.
- Leitet daraus Forderungen ab, die das Anliegen der
Plakataktion unterstützen.
5 Gegen welches Unrecht würdet ihr die Stimme
erheben? Entwerft ein Plakat, auf dem eure
„Forderungen für mehr Gerechtigkeit in der Welt"
stehen. Ihr könnt auch einen offenen Brief verfassen.

Ruf für die Bewahrung der Erde

Im Jahr 2018 verweigerte die damals 15-jährige Schwedin Greta Thunberg unter dem Motto „Schulstreik für das Klima" immer freitags den Besuch des Schulunterrichts. Sie begründete ihr Handeln damit, dass ihr Bildung nichts nütze, wenn sie angesichts der fortschreitenden Zerstörung der Erde keine Zukunft habe. Mit ihrem Protest inspirierte sie weltweit v. a. junge Menschen und wurde zu einem Vorbild für die Bewegung „Fridays for Future".

▲ *Greta Thunberg 2020 bei einer Demonstration in Hamburg*

Mein Name ist Greta Thunberg, ich bin fünfzehn Jahre als und komme aus Schweden. Ich spreche für Climate Justice Now. Viele sagen, Schweden sei nur ein kleines Land und es spiele keine Rol-

5

10

15

le, was wir tun.

Aber ich habe gelernt, dass niemand zu klein ist, um einen Unterschied zu bewirken. Und wenn ein paar Kinder auf der ganzen Welt Schlagzeilen machen können, indem sie nicht zur Schule gehen – dann stellt

20 *euch nur mal vor, was wir alle gemeinsam erreichen könnten, wenn wir es wirklich wollten.*

Aber dazu müssen wir Klartext reden. Egal, wie unbequem das sein mag. Ihr sprecht nur von grünem ewigem Wirtschaftswachstum, weil ihr zu viel Angst habt,

25 *unpopulär zu sein. Ihr redet nur davon, mit denselben schlechten Ideen weiterzumachen, die uns in diesen Schlamassel gebracht haben. Selbst wenn es das einzig Vernünftige ist, die Notbremse zu ziehen.*

Ihr seid nicht reif genug, zu sagen, wie es ist. Selbst diese Bürde überlasst ihr euren Kindern. Aber ich 30 *kümmere mich nicht darum, beliebt zu sein, ich kümmere mich um Klimagerechtigkeit und den lebendigen Planeten.*

Wir sind dabei, unsere Zivilisation zu opfern, damit einige wenige die Möglichkeit haben, weiter enorme 35 *Mengen Geld zu verdienen. Wir sind dabei, die Biosphäre zu opfern, damit reiche Leute in Ländern wie meinem in Luxus leben können. Aber für den Luxus der wenigen bezahlen viele mit ihrem Leid.*

Im Jahr 2078 werde ich meinen 75. Geburtstag feiern. 40 *Falls ich Kinder habe, werden sie diesen Tag vielleicht mit mir zusammen verbringen. Vielleicht werden sie mich nach euch fragen.*

Vielleicht werden sie fragen, warum ihr nichts unternommen habt, solange noch Zeit dazu war? Ihr sagt, 45 *ihr liebt eure Kinder über alles. Und trotzdem stehlt ihr ihnen ihre Zukunft.*

Solange ihr nicht anfangt, euch darauf zu konzentrieren, was getan werden muss, statt auf das, was politisch machbar ist, gibt es keine Hoffnung. Wir können 50 *eine Krise nicht bewältigen, ohne sie als Krise zu behandeln. Wir müssen die fossilen Brennstoffe im Boden lassen, und wir müssen uns auf Gerechtigkeit konzentrieren.*

Und wenn es so unmöglich ist, in diesem System 55 *Lösungen zu finden, dann sollten wir vielleicht das System ändern.*

Wir sind nicht hergekommen, um die Regierungschefs der Welt zu bitten, dass sie sich kümmern. Sie haben uns in der Vergangenheit ignoriert und werden uns 60 *wieder ignorieren. Ihnen gehen die Entschuldigungen aus, und uns geht die Zeit aus. Wir sind hergekommen, um Sie wissen zu lassen, dass der Wandel kommt, ob Ihnen das gefällt oder nicht.*

Die wahre Machte gehört den Menschen. 65

Greta Thunberg, Rede bei der 24. UN-Klimakonferenz 2018

Sorge für das gemeinsame Haus

In seiner ▸ Enzyklika *Laudato si' – Über die Sorge für das gemeinsame Haus* prangert Papst Franziskus die Ausbeutung des Planeten durch den Menschen an (▸ S. 27). Gleichzeitig stellt er aber auch einen Zusammenhang zwischen ökologischen und sozialen Miss-ständen her. Er kritisiert die Aus-beutung von Menschen und die Armut in vielen Ländern der Erde und fordert eine „ganzheitliche Ökologie", die eine „menschliche und soziale Dimension" berück-sichtigt. Damit wendet er sich nicht nur an katholische Christin-nen und Christen, sondern an alle Menschen, die die Erde als „ge-meinsames Haus" bewohnen.

» *Wir müssen uns stärker be-wusst machen, dass wir eine einzi-ge Menschheitsfamilie sind. Es gibt keine politischen oder sozialen Grenzen und Barrieren, die uns er-lauben, uns zu isolieren, und aus ebendiesem Grund auch keinen Raum für die Globalisierung der Gleichgültigkeit.* **«**
Enzyklika Laudato si', 52

» *Der Reiche und der Arme besit-zen die gleiche Würde, denn ‚der* HERR *hat sie alle erschaffen'* (▸ *Spr 22,2), „er hat Klein und Groß erschaffen" (▸ Weish 6,7) und „lässt seine Sonne aufgehen über Bösen und Guten" (▸ Mt 5,45).* **«**
Enzyklika Laudato si', 94

1 Analysiert die Rede von Greta Thunberg inhaltlich und sprachlich. Welche Themen und Probleme greift sie auf? Wen spricht sie an – direkt und indi-rekt? Mit welchen Mitteln legt sie ihre Botschaft dar?

2 Papst Franziskus dankte Greta Thunberg für ihr Engagement. Umgekehrt würdigte Greta den Einsatz des Papstes für die Bewahrung der Schöpfung.
  - Beurteilt vor dem Hintergrund des Schöpfungsgedankens (▸ Kapitel 1), ob die Anliegen der Klimaschützer auch eine biblische Grundlage haben.
  - Vergleicht die Zitate aus der Enzyklika *Laudato si'* (links und auf ▸ S. 27) mit Greta Thunbergs Rede. Untersucht dabei Motive und Forderungen. Haltet Unterschiede und Übereinstimmungen in einer Tabelle fest.

3 Interpretiert die Karikatur. Was könnte der Junge seinem Vater antworten?
  - Formuliert einen Dialog zwischen den beiden, in dem ihre verschiedenen Perspektiven ernstgenommen werden.
  - Stellt an einem Beispiel dar, wie unterschiedliche Interessen und Bedin-gungen den Umgang mit dem Thema Klimaschutz beeinflussen.
  - Leitet daraus Schlussfolgerungen ab, was für euch zu einem verantwortli-chen Verhalten gehört.

4 Vergleicht die Bewegung ▸ „Fridays for Future" und Greta Thunberg mit den Anforderungen in der Stellenausschreibung ▸ S. 31. Welche der geforderten Kompetenzen könnt ihr bei ihr und den Aktivistinnen und Aktivisten erkennen?
  - Könnte man sie als „moderne ▸ Propheten" bezeichnen? Tauscht euch dar-über in kleinen Gruppen aus.
  - Inwiefern kann oder muss der Papst ein „moderner Prophet" sein?
  - Diskutiert, wo Protest Grenzen überschreitet und problematisch ist.

Propheten mahnen und trösten

Die prophetische Botschaft Jesajas besteht vor allem in oft scharfen Gerichtsworten. Aber an vielen Stellen wird auch deutlich, dass Gott seine Schöpfung liebt und den Menschen einen endzeitlichen Frieden verheißt. Diese Zusage Gottes an die Menschen spiegelt sich bereits im Namen „Jesaja" wider: Er bedeutet „Jahwe rettet".

Drohbotschaft

1 *¹Vision Jesajas (...) ²Hört, ihr Himmel, horch auf, Erde! Denn der HERR hat gesprochen: Ich habe Söhne großgezogen und emporgebracht, doch sie sind mir abtrünnig geworden. ³Der Ochse kennt seinen Besitzer und der Esel die Krippe seines Herrn; Israel aber hat keine Erkenntnis, mein Volk hat keine Einsicht. ⁴Weh der sündigen Nation, (...) der Brut von Übeltätern (...)! Sie haben den HERRN verlassen (...) und ihm den Rücken zugekehrt. ¹⁰Hört das Wort des HERRN! (...) ¹⁵Eure Hände sind voller Blut.*  *¹⁹Wenn ihr willig seid und hört, werdet ihr das Beste des Landes essen. ²⁰Wenn ihr euch aber weigert und auflehnt, werdet ihr vom Schwert gefressen. Ja, der Mund des HERRN hat gesprochen.*
10 *¹Wehe denen, die unheilvolle Gesetze erlassen (...), ²um den Armen meines Volkes das Recht zu rauben, damit die Witwen ihre Beute werden und sie die Waisen ausplündern! ³Was wollt ihr tun, beim Tag der Heimsuchung und beim Untergang (...)? Zu wem wollt ihr fliehen, um Hilfe zu finden, wo euren Reichtum hinterlassen? ⁴Wer nicht mit den Gefangenen in die Knie gegangen ist, wird fallen mit den Erschlagenen. Bei all dem hat sich sein Zorn nicht gewendet, und noch bleibt seine Hand ausgestreckt.* aus Jes 1 und Jes 10,1–4

Heilsbotschaft

11 *¹Doch aus dem Baumstumpf Isais wächst ein Reis hervor, ein junger Trieb aus seinen Wurzeln bringt Frucht. ⁵Gerechtigkeit ist der Gürtel um seine Hüften, und die Treue der Gürtel um seine Lenden. ⁶Der Wolf findet Schutz beim Lamm, der Panther liegt beim Böcklein. Kalb und Löwe weiden zusammen, ein kleiner Junge leitet sie. ⁷Kuh und Bärin nähren sich zusammen, ihre Jungen liegen beieinander. Der Löwe frisst Stroh wie das Rind. ⁸Der Säugling spielt vor dem Schlupfloch der der Schlange Hand aus. ⁹Man begeht kein Ver-*  *Natter und zur Höhle streckt das Kind seine tut nichts Böses und brechen auf meinem ganzen heiligen Berg; denn das Land ist erfüllt von der Erkenntnis des HERRN, so wie die Wasser das Meer bedecken.*
12 *¹An jenem Tag wirst du sagen: Ich danke dir, HERR. Du hast mir gezürnt. Möge dein Zorn sich wenden, auf dass du mich tröstest. ²Siehe, Gott ist mein Heil; ich vertraue und erschrecke nicht. Denn meine Stärke und mein Lied ist Gott, der HERR. Er wurde mir zum Heil. ⁶Jauchzt und jubelt, ihr Bewohner Zions; denn groß ist in eurer Mitte der Heilige Israels.* aus Jes 11 und Jes 12

---

1 Untersucht und deutet die Auszüge aus ▶Jesaja.
- Nennt Bilder und Worte, die euch auffallen.
- Arbeitet heraus, welche Worte und Bilder mahnen, welche Trost spenden.
- Vergleicht eure Beobachtungen mit den Regeln für eine kritische Rede (▶ S. 47).

2 Übertragt die Kritikpunkte und Bildworte des Propheten in Bilder und Worte, die Menschen heute verstehen.

3 Formuliert eine Rede, die die drohende und auch die verheißungsvolle Botschaft von Jesaja in euren eigenen Worten enthält. Entscheidet, welche Zukunft ihr den Zuhörern als Folge ihres Verhaltens in Aussicht stellt.

So geht's
Eine kritische Rede verfassen

Sich offen gegen Unrecht einzusetzen, erfordert nicht nur Mut. Man sollte auch in der Lage sein, den eigenen Standpunkt zu begründen und überzeugend vorzutragen.

Inhalt der Rede

Eine Rede muss inhaltlich gut vorbereitet sein. Nach einer Stoffsammlung könnt ihr z. B. mit den Schritten „sehen", „urteilen", „handeln" zu einer fundierten Haltung zum Thema der Rede kommen.

- **Sehen** (Analyse): *Was ist der Missstand? Wer sind die Beteiligten? Welche Hintergründe gibt es?* Augen und Ohren offen zu halten, sich z. B. in den Medien über die Ereignisse in der Umgebung, im eigenen Land, in der Welt zu informieren, ist eine wichtige Aufgabe des Menschen. Dabei spielen auch Emotionen eine Rolle, aber diese dürfen nicht Fakten verfälschen.
- **Urteilen** (Interpretation): *Wie bewertest du die Ergebnisse deiner Analyse? Kannst du sie mit deinem Gewissen bzw. deinen Werten in Einklang bringen?* Für die Entwicklung eines eigenen Standpunktes ist der Austausch mit Gleichgesinnten und Andersdenkenden hilfreich.
- **Handeln** (Aktion): *Was kann ich konkret tun? Wer könnte unterstützen bzw. Mitstreiterin oder Mitstreiter sein?* Durch das Erheben der eigenen Stimme andere zu überzeugen, sich dir anzuschließen, ist bereits ein wichtiger Schritt.

Formale Gestaltung

Die **Sprache** muss den Zuhörerinnen und Zuhörern angemessen sein. Daher ist es wichtig, dass ihr euch klar darüber seid, wen ihr mit der Rede erreichen wollt, und eure Art zu sprechen, aber auch die Wortwahl daraufhin abstimmt.

Auch der **Aufbau** einer Rede sollte inhaltlich und formal gut geplant sein.

- Geht z. B. nach der sog. **„Sandwich-Methode"** vor: Beginnt mit einem positiven Gedanken, um die Zuhörenden anzusprechen und für euer Anliegen zu interessieren. Äußert dann eure Kritik. Am Schluss steht wieder ein positiver Gedanke.
- In der **Einleitung** begrüßt ihr die Zuhörenden, um dadurch ihre Aufmerksamkeit und ihr Wohlwollen zu wecken. Ihr könnt auch mit einem „verbalen Paukenschlag", einer Provokation, beginnen.
- Im Anschluss folgt die Darlegung des **Sachverhalts** aus eurer Sicht und eurer **Motivation** für die Rede. Hier kommt es nicht auf Objektivität an, sondern auf eure Glaubwürdigkeit. Achtet aber darauf, Fakten richtig darzustellen.
- Stellt **Thesen** zum Thema auf (▶ Thesen aufstellen), die ihr mit **Argumenten** untermauert. Überlegt euch die Reihenfolge der Thesen und Argumente.
- So könnt ihr eure Argumente unterstützen und die Rede insgesamt lebendiger gestalten:
  - Bringt Beispiele, die eure Position stärken.
  - Verwendet Vergleiche, die das Thema anschaulich machen.
  - Stellt sogenannte rhetorische Fragen. Die Antworten auf diese Art Fragen sind (für die meisten) selbstverständlich, z. B. „Haben nicht alle Menschen dieselbe Würde?" – Antwort: „Ja.", sodass die Fragen der Stärkung eures Standpunktes dienen können.
  - Seht mögliche Einwände voraus und entkräftet sie, indem ihr selbst darauf eingeht.
- Zum **Schluss** fasst ihr eure Ausführungen in einem möglichst prägnanten Satz zusammen, der den Zuhörenden im Gedächtnis bleibt und sie dazu bewegt, in eurem Sinne zu handeln.

Visionen vom Frieden

Die Worte und Metaphern der biblischen Propheten und Prophetinnen, die im Alten Testament überliefert sind, wirken bis heute nach. Immer wieder inspirierten sie Menschen, aktiv zu werden.

Aufstehen gegen den Krieg

Als in den 1980er-Jahren der Ost-West-Konflikt den weltweiten Frieden bedrohte, stellte sich die Friedensbewegung in der DDR, die maßgeblich von der evangelischen Kirche getragen wurde, unter das Motto „Schwerter zu Pflugscharen". Es geht zurück auf eine biblische Hoffnungsbotschaft, die sich beim Propheten Micha findet (▶Mi 4,3; vgl. ▶Jes 2,4). Bis heute ist dieses Bild von einer tödlichen Waffe, die zu einem lebenswichtigen Werkzeug gemacht wird, eine Metapher für die Vision einer friedlichen Welt.

¹Am Ende der Tage wird es geschehen:
Der Berg des Hauses des HERRN steht fest gegründet
als höchster der Berge; er überragt alle Hügel.
Zu ihm strömen Völker.
²Viele Nationen gehen und sagen:
Auf, wir ziehen hinauf zum Berg des HERRN
und zum Haus des Gottes Jakobs.
Er unterweise uns in seinen Wegen, auf seinen Pfaden
wollen wir gehen.
Denn von Zion zieht Weisung aus, und das Wort des
HERRN von Jerusalem.
³Er wird Recht schaffen zwischen vielen Völkern,
und mächtige Nationen zurechtweisen bis in die
Ferne.
Dann werden sie ihre Schwerter zu Pflugscharen umschmieden und ihre Lanzen zu Winzermessern.
Sie erheben nicht mehr das Schwert, Nation gegen
Nation, und sie erlernen nicht mehr den Krieg.
⁴Und ein jeder sitzt unter seinem Weinstock und unter
seinem Feigenbaum und niemand schreckt ihn auf.
Ja, der Mund des HERRN der Heerscharen hat
gesprochen.   Mi 4,1–4

Das Bildwort von den Schwertern, die zu Pflugscharen umgeschmiedet werden, steht innerhalb eines Abschnitts, der als Inbegriff einer umfassenden Friedenszeit eine Wallfahrt der Völker zum Zion ankündigt. „Zion" war der Name der Festung von Jerusalem zur Zeit Davids und wurde später zur Bezeichnung des Tempelbergs bzw. zum Symbol Jerusalems überhaupt. Dass die Völker zum Zion ziehen, ist Ausdruck dafür, dass sie die Herrschaft Gottes anerkennen, dass sie also bereit sind, seinen Geboten, die Freiheit und Gerechtigkeit garantieren, Folge zu leisten: So wird Frieden möglich.

◀ *Der Kunstschmied Stefan Nau schmiedete 1983 bei einer Aktion auf dem Kirchentag in Wittenberg ein Schwert zu einer Pflugschar (Schneideblatt eines Pflugs) um.*

Aufstehen für Gleichberechtigung

Der Pastor Martin Luther King war einer der wichtigsten Anführer der Bürgerrechtsbewegung und Kämpfer gegen Rassentrennung und Rassismus in der US-amerikanischen Gesellschaft. Er trat für die Gleichberechtigung von Menschen aller Hautfarben, für Gewaltlosigkeit und Frieden ein. 1968 wurde er von einem Rassisten erschossen.

Bis heute ist Martin Luther King für seine Rede *I have a dream* berühmt, die er 1963 beim ▶ Marsch auf Washington hielt. Auf diese bezieht er sich in einer Predigt aus dem Jahr 1967:

„Ich träume davon, dass eines Tages die Menschen sich erheben und einsehen werden, dass sie geschaffen sind, um als Brüder miteinander zu leben. Ich träume auch an diesem Morgen noch davon, dass eines Tages jeder
5 *Neger* in diesem Lande, jeder Farbige* in der Welt aufgrund seines Charakters anstatt seiner Hautfarbe beurteilt werden und dass jeder Mensch die Würde und den Wert der menschlichen Persönlichkeit achten wird. Ich träume auch heute noch davon, dass (…) Brüderlich-*
10 *keit mehr sein wird als ein paar Worte am Ende eines Gebets, vielmehr das vordringlichste Geschäft in der Agenda jedes Gesetzgebers. (…) Ich träume auch heute noch davon, dass eines Tages der Krieg ein Ende nehmen wird, dass die Männer ihre Schwerter zu Pflugscharen*
15 *und ihre Spieße zu Sicheln machen, dass kein Volk wider das andere ein Schwert aufheben und nicht mehr kriegen lernen wird. Ich träume auch heute noch davon, dass eines Tages das Lamm und der Löwe sich miteinander niederlegen werden und ein jeglicher unter seinem Wein-*
20 *stock und Feigenbaum wohnen wird ohne Scheu. (…) Ich träume noch immer davon, dass wir mit diesem Glauben imstande sein werden, den Rat der Hoffnungslosigkeit zu vertagen und neues Licht in die Dunkelkammern des Pessimismus zu bringen. Mit diesem Glauben wird es uns*
25 *gelingen, den Tag schneller herbeizuführen, an dem Frieden auf Erden ist. Es wird ein ruhmvoller Tag sein, die Morgensterne werden miteinander singen und alle Kinder Gottes vor Freude jauchzen.“*

Martin Luther King

▲ *Martin Luther King bei einer Rede, um 1960*

1 Gebt die Vision des Propheten Micha mit eigenen Worten wieder.

2 „Das ist doch utopisch!“ – „Geht nicht – gibt's nicht!“: Findet weitere Sprüche, die als Kommentare zur Vision von der Einen Welt fallen könnten. Nehmt begründet Stellung dazu, für wie realistisch ihr diese Vision haltet.

3 Martin Luther King und Stefan Nau sind Beispiele für Menschen, deren Reden und Tun prophetische Kraft hat.
- Stellt dar, inwiefern die Predigt von Martin Luther King oder die Schmiedeaktion von Stefan Nau prophetische Züge haben, und nennt Belege dafür.
- Recherchiert Hintergründe zu den Missständen, die sie kritisierten, und welche Folgen ihr Auftreten hatte – auch für die beiden Männer persönlich.
- Diskutiert, ob solche Visionen die Welt verändern können.

4 Begründet, warum die Worte Martin Luther Kings heute noch oft zitiert werden.

5 Die Heilsbotschaften der Propheten Micha und ▶ Jesaja (▶ S. 46) sagen Gottes rettendes Eingreifen zu und versprechen eine bessere Welt. Welchen Trost können Menschen daraus ziehen und welche Aufgaben daraus ableiten? Sammelt eure Gedanken dazu und tauscht sie nach der Methode ▶ Think – pair – share aus.

---

* *In der Vergangenheit Bezeichnungen für Menschen mit dunkler Hautfarbe. Sie gelten heute als abwertend und diskriminierend.*

Können sich die Dinge ändern?

Tagtäglich berichten die Medien von Missständen auf der Welt. Schlechte Nachrichten gehören zum medialen Alltag. Viele Menschen stumpfen gegenüber dieser Katastrophenberichterstattung ab oder fühlen sich hilflos und überfordert. Doch Unrecht geschieht nicht nur „in fernen Ländern", sondern auch in der unmittelbaren Umgebung, manchmal sogar direkt vor unseren Augen. Wer dann Zivilcourage zeigt, kann auch im Alltag vieles verändern.

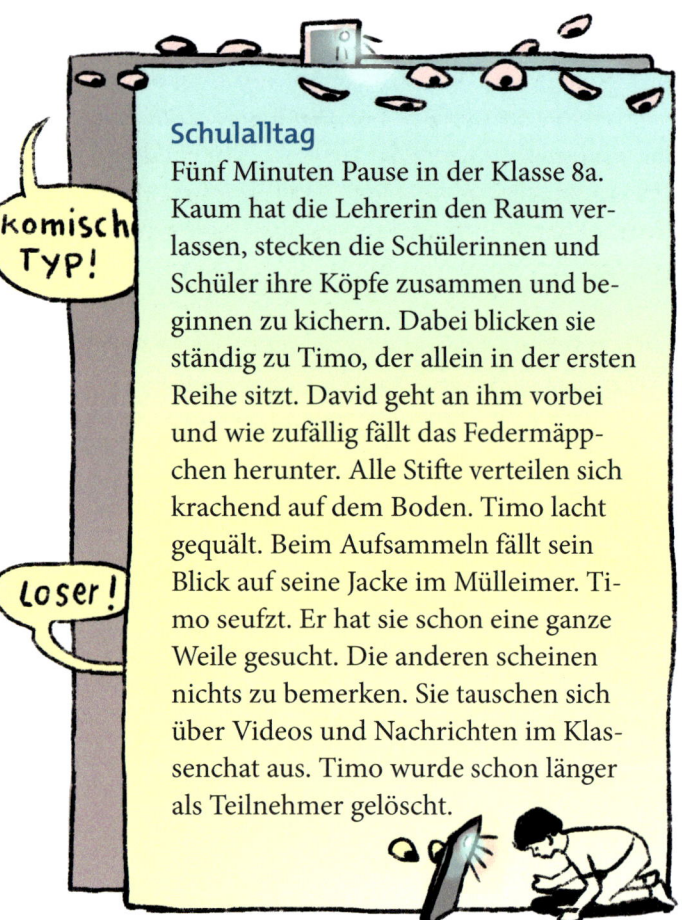

komisch Typ!

Loser!

Schulalltag

Fünf Minuten Pause in der Klasse 8a. Kaum hat die Lehrerin den Raum verlassen, stecken die Schülerinnen und Schüler ihre Köpfe zusammen und beginnen zu kichern. Dabei blicken sie ständig zu Timo, der allein in der ersten Reihe sitzt. David geht an ihm vorbei und wie zufällig fällt das Federmäppchen herunter. Alle Stifte verteilen sich krachend auf dem Boden. Timo lacht gequält. Beim Aufsammeln fällt sein Blick auf seine Jacke im Mülleimer. Timo seufzt. Er hat sie schon eine ganze Weile gesucht. Die anderen scheinen nichts zu bemerken. Sie tauschen sich über Videos und Nachrichten im Klassenchat aus. Timo wurde schon länger als Teilnehmer gelöscht.

Flüchtlingsalltag

Der siebenjährige Amr ist froh und dankbar, dass Deutschland ihn und seine Familie aufgenommen hat. Mit knapper Not sind sie dem Bürgerkrieg in Syrien entkommen. Mehr als zwei Jahre hat ihre Flucht gedauert. Aber jetzt ist Amr in Sicherheit. Er muss nicht mehr hungern oder frieren. Seine Familie hat ein Dach über dem Kopf, auch wenn sie es mit zwei anderen Familien teilen muss. Viel Platz gibt es nicht, weder zum Spielen noch zum Lernen und schon gar nicht für Privatsphäre. Seine Eltern hoffen, bald in eine Wohnung umziehen zu können und damit auch als Familie anzukommen. Amr geht endlich wieder in die Schule, aber er tut sich oft schwer. Seine Eltern können ihm bei den Hausaufgaben nicht helfen.

Alltag auf der Straße

Zwei Jugendliche steigen in ein U-Bahn-Abteil ein und setzen sich zu einem Jungen, der gerade ein Buch liest. Sie fangen an, ihn zu schikanieren und zu bedrohen, bis sie schließlich sogar Geld von ihm wollen. Die Situation wird immer bedrohlicher für das Opfer. Die Mitfahrerinnen und Mitfahrer in dem Abteil bemerken durchaus, was passiert, tun aber nichts. An der nächsten Station zerren die beiden Täter den Jungen aus der U-Bahn und verprügeln ihn auf dem Bahnsteig.

U1 KLOPPE

Sehen, urteilen, handeln

Nicht wegschauen Gemeinheiten und Ungerechtigkeiten geschehen oft, weil alle wegschauen. Täter oder Täterinnen rechnen mit der Gleichgültigkeit anderer. Wenn ihr Zeugin oder Zeuge eines Unrechts werdet, sprecht es an und macht andere darauf aufmerksam!

Unrecht erkennen und benennen Manche Situationen sind „auf den ersten Blick" als Unrecht zu erkennen. Oft aber muss man genauer hinsehen, sich informieren und eine Meinung bilden. In beiden Fällen können das eigene Werteempfinden, aber auch christliche Werte der Maßstab für die Beurteilung eines Konfliktes und der Kompass für die eigene Haltung dazu sein.

Anteil nehmen Bietet eure Unterstützung an! Ihr könnt z. B. über die Kirchengemeinde Kontakt zu geflüchteten Familien suchen, einen Spielenachmittag organisieren, Lesepatenschaften oder Hausaufgabenhilfe anbieten etc.

›› *Bei der Eröffnung des Weltjugendtags in Krakau habe ich Euch mehrfach gefragt: ‚Können sich die Dinge ändern?' Und Ihr habt gemeinsam ein lautes ‚Ja!' gerufen. Dieser Schrei entspringt Eurem jugendlichen Herzen, das die Ungerechtigkeit nicht erträgt und sich nicht der Wegwerfkultur beugen will, noch der Globalisierung der Gleichgültigkeit das Feld überlassen will. Hört auf diesen Schrei, der aus eurem Inneren aufsteigt! Auch dann, wenn ihr euch, wie der Prophet* ▶ *Jeremia, der Unerfahrenheit eures jugendlichen Alters bewusst werdet; Gott ermutigt euch, dahin zu gehen, wohin er euch schickt: ‚Fürchte dich nicht (…). Denn ich bin mit dir, um dich zu retten'* (▶ *Jer 1,8). Eine bessere Welt wird auch Dank euch, Dank eures Willens zur Veränderung und Dank eurer Großzügigkeit aufgebaut. Habt keine Angst, auf den Geist zu hören, der euch zu mutigen Entscheidungen drängt, bleibt nicht stehen, wenn das Gewissen euch einlädt, ein Risiko einzugehen, um dem Herrn zu folgen. Auch die Kirche möchte auf eure Stimme hören, auf eure Sensibilität, auf euren Glauben, ja auch auf eure Zweifel und eure Kritik. Lasst euren Schrei hören, lasst ihn in den Gemeinschaften erschallen und bis zu den Hirten gelangen. Der hl. Benedikt empfahl den Äbten, vor jeder wichtigen Entscheidung auch die jungen Mönche zu hören, ‚weil der Herr oft einem Jüngeren offenbart, was das Bessere ist'* (Regel des hl. Benedikt III, 3). ‹‹   Papst Franziskus, Brief an die Jugendlichen

---

1 Lest die drei Szenen aus dem Alltag und entwerft dazu in Gruppenarbeit jeweils eine ▶ kommentierte Pantomime. Spielt euch die Szenen im Plenum vor und gebt euch gegenseitig ▶ Feedback.

2 Analysiert den Auszug aus einem Brief von Papst Franziskus an die Jugendlichen auf prophetische Merkmale hin. Tauscht euch mit einem Partner/einer Partnerin über die Wirkung seiner Worte auf euch aus.

3 Greift das Zitat von Roman Herzog ▶ S. 33 auf.
- Lest die Szenen noch einmal und skizziert jeweils Handlungsmöglichkeiten gegen das geschilderte Unrecht.
- Verändert die Szenen so, dass sie im Sinne einer gerechteren Welt für alle enden. Orientiert euch dabei an den drei Schritten „sehen, urteilen, handeln".
- Fasst aufgrund eurer Ergebnisse in einer „Checkliste" zusammen, wie ihr Zivilcourage beweisen könnt. Prüft dabei kritisch, was „mutiges" und was „leichtsinniges" Verhalten ist.

4 „72 Stunden – uns schickt der Himmel" heißt eine Aktion des ▶ BDKJ. Informiert euch darüber und lasst euch inspirieren. Ihr könnt selbst ein Projekt starten, das die Welt ein Stückchen besser macht.

Zeige, was du kannst

Aufgabe A: Angebote Gottes – für uns

Man fragte Rabbi Bunam: „Es steht geschrieben: ‚Ich bin der HERR, dein Gott, der dich aus Ägypten führte.‘ Warum heißt es nicht: ‚Ich bin der HERR, dein Gott, der Himmel und Erde schuf‘?" Rabbi Bunam erklärte: „Himmel und Erde – dann hätte der Mensch gesagt: Das ist mir zu groß, da traue ich mich nicht hin. Gott aber sprach zu ihm: Ich bin's, der ich dich aus dem Dreck geholt habe, nun komm heran und hör und hilf mit, andere aus dem Dreck zu ziehen."

Chassidische Geschichte

1 Rabbi Bunam wird gebeten, die Einleitungsworte zum ▸ Dekalog zu erklären. Setze dich mit seiner Argumentation auseinander.
2 Sammle aus Zeitungen oder im Internet Berichte und Meldungen über Menschen, die „im Dreck liegen", und ordne sie Bereichen zu, z. B. „Eine Welt", „Umwelt", „vor Ort", „Schule", „Kirche" etc.
3 Wähle einen Bereich aus und verfasse dazu eine kurze Rede in prophetischer Tradition. Wer möchte, kann die Rede vortragen.

Aufgabe B: Perspektivenwechsel

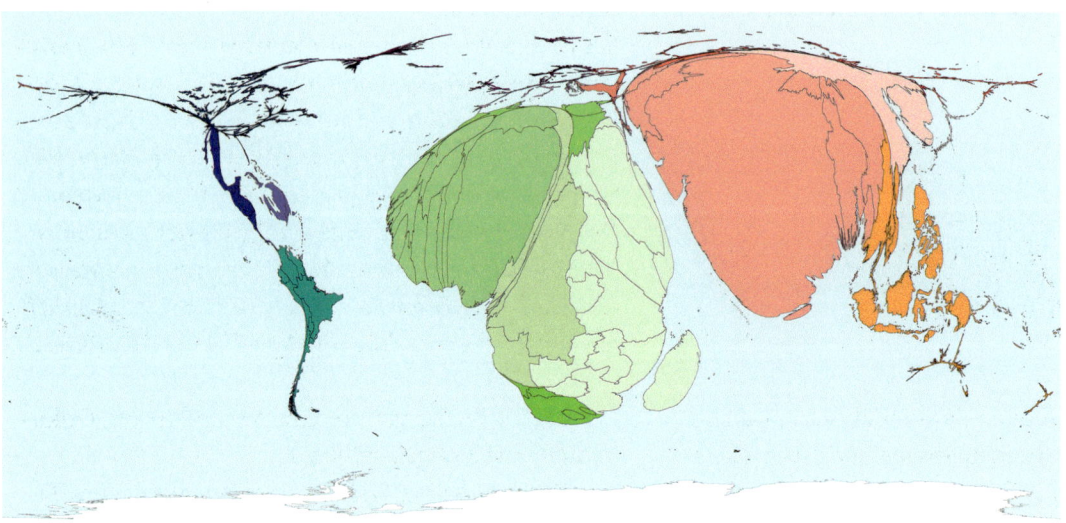

Die Weltkarte zeigt die Länder der Erde in der Größe, die sie hätten, wenn man den Maßstab „Armut" anstatt „Fläche" anlegt.

1 Diskutiert darüber, welcher „Mehrwert" in diesem Perspektivenwechsel liegen könnte.
2 Recherchiere die Verhältnisse auf der Erde in weiteren Bereichen, z. B. „Reichtum", „Bildung – Analphabetismus", „Zugang zu (frischem) Wasser – Dürre", „Frieden – Krieg", und gestalte Weltkarten der etwas anderen Art.
3 Stellt eure Weltkarten in der Schule aus, z. B. im Rahmen eines Projekttages, und kommt mit euren Mitschülerinnen und Mitschülern ins Gespräch über Missstände in unserer Gesellschaft und was man dagegen unternehmen könnte.

Aufgabe C: Prophet sein

Prophetenschicksal
es ist mir leid
allen andern zu leid zu leben

jeder gottesspruch
reizt zum widerspruch

weil von SEINEM wort gefesselt
bin von SEINEM volk ich eingekerkert

IHM meinen mund zu leihen
wird ER die gebühr bezahlen können

und doch ist das einstehen für den fremdesten
mir zum eigensten geworden

mit ausgerenktem kiefer und verbrannter zunge
stammle ich SEIN lob
Andreas Knapp

Propheten-Haiku
ELEND ARMUT KRIEG
prophet in SEINEM namen
MUT FREIHEIT FRIEDEN

1 Lies die beiden Gedichte und analysiere, welche Aspekte des ▸ Prophet -Seins sie berühren. Lege eine Liste an und ergänze Aspekte, die dir fehlen.

2 Blättere das Kapitel noch einmal durch und lass dich zu Gedichten oder Haikus inspirieren. Du kannst z. B. über Prophetinnen und Propheten schreiben, über Macht und Ohnmacht, Freiheit und Bedrängung, (Un-)Gerechtigkeit etc.

Hinweis zu Aufgabe 2: Ein Haiku besteht aus drei Versen. Die erste und dritte Zeile enthalten je fünf, die mittlere sieben Silben.

Aufgabe D: Propheten ohne Worte

„Bilder erzählen nie einen Anfang. Und sie verschweigen, was nach ihnen kommt. So auch jenes Foto von mir, auf dem ich am Klavier sitze und singe, inmitten der Ruinen meines Viertels. Zeitungen in aller Welt haben es gedruckt. Bis heute höre ich raunend sagen, dass es eines jener Fotos sei, die man vom syrischen Krieg erinnern werde. Weil es größer als der Krieg sei. (…) Ich lehnte mich zurück und sang. Ich hatte die Nase so dermaßen voll, ich war so angewidert von allem, bis zum Hals voll mit Kummer und Sorgen. (…) Mein Gesang kam wie ein Schrei von jemandem, der in einen Abgrund stürzt und der Höllenfahrt eine Melodie gibt. In diesem Moment muss Niraz [= der Fotograf] auf den Auslöser gedrückt haben.“ Aeham Ahmad

1 Die Geschichte von Aeham Ahmad ist ein Dokument des Krieges in Syrien.
- Beschreibe die Wirkung des Buchtitels, des Titelbildes und des Textausschnitts.
- Setze dich mit der Aussage auseinander, das Foto sei „größer als der Krieg".
- Recherchiere die Geschichten von Aeham Ahmad und dem Fotografen Niraz Saied. Kann man sie als Propheten bezeichnen? Nimm dazu Stellung.

2 Sucht Beispiele von Menschen, die heute prophetisch handeln. Gestaltet dazu eine Ausstellung.

3 Reformation: Das Ringen um Heil

Der Wunsch, „heil" zu sein

Jeder Mensch wünscht sich, dass sein Leben gelingt. Jede und jeder kennt aber auch die Angst, dass diese Wunschvorstellung durchkreuzt wird.

Viele versuchen, sich vor den Gefahren und Bedrohungen des Lebens zu schützen, indem sie Versicherungen abschließen – gegen Krankheit oder Unfall, gegen Schäden an Hab und Gut, gegen Unwetter und Naturgewalten. Versicherungen können oberflächlich die Folgen dieser Risiken abmildern. Doch die tief liegenden, existenziellen Ängste eines Menschen, z. B. vor Krankheit, Leid und Tod, werden dadurch nicht beseitigt. Jede und jeder kennt das Gefühl der Hilflosigkeit und des Ausgeliefertseins angesichts solcher Ängste und die Sehnsucht nach Rettung und Beistand.

Darin sind die heutigen Menschen denen im Mittelalter ähnlich. Im Mittelalter richteten die Menschen angesichts der Gefahren und Beschwernisse des Lebens ihre Hoffnung auf ▸ Heil vor allem auf die Verheißungen des Paradieses im Jenseits. Ihre Angst war, dass die Seele nach dem Tod nicht in das Paradies gelangen und stattdessen in der Hölle ewige Qualen erleiden könnte. Dem „Seelenheil" galt daher die größte Sorge. Als einziger Weg, der Bestrafung durch die Höllenqualen zu entgehen, erschien es ihnen, Gott durch Gebete, Buße und ▸ Ablässe gnädig zu stimmen.

Was Jugendlichen Angst macht	
Umweltverschmutzung	71
Terroranschläge	66
Klimawandel	65
Feindlichkeit bei Meinungsunterschieden	56
Wirtschaftliche Lage/steigende Armut	52
Ausländerfeindlichkeit	52
Schwere Krankheit	48
Krieg in Europa	46

Angaben in Prozent, Quelle: Shell Jugendstudie 2019

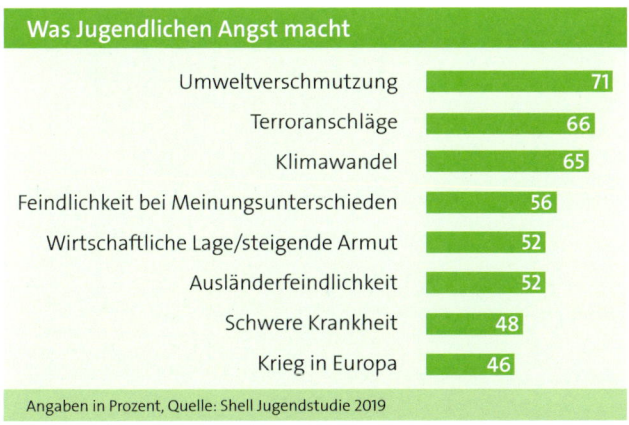

1 Beschreibt das Bild auf ▸ S. 54 und interpretiert es. Fasst kurz zusammen, was es eurer Meinung nach ausdrückt.

2 Vergleicht, was Menschen im Mittelalter und heute unter „Heil" verstehen und wie sie es zu erlangen hoffen.
- Wie gehen Menschen mit ihren Ängsten und ihrer Sehnsucht nach Heil um? Sammelt Beispiele.
- Diskutiert Gemeinsamkeiten und Unterschiede.
- Erörtert die Aussage: „Heil zu werden, bedeutet mehr, als seine Ängste zu bewältigen."

3 Arbeitet aus der Karikatur oben heraus, welches Verständnis von Heil sie anspricht.

4 Analysiert die Statistik über die Ängste Jugendlicher.
- Überlegt, welche Ängste euch selbst bewegen. Tragt sie in einer anonymen Punktabfrage zusammen und vergleicht die Ergebnisse mit der Statistik.
- Versicherungen versprechen Sicherheit. Prüft, gegen welche Ängste dies „hilft", gegen welche nicht.

5 Formuliert fünf Lebensziele, die für euch zu einem gelingenden Leben gehören.

Netzkarte

Wie kann das Leben gelingen? Und wie hängt das Leben im Hier und Jetzt mit dem Jenseits zusammen? Diese Fragen beschäftigten die Menschen zu allen Zeiten. Die Antworten, die an der Schwelle zur Neuzeit darauf gefunden wurden, setzten einen religiösen und gesellschaftlichen Umbruch in Gang, der letztlich zur Reformation und zur Spaltung der christlichen Kirche führte. Diese Entwicklung prägte für Jahrhunderte die christliche Welt und wirkt bis in die Gegenwart hinein.

3 Gott

... in Zeiten des Umbruchs

... um einen gnädigen Gott

... um den richtigen Glauben

1 Geht die einzelnen Stationen der Netzkarte entlang.
   - Verschafft euch einen Überblick, welche Themen ihr im Geschichtsunterricht der 7. Klasse bereits kennengelernt habt und was neu für euch ist.
   - Stellt diese Aspekte in einer Tabelle mit zwei Spalten gegenüber und vergleicht eure Ergebnisse.
2 Tauscht euch darüber aus, ob und wann ihr schon einmal mit der evangelischen Kirche in Berührung gekommen seid. Wenn es ein Gottesdienst war: Erzählt, was euch bekannt und was euch fremd vorkam.
3 Wählt eine der Fragen aus dem Kasten rechts und haltet dazu spontan einen Kurzvortrag aus eurer Sicht.

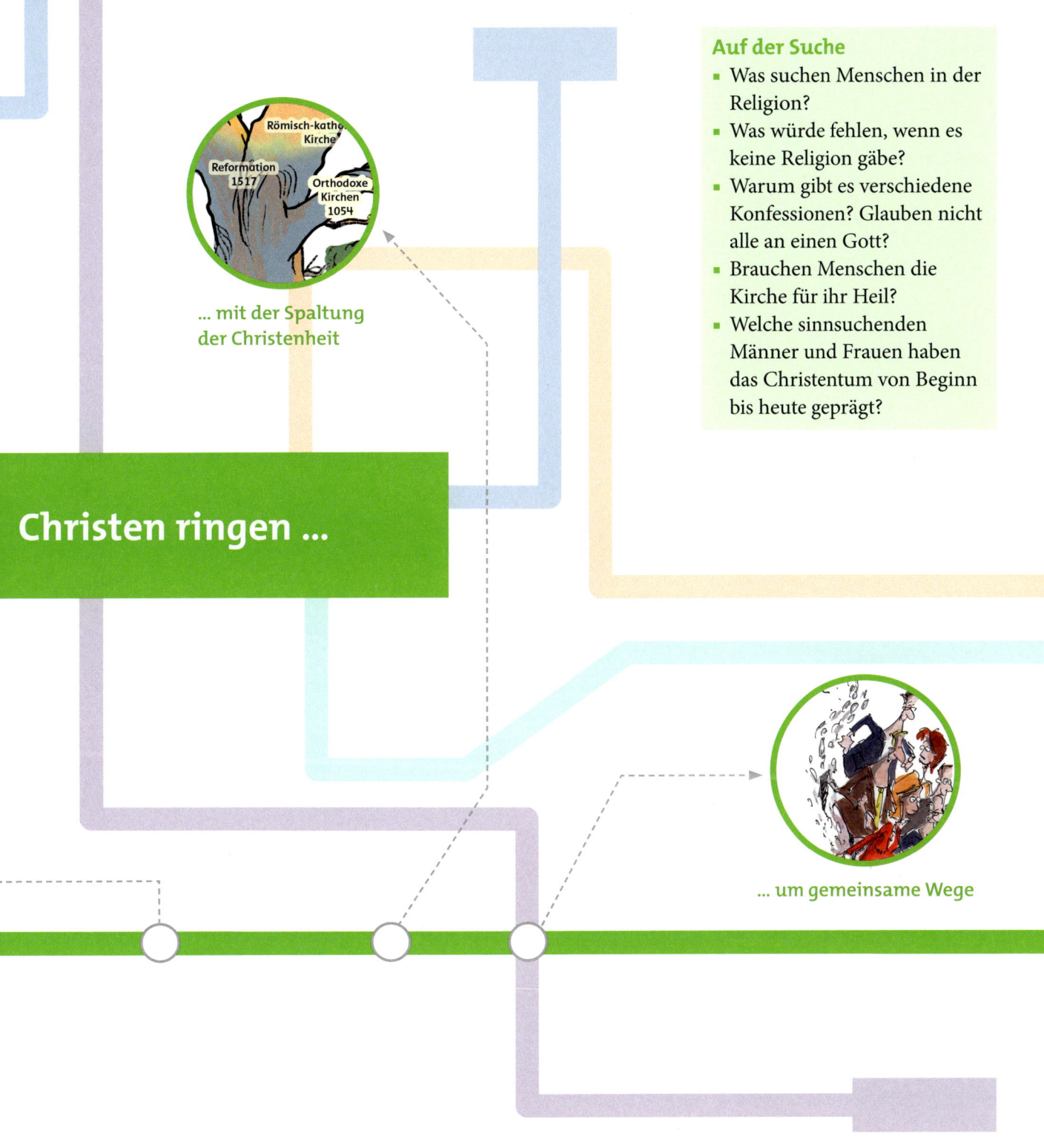

Römisch-katho. Kirche

Reformation 1517

Orthodoxe Kirchen 1054

... mit der **Spaltung der Christenheit**

Auf der Suche

- Was suchen Menschen in der Religion?
- Was würde fehlen, wenn es keine Religion gäbe?
- Warum gibt es verschiedene Konfessionen? Glauben nicht alle an einen Gott?
- Brauchen Menschen die Kirche für ihr Heil?
- Welche sinnsuchenden Männer und Frauen haben das Christentum von Beginn bis heute geprägt?

Christen ringen ...

... um **gemeinsame Wege**

Zeit im Umbruch

Im Spätmittelalter hing das Leben durch Krankheiten, Hungersnöte, Unfälle und Kriege viel mehr als heute „am seidenen Faden" – Tod und Bedrängnis waren stete Begleiter der Menschen. Trost und Hoffnung bot die Kirche, deren Heilsversprechen und Rituale dem Leben Richtung und Halt gaben.

Herausforderungen und Erkenntnisse

Ab dem 15. Jahrhundert brachten neue Erkenntnisse in Wissenschaft und Philosophie, technischer Fortschritt und die Suche nach neuen Handelswegen das Gefüge der alten Lebens- und Weltvorstellungen in Bewegung. 1492 stieß Christoph Kolumbus auf der Suche nach einem Seeweg nach Indien auf einen bislang in Europa unbekannten Kontinent, der später den Namen Amerika erhielt. In der Astronomie leitete die Erkenntnis, dass sich die Planeten, auch die Erde, um die Sonne bewegten (*heliozentrisches Weltbild*), die ▸ kopernikanische Wende ein. Und mit der ▸ Renaissance und dem ▸ Humanismus veränderten sich das Denken und das Bild vom Menschen. Diese Veränderungen durchdrangen allmählich die Gesellschaft und stellten das bisherige Weltbild infrage. Das führte einerseits zu Unruhe und Unsicherheit, aber auch dazu, dass sich neue Ideen entwickeln konnten. Um 1450 wurde ein neuartiges Druckverfahren erfunden, mit dessen Hilfe sich diese Ideen schnell verbreiten konnten.

Krisen und Ängste

Über mehrere Jahre hinweg gab es immer wieder extrem kalte Winter, gefolgt von verregneten Sommern, in denen die Ernte auf den Feldern verfaulte. Eine Folge der Missernten waren große Hungersnöte. Viele Menschen verhungerten; die anderen waren durch den Hunger geschwächt und für Krankheiten anfällig. Verschiedene Krankheiten, v. a. die Pest, kosteten europaweit Millionen Menschen das Leben.

Die Geistlichen hielten dies alles für eine Strafe Gottes für das sündige Leben der Menschen. Im 1503 veröffentlichten Buch *Eyn christliche ermanung* heißt es: *„Die viele sterbunge und pestilenzien sint eine strafe Gottes, damit die menschen nit zu üppig werden."* Als dazu noch die Osmanen immer weiter in das christliche Abendland vordrangen, machte sich in Europa eine ▸ apokalyptische Stimmung breit: das Ende der Welt schien bevorzustehen.

Die Geistlichen predigten den Menschen mit drastischen Bildern Umkehr und Buße und drohten mit Höllenqualen und Fegefeuer nach dem Tod. Viele reagierten aus Furcht um ihre Seele mit stärkerer Frömmigkeit: Sie unternahmen Wallfahrten, beteten inständiger und suchten Schutz in der Verehrung von Heiligen und im Reliquienkult.

Die Vorstellung vom Fegefeuer

Die Angst vor dem Jenseits beherrschte das Denken der Menschen. Doch die Lehre vom Fegefeuer bot den Menschen Hoffnung: Im Fegefeuer wird der Mensch nach seinem Tod von den Auswirkungen seiner Sünden geläutert, das bedeutet „gereinigt", die er im Leben nicht bereits durch entsprechende Reue und Buße getilgt hat. Das Feuer ist ein Bild für Reinigung. In drastischen Worten betonten jedoch damalige Prediger die Qualen des Fegefeuers und verstärkten damit die Ängste der Menschen. Die Zeit der Läuterung im Fegefeuer konnte verkürzt werden: durch gute Werke, Wallfahrten, die Fürbitte von Heiligen oder durch den Kauf von ▸ Ablassbriefen . Die Menge der frommen Handlungen wurde mit den Sünden, die ein Mensch begangen hatte, „verrechnet".

Der Niedergang des Klerus

Die Menschen erwarteten von der Kirche Orientierung. Doch sie mussten erleben, dass Bischöfe, Kardinäle und der Papst in Rom im Widerspruch zum

◄ *Pestbild, um 1490: Die Heiligen Maria und ► Sebastian beschützen die Gläubigen.*

christlichen Ideal der Armut ein luxuriöses Leben wie weltliche Fürsten führten. Gleichzeitig war der einfache Klerus schlecht ausgebildet und vernachlässigte die Aufgaben des Priesteramtes. In einer zeitgenössischen Schrift über das Leben der Priester heißt es: „*Die Bauern (…) sagen, dass die Priester so unpriesterlich und unordentlich leben, dass es wider den christlichen Glauben wäre, sie länger zu ertragen. Die Priester – so heißt es – liegen Tag und Nacht in öffentlichen Wirtshäusern (…) und lassen sich volllaufen. (…) Oftmals gehen sie nach solchem Trinken und Lärmen (…) zum Altar, um die Messe zu lesen.*" Viele beklagten diese Zustände: Wie sollte eine solche Kirche für das Seelenheil der Menschen sorgen können? Unter den Kritikern waren auch Geistliche und Mönche, die als Prediger umherzogen und die Verwahrlosung der Kirche rügten. Immer mehr forderten eine Erneuerung, eine Reform, der Kirche.

1 Krankheit und Tod gehörten für die Menschen im Mittelalter zum Alltag.
- Beschreibt das Bild und interpretiert seine Aussage. Achtet dabei besonders auf die Details.
- Erschließt aus der Darstellung das damals herrschende Gottesbild.
- Wählt eine Person auf dem Bild aus und schreibt in eine Sprechblase, wovor sie Angst haben könnte.

2 Die Zeit um 1500 wird oft mit der Gegenwart verglichen.
- Erarbeitet aus dem Text, mit welchen Herausforderungen die Menschen um 1500 konfrontiert waren.
- Sammelt heutige Herausforderungen für Menschen. Erörtert, ob der o. g. Vergleich gerechtfertigt ist.
- Diskutiert: Würdet ihr die Gegenwart als eine Zeit im Umbruch bezeichnen? Was macht euch dabei Sorgen?

3 Beurteilt, inwiefern die Kirche den Menschen um 1500 Halt geben konnte, und diskutiert, ob sie den Menschen in der heutigen Zeit das Gleiche bieten kann.

Auf der Suche nach einem gnädigen Gott

Wir befinden uns im Spätmittelalter. Das Leben der Menschen ist hart, Angst ist ihr ständiger Begleiter.

Oh Herr, sei meiner Seele gnädig!

Nur der Glaube kann uns retten.

Martin Luther war geprägt vom Glauben seiner Zeit. Auch ihn trieben Ängste vor einem strafenden Gott um, sodass er sich intensiv einer Frage widmete: Was muss ich tun, damit ich in den Himmel komme?

Zur gleichen Zeit in Rom ...

Eure Heiligkeit, der Bau der Peterskirche verschlingt Unsummen; wir brauchen mehr Geld!

Ich wüsste da einen Weg... Es müssten noch mehr Ablassbriefe verkauft werden.

Auf einem Marktplatz in Sachsen hat sich eine Menschenmenge um einen Prediger versammelt.

Keiner von euch ist ohne Schuld! Aber ihr könnt eure Zeit im Fegefeuer verkürzen. Kauft einen Ablassbrief! Rettet euch im Jenseits! Nur eine Münze und eure Seele wird ins Paradies fliegen.

1 Informiert euch über das System des Handels mit ▶ Ablassbriefen.
   ▪ Fasst es in einem Schaubild zusammen und stellt dabei die beteiligten Interessengruppen dar.
   ▪ Arbeitet heraus, was am Handel mit Ablässen fragwürdig ist.

2 Wer war Martin ▶ Luther? Bildet Gruppen und recherchiert zu seiner Biografie. Gebt z. B. die Frage „Wer war Martin Luther?" in eine Suchmaschine ein. Gestaltet Plakate oder Computerpräsentationen mit euren Ergebnissen.

3 Verfasst einen Comic, in dem Martin seinem Vater erklärt, warum er in ein Kloster eintreten möchte.

Die Anfänge der Reformation

Martin Luther war überzeugt: Gott lässt sich nicht bestechen und nur der Glaube ist entscheidend, damit Gott dem Menschen gnädig ist. 1517 veröffentlichte er seine Kritik am Ablasshandel in 95 Thesen. Diese waren aber nur der Auslöser seines Streits mit der Kirche. Seine Anfragen wurden im Laufe der Auseinandersetzung immer grundsätzlicher.

21. Es irren daher diejenigen Ablassprediger, die da sagen, dass ein Mensch durch Ablässe des Papstes von jeder Strafe gelöst und errettet wird.

22. Ja, der Papst erlässt den Seelen im Fegfeuer keine einzige Strafe, die sie nach den kirchenrechtlichen Bestimmungen in diesem Leben hätten abtragen müssen.

27. Lug und Trug predigen diejenigen, die sagen, die Seele erhebe sich aus dem Fegfeuer, sobald die Münze klingelnd in den Kasten fällt.

28. Das ist gewiss: Fällt die Münze klingelnd in den Kasten, können Gewinn und Habgier zunehmen. Die Fürbitte der Kirche aber liegt allein in Gottes Ermessen.

35. Unchristliches predigen diejenigen, die lehren, dass bei denen, die Seelen loskaufen oder Beichtbriefe erwerben wollen, keine Reue erforderlich sei.

36. Jeder wahrhaft reumütige Christ erlangt vollkommenen Erlass von Strafe und Schuld; der ihm auch ohne Ablassbriefe zukommt.

43. Man muss die Christen lehren: Wer einem Armen gibt oder einem Bedürftigen leiht, handelt besser, als wenn er Ablässe kaufte.

Die Folgen des „Thesenanschlags"

Die Veröffentlichung der Thesen hatte eine enorme Wirkung. Es war, als hätte ein Funke ein Pulverfass zur Explosion gebracht. Der Mönch und Theologieprofessor aus dem deutschen Wittenberg war plötzlich überall bekannt. Seine Thesen zum Ablasshandel verbreiteten sich rasch in Gelehrtenkreisen und führten zu heftigen theologischen Auseinandersetzungen. Sie gelangten auch bis nach Rom und ▶ Luther geriet in einen folgenschweren Konflikt mit dem Papst und der römischen Kirche. In seinen grundsätzlichen Anfragen zweifelte er zunehmend auch die Autorität von Papst und Kirche an.

1518 wurde in Rom ein Verfahren gegen Luther eröffnet. Im selben Jahr musste er sich auf dem ▶ Reichstag in Augsburg einem Verhör durch den päpstlichen Gesandten Kardinal Cajetan stellen und sollte seine Aussagen widerrufen. Doch Luther weigerte sich. Die sogenannte Leipziger Disputation 1519 mit dem Theologen Johannes Eck vertiefte den Graben zwischen Luther und der Kirche weiter, weil Luther auch die Vorrangstellung des Papstes und seinen Anspruch, das gesamte Christentum zu führen (*Papstprimat*), infrage stellte. 1520 erließ der Papst eine Bulle (so nennt man einen päpstlichen Erlass) gegen ihn, in der seine Thesen als ketzerisch verurteilt und seine Schriften verboten wurden. Innerhalb von 60 Tagen solle er widerrufen, ansonsten werde er exkommuniziert und aus der Kirche ausgeschlossen. Wieder gab Luther nicht klein bei. Er verbrannte die Bulle. Daraufhin verhängte der Papst 1521 den Kirchenbann gegen ihn. Auf dem Reichstag in Worms im selben Jahr wurde Luther noch einmal verhört und zum Widerruf aufgefordert. Als er noch immer nicht bereit war einzulenken, drängte der Kaiser, der sich als Schutzherr der Kirche verstand, die versammelten ▶ Reichsstände, die ▶ Reichsacht über Luther zu verhängen (Wormser Edikt).

„Rechtfertige dich, Mensch!"

Der Begriff Rechtfertigung wird im heutigen Sprachgebrauch oft mit der Bedeutung „Ausrede", „Entschuldigung" oder „Verteidigung" verbunden. Im religiösen Sinn meint er dagegen nicht ein *Sich*-Rechtfertigen oder Ausreden finden, sondern fragt danach, wie und wodurch ein Mensch, obwohl er immer wieder sündigt, vor Gott ▶ Gnade finden kann. Rechtfertigung ist ein zentraler Begriff in der Theologie.

Grundgedanken der Reformation

Luther war geprägt von den spätmittelalterlichen Vorstellungen von Gott als strengem Richter (▶ S. 59). Er hatte sein Leben Gott gewidmet. Dennoch quälten ihn Ängste und er fragte sich, was er noch tun musste, um vor Gott Gnade zu finden. Beim Studium der Bibel fand er eine Antwort. In ▶ Röm 1,17 heißt es: „*Der aus Glauben Gerechte wird leben.*"

▲ *Michael Apitz, 2017*

Luther schloss daraus, dass nicht gute Werke und Ablässe zählten, sondern **allein der Glaube** (*sola fide*). Der Mensch kann sich Gottes Gnade nicht durch gute Taten „erkaufen". Wer von Gottes Gnade erfüllt sei, der werde aus sich selbst heraus Gutes tun. Aus diesem Grund bestimme **allein die Gnade** (*sola gratia*) das Leben des Menschen. Dieser Glaube werde **allein durch Jesus Christus** (*solus Christus*) offenbart, dessen Botschaft **allein in der Bibel** (*sola scriptura*) zu finden sei. Nur die Bibel – und nicht die Meinung von Päpsten und ▶ Konzilien – sei somit die Grundlage für den Glauben. Diese Erkenntnis nennt man die „reformatorische Wende".

1 Lest die Auszüge aus den 95 Thesen Luthers und untersucht, an welchen Missständen der Mönch Kritik übte.

2 Erstellt ein Schaubild, das die vier Grundgedanken der Reformation in einen Zusammenhang bringt.

3 Das Bild oben entstand im „Lutherjahr" 2017 zum 500. Jubiläum der Reformation.
- Beschreibt die Darstellung. Arbeitet heraus, welche Grundgedanken der Reformation das Bild darstellt.
- Diskutiert, warum diese Gedanken eine solche Sprengkraft entfaltet haben.

4 Lest die Bibelstellen ▶ Ps 23,1; Ps 32,7; Ps 62,7; Weish 6,8; Jes 66,1; 1 Joh 4,19. Arbeitet heraus, wie Gott dargestellt wird. Zeigt, wie sie Luther beeinflusst haben könnten.

Auf dem Weg zur Kirchenspaltung

Nicht nur für Martin Luther selbst hatten seine Ideen schwerwiegende Folgen, sie veränderten die Kirche und das Reich tiefgreifend. Verschiedene Konfessionen bildeten sich heraus, die Einheit der Kirche und von Kirche und Reich zerbrach. Gleichzeitig witterten die deutschen Fürsten eine Gelegenheit, ihre Machtposition gegenüber dem Kaiser auszubauen.

Versteck auf der Wartburg

Martin ▶ Luther war in großer Gefahr. Durch die ▶ Reichsacht waren nicht nur seine Schriften verboten. Er galt als vogelfrei und konnte jederzeit und von jedem Menschen ohne Weiteres gefangen genommen oder sogar getötet werden. Doch der Mönch hatte mächtige Freunde: Kurfürst Friedrich III. von Sachsen ließ ihn auf dem Rückweg vom ▶ Reichstag in Worms zum Schein überfallen und verhaften, brachte ihn aber in Sicherheit auf die Wartburg bei Eisenach. Dort tauchte Luther verkleidet als Ritter „Junker Jörg" für einige Monate unter. In dieser Zeit übersetzte er das Neue Testament ins Deutsche. Alle Christinnen und Christen sollten selbst darin lesen können und nicht auf die Vermittlung durch Geistliche angewiesen sein.

◀ Lucas Cranach d. Ä. porträtierte Luther 1522 als „Junker Jörg".

1522 konnte Luther nach Wittenberg zurückkehren und wieder predigen. In seiner Abwesenheit hatten die Ideen der Reformation begonnen zu wirken. Die Kritik am Mönchtum führte dazu, dass immer mehr Mönche und Nonnen ihre Klöster verließen. Luther selbst legte sein Mönchsgewand erst 1524 ab. 1525 heiratete er die ehemalige Nonne Katharina von Bora. Viele Priester und Ordensleute sahen darin ein Vorbild und heirateten ebenfalls.

Keine Einigung in Sicht

Auch unter den ▶ Reichsständen fanden die Ideen Martin Luthers immer mehr Anhänger. Auf dem Reichstag in Augsburg 1530 legten die lutherischen Reichsstände mit der *Confessio Augustana* („Augsburger Bekenntnis") das erste evangelische Glaubensbekenntnis vor. Philipp ▶ Melanchthon war ihr Verfasser. Die *Confessio Augustana* bekräftigte den Kern der evangelischen Lehre (▶ S. 63), betonte aber, dass diese nicht im Widerspruch zur Schrift und der Lehre der „alten" Kirche stand. Gleichzeitig wandte sich der Text gegen „Missbräuche" und Fehlentwicklungen in der Glaubenspraxis und der Kirche. Zum Beispiel sei die heilige Messe durch ein „falsches Verständnis" entweiht worden. Die Verwendung der Volkssprache im Gottesdienst und der Empfang des Abendmahls in beiden Gestalten für alle sollte den Gläubigen die Bedeutung der Messe wieder nahebringen. Doch der Kaiser wies die *Confessio Augustana* und damit das neue Bekenntnis zurück. Die lutherischen Reichsstände schlossen sich daraufhin im ▶ Schmalkaldischen Bund zum gegenseitigen Schutz gegen die kaiserliche Religionspolitik zusammen. Kaiser ▶ Karl V. besiegte letztlich zwar das Verteidigungsbündnis der Lutheraner, aber die Reformation war nicht mehr rückgängig zu machen. Das Reich war unumkehrbar in verschiedene Konfessionen gespalten.

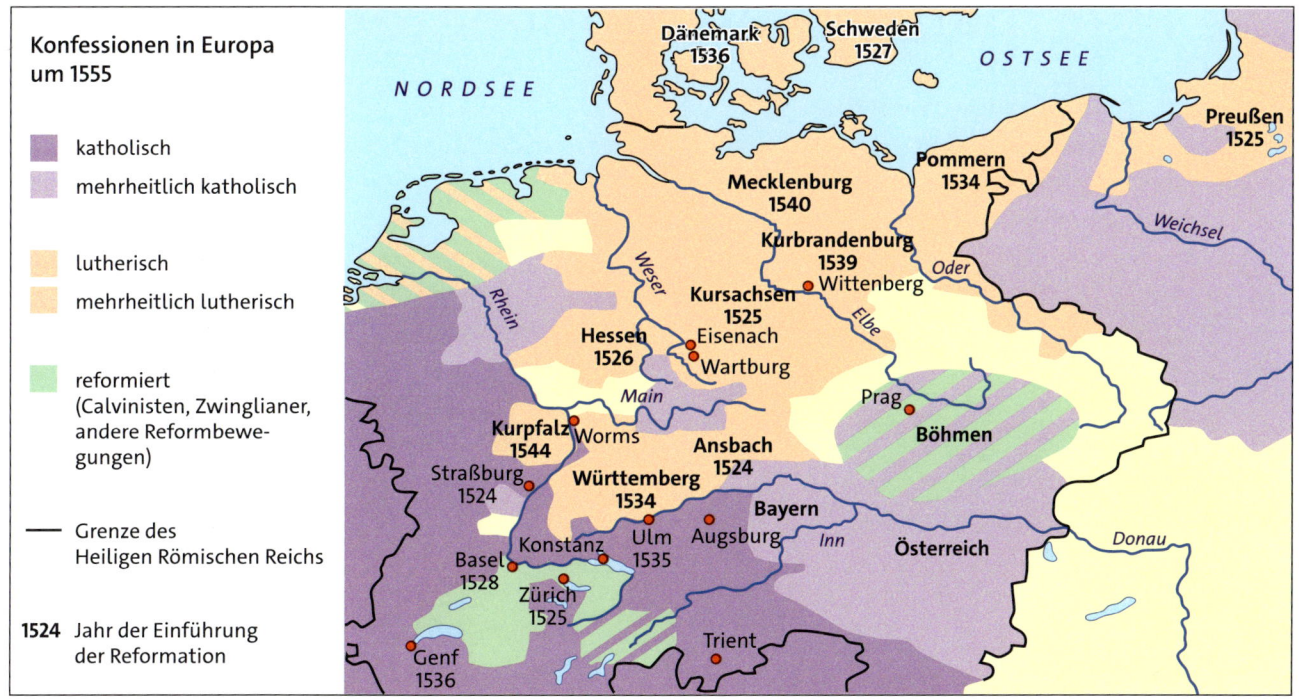

Konfessionen in Europa um 1555

- katholisch
- mehrheitlich katholisch
- lutherisch
- mehrheitlich lutherisch
- reformiert (Calvinisten, Zwinglianer, andere Reformbewegungen)
- — Grenze des Heiligen Römischen Reichs
- **1524** Jahr der Einführung der Reformation

Der Augsburger Religionsfriede

Auf dem Reichstag in Augsburg 1555 berieten die Reichsstände, wie mit dieser Spaltung umzugehen sei, damit die Konfessionen in Frieden zusammenleben konnten. Mit dem *Augsburger Religionsfrieden* wurde eine vorläufige Lösung gefunden. Er gewährte Religionsfreiheit und stellte die formale Gleichberechtigung zwischen den Konfessionen sicher. Die Landesherren konnten die Konfession der Untertanen bestimmen *(ius reformandi)*. Diese hatten das Recht auszuwandern, wenn sie der anderen Konfession angehören wollten *(ius emigrandi)*. Der *Augsburger Religionsfrieden* klammerte indes die theologischen Differenzen zwischen den Konfessionen bewusst aus, da sie eine Einigung auf dem Reichstag verhindert hätten. Doch so konnte der Friedensvertrag die Konflikte nicht auf Dauer beseitigen, zumal er nur für die galt, die sich auf die *Confessio Augustana* berufen konnten. Andere protestantische Konfessionen, die z. B. auf die ▸ Reformatoren Calvin und Zwingli zurückgingen, wurden nicht berücksichtigt.

Die Auseinandersetzungen zwischen den Konfessionen flammten bald wieder auf und führten letztlich zum 30-jährigen Krieg (1618–1648).

1 Fertigt einen Zeitstrahl mit wichtigen Ereignissen und Orten in den ersten Jahren der Reformation an. Informationen findet ihr auf den ▸ S. 60–65. Recherchiert auch, was Martin Luther an den jeweiligen Orten tat.

2 *„Cuius regio, eius religio"* („Wessen Land, dessen Religion"), so wurde später ein Ergebnis des *Augsburger Religionsfriedens* zusammengefasst. Skizziert positive und negative Auswirkungen dieses Grundsatzes auf das Leben der Menschen und deren Glauben.

3 Die Karte gibt einen Überblick über die Verbreitung der Konfessionen in Mitteleuropa um 1555.
- Arbeitet heraus, wie sich die Reformation ausgebreitet hat und wo ihre Schwerpunkte lagen.
- Recherchiert, zu welcher Konfession euer Wohnort oder eure Region um 1555 gehörte. Zeigt, woran die konfessionelle Prägung evtl. heute noch zu sehen ist.

Die Reformation als Medienereignis

Martin Luthers Thesen breiteten sich rasch im ganzen Reich aus. Möglich machte das ein neues Mittel der Informationsverbreitung: das Flugblatt.

▲ „Luthers und Luzivers eintrechtige vereinigung", Titel einer Druckschrift, 1535

Einfach, schnell, überall

Um 1500 stellten Druckereien v. a. Bücher für den Kirchengebrauch und für die gebildeten städtischen Eliten her. Die ► Reformatoren entdeckten nun das Potenzial des Mediums für die Verbreitung von Informationen und Meinungen und setzten es für ihre Propaganda ein. Aber auch die katholische Seite nutzte bald das Medium in gleicher Weise. Das Interesse der Menschen an der Auseinandersetzung zwischen ► Luther und der Kirche war groß, sodass um 1517 die Zahl der Veröffentlichungen sprunghaft anstieg.

Politische Funktion

Die theologischen Debatten wurden oft mittels *Flugschriften* ausgetragen. Das waren Aufsätze, die nur wenige Seiten umfassten, schnell hergestellt und rasant verbreitet wurden. Wer nicht so viel lesen konnte, informierte sich durch *Flugblätter*. Meistens bestanden sie aus einer Seite mit einem Bild und keinem oder wenig Text und waren leicht zu verstehen. Die Autoren der Flugblätter spielten mit den Vorurteilen und Stimmungen der einfachen, ungebildeten Menschen. Dabei war ihnen jedes Mittel recht, um die gegnerische Seite schlechtzumachen. Spott, Übertreibungen, Beleidigungen und falsche Behauptungen wurden in einfache Bilder verpackt und mit damals allgemein verständlichen Symbolen und Metaphern angereichert. So findet sich z. B. oft ein Bild vom Teufel – wahlweise in Verbindung mit Luther oder dem Papst, je nachdem ob es sich um ein katholisches oder lutherisches Flugblatt handelte. Dies sollte „beweisen", dass die jeweils andere Seite mit dem Teufel im Bunde stand.

---

1 Erklärt, weshalb Flugblätter für die Ausbreitung der Ideen Martin Luthers von so großer Bedeutung waren.
2 Untersucht die beiden polemischen Abbildungen mithilfe der Methode auf ► S. 67.
3 Überlegt, wo und wie die Menschen heute durch Bilder und Berichte beeinflusst werden.
   ▪ Sammelt Beispiele, z. B. in Zeitungen, im Internet oder in den sozialen Medien, und analysiert sie.
   ▪ Benennt Mittel, durch die ihr Versuche von Beeinflussung aufdecken könnt.

So geht's
Propagandabilder erkennen

Die Reformation war auch ein Medienereignis. Flugblätter aus der Zeit sind Spiegel eines medialen Kampfes um die Meinungsvorherrschaft. In den Bildern und Texten wurden v. a. die Mittel der Satire und Polemik genutzt, um die Öffentlichkeit zu beeinflussen. Um ein Flugblatt verstehen zu können, muss man die Bedeutung der darin enthaltenen Symbole entschlüsseln.

Sehen und verstehen
- Beschreibt zunächst das Bild.
  - Personen und Figuren (Kleidung, Aussehen, Mimik, Gestik)
  - Gegenstände
  - Szene (Was geschieht bzw. was tun die Personen?), Bildhintergrund/-vordergrund
- Untersucht den Text.
  - Lest den Text und übertragt ihn in heutiges Deutsch. Eure Lehrerin bzw. euer Lehrer kann euch dabei unterstützen.
  - Erklärt, worum es im Text geht.

Einordnen
Recherchiert, wer die dargestellten Personen sind und was der Anlass bzw. der historische Hintergrund für das Flugblatt sein könnte.

Deuten
- Listet alle Symbole auf, die ihr auf dem Bild entdecken könnt.
- Recherchiert, was die Symbole bedeuten. Nutzt dafür auch Informationen aus Lexika.
- Stellt einen Zusammenhang zwischen dem Bild und der Bedeutung der Symbole her.
- Formuliert die Aussage des Bildes bzw. des gesamten Flugblattes.

▲ „Ain grosser Preiss", Flugblatt, 1521

- Überlegt, welche Wirkung der Verfasser mit dem Flugblatt erreichen wollte und welchem Zweck es diente. Ordnet es einer Partei zu.

Parallelen heute
Die heutigen „Flugblätter" sind Memes und Videoclips, die sekundenschnell über soziale Netzwerke verbreitet werden. Viele dienen der Unterhaltung, aber sie können auch zu Propagandazwecken genutzt werden. Die Analyseschritte *sehen – einordnen – deuten* lassen sich auch auf sie anwenden.

Reformen in der katholischen Kirche

Für die katholische Kirche war die Reformation eine große Herausforderung. Sie musste sich letztlich jedoch eingestehen, für den Bruch der kirchlichen Einheit mitverantwortlich zu sein, da sie nicht gegen die zahlreichen Missstände vorgegangen war (▸ S. 58/59). In dieser Krise entstanden neue Kräfte, die bewirkten, dass auch die katholische Kirche wirkungsvolle Reformen einleitete.

Die Missstände in der Kirche waren vielen Gläubigen und auch vielen Mitgliedern des geistlichen Standes schon lange vor der Veröffentlichung von Martin ▸ Luthers Thesen 1517 ein Dorn im Auge (▸ S. 58f.). Unterschiedlichste Kreise forderten eine Reform der Kirche und des Klerus.
Nachdem die Reformation sich immer weiter ausbreitete und immer mehr Fürsten und ▸ Reichsstände zur protestantischen Seite wechselten, drängte Kaiser ▸ Karl V. auf die Einberufung eines ▸ Konzils. Es sollte auch für die katholische Kirche Reformen beschließen. Der Kaiser versprach sich davon, den Frieden im Reich wiederherzustellen und seinen fortschreitenden Machtverlust zu begrenzen. Papst Paul III. hatte vor allem die Absicht, die reformatorischen Lehren zu widerlegen und den katholischen Glauben zu stärken.

Das Konzil von Trient

Das Konzil wurde 1545 im oberitalienischen Trient auf deutschem Reichsgebiet eröffnet. Es zog sich über drei Sitzungsperioden hin und dauerte insgesamt 18 Jahre. Die Ergebnisse, die in einer Reihe von sogenannten Dekreten festgehalten wurden, führten zu einer Festigung der katholischen Kirche und einer klareren Abgrenzung gegenüber den anderen ▸ Konfessionen. Es wurden aber auch Kritikpunkte, die ursprünglich zur Reformation geführt hatten, aufgegriffen.

Beschlüsse des ▸ Konzils von Trient, die sich gegen die Meinung der ▸ Reformatoren richteten (Glaubensdekrete):

Wichtige Glaubensaussagen
- *Es gibt sieben Sakramente.*
- *Der Glaube speist sich insbesondere aus zwei Quellen: aus der Bibel und aus der Tradition, also aus der Überlieferung von Glaubensaussagen.*
- *Es gibt ein Fegefeuer, in dem die Seelen der Verstorbenen geläutert werden.*
- *Um die ▸ Gnade Gottes zu erhalten, reicht nicht der Glaube aus, sondern dazu braucht es auch das gute Handeln.*
- *In der ▸ Eucharistie ist Jesus Christus nicht nur symbolisch, sondern real in Brot und Wein anwesend.*
- *Der Gottesdienst wird erneuert, indem der Ablauf festgeschrieben wird. Die Messe wird weiterhin auf Latein und in Richtung des Hochaltares gefeiert.*
- *Die Verehrung der Heiligen und der Glaube, dass sie Schutz in der Not bieten, bleiben erhalten.*

Vom Konzil aufgegriffene Kritik, die zu Veränderungen führte (Reformdekrete):

Wichtige Neuerungen
- *Die Missbräuche im Ablasswesen sollen abgeschafft werden.*
- *Die Geistlichen sollen besser ausgebildet sein und müssen studieren. Als Orte der Ausbildung werden Priesterseminare errichtet.*
- *Jedem Bischof soll nur ein Bistum unterstellt sein. Eine Ämterhäufung ist verboten.*

Der Jesuitenorden

Zur selben Zeit, als in den deutschen Reichsgebieten eine Reform der Kirche angestrebt wurde, machte es sich der Spanier Ignatius von Loyola zur Aufgabe, die katholische Kirche zu verteidigen. Er gründete den Orden der Jesuiten, der 1540 vom Papst bestätigt wurde. Die Jesuiten verpflichteten sich nicht nur zu Armut und Ehelosigkeit, sondern insbesondere zum Gehorsam gegenüber dem Papst. Ihr Ziel war es, den katholischen Glauben zu erneuern und zu

◄ Ignatius von Loyola in einer Darstellung aus dem 17. Jahrhundert

verbreiten und so die Reformation zurückzudrängen. In der Bildung sahen die Jesuiten den Schlüssel zur Abwehr des Protestantismus. Mitglieder des Ordens wurden daher bewusst als Erzieher und Seelsorger an Fürstenhöfen eingesetzt. Außerdem gründeten die Jesuiten zahlreiche Schulen und Universitäten, an denen sie als Lehrer, Prediger und Missionare tätig waren. Das 1597 in München eröffnete Jesuitenkolleg mit der Kirche St. Michael war ein Ausgangspunkt der katholischen Reform in Bayern. Ein weiteres Beispiel für ihre Reformbemühungen ist das sogenannte Jesuitendrama. Diese Theaterstücke zu religiösen Themen waren sehr beliebt und erwiesen sich bei der Bekehrung zum katholischen Glauben oft als überzeugender als Argumente. In

prächtigen, mitreißenden Theaterinszenierungen wurden die Größe und der Glanz der katholischen Kirche dargestellt und der katholische Glauben gefeiert. Den Jesuiten ist es zuzuschreiben, dass sich große Gebiete des Deutschen Reiches nicht der Reformation anschlossen oder zum katholischen Glauben zurückkehrten.

◄ Skulptur des Erzengels Michael an der barocken Fassade von St. Michael in München

1 Lest die Aussagen der Konzilsbeschlüsse auf ► S. 68.
   - Setzt sie in Beziehung zur Kritik der Reformatoren. Welche wurde aufgegriffen, welche abgelehnt?
   - Bewertet, welche Ziele die Reformation erreicht hat.
2 Manche Historiker meinen, wenn das Konzil von Trient 30 Jahre früher stattgefunden hätte, hätte es die Reformation nicht gegeben. Nehmt dazu Stellung.
3 Das Gemälde links zeigt Ignatius von Loyola. Interpretiert das Bild mithilfe der Informationen aus dem Text. Recherchiert die Bedeutung der Jesuiten bis heute.
4 Beschreibt die Skulptur oben und überlegt, was sie in der Zeit zum Ausdruck bringen sollte. Bezieht euer Wissen aus der Analyse von Propagandabildern (► S. 67) in eure Überlegungen ein.

Bis heute wirksam

Die Reformation hatte vielfältige Auswirkungen, die bis heute in unserer Gesellschaft spürbar sind. Dies betrifft nicht nur die Kirchen und ihre Gläubigen. Auch das tägliche Leben war und ist davon betroffen.

Ausbau des Schulwesens

Im Mittelalter und zu Beginn der Neuzeit konnte nur eine Minderheit lesen und schreiben. Martin ▸ Luther wollte aber, dass jeder Mensch die Bibel selbst lesen konnte. Die Förderung von Bildung bekam damit auch eine religiöse Bedeutung. In mehreren Schriften forderte Luther daher die Gründung von Schulen für Jungen und Mädchen. Auch der Reformator Philipp ▸ Melanchthon setzte sich für die Gründung von Schulen ein. Dafür entwickelte er eine Schulordnung auf der Grundlage des klassischen Bildungsideals der Humanisten. Er verfasste auch Lehrbücher für verschiedene Fächer. Bildung wurde einer breiteren Bevölkerungsschicht zugänglich. Auch katholische Herrscher begannen, Schulen in ihren Gebieten einzurichten (▸ S. 69).

Umgestaltung des Sozialwesens

Vor der Reformation war die Versorgung der Armen, Kranken und Notleidenden v. a. die Aufgabe der zahlreichen Klöster. Sie finanzierten diese Arbeit zu einem großen Teil durch Spenden oder Schenkungen von Gläubigen, die sich dadurch erhofften, die Zeit im Fegefeuer verkürzen zu können (▸ S. 58). Nach der reformatorischen Lehre war diese Art von „guten Werken" jedoch nicht notwendig, um das ▸ Heil zu erlangen. Mit der Ausbreitung der Reformation gingen daher die Einkünfte der Klöster zurück. Zudem wurden die Klöster in den evangelischen Gebieten aufgelöst und ihr Vermögen eingezogen. Die Armen- und Krankenfürsorge musste vielerorts anderweitig geregelt werden. Dies führte, besonders in den Städten, zur Entstehung

▲ Titelblatt aus Martin Luthers Schrift „An die Radherrn aller stedte deutsches lands: das sie Christliche schulen auffrichtenn vnd halten sollen", 1524

eines öffentlichen Sozialwesens. Die Einrichtungen wurden aus öffentlichen Kassen oder mit dem Geld der evangelischen Gemeinden unterhalten, die von der Auflösung der Klöster profitiert hatten. Gremien aus Adligen, Ratsherren, Bauern und Bürgern entschieden über die Verwendung der Mittel, z. B. für die Unterstützung in Not geratener Mitbürgerinnen und Mitbürger, das Anlegen von Getreidevorräten etc. Das Fürsorgewesen wurde nicht mehr allein von der Kirche getragen. Das soziale Handeln wurde zu einem Teil des gesellschaftlichen Zusammenlebens einer Gemeinschaft.

Bildung weiterer Konfessionen

Neben Martin Luther gab es weitere einflussreiche ▶ Reformatoren, z. B. Ulrich Zwingli und Johannes Calvin, die v. a. im Südwesten des Reiches und der Schweiz wirkten. Die unterschiedlichen Positionen der Reformatoren formten weitere Bekenntnisse. So setzte sich die Aufspaltung der Christenheit in verschiedene Kirchen fort. Es entstanden nicht nur viele evangelische (Frei-)Kirchen, die sich bis heute auf Luther berufen, sondern auch ▶ Konfessionen wie die anglikanische oder die reformierte Kirche.

Kirchen und staatliche Macht

Die neu entstandenen Konfessionen suchten immer wieder auch die Nähe zu den jeweiligen Landesherren.

In den europäischen Staaten entwickelte sich das Verhältnis von Kirche und Staat auch aufgrund politischer Gegebenheiten unterschiedlich. Während in einigen Ländern Religion und Staat strikt getrennt sind, z. B. in Frankreich, wird das Verhältnis in manchen Ländern durch einen Vertrag geregelt, z. B. in Deutschland, Italien oder Spanien. In einigen Ländern, die vom Protestantismus geprägt sind, hat sich im Lauf der Geschichte eine Staatskirche herausgebildet. Dort ist das Staatsoberhaupt immer noch gleichzeitig das Oberhaupt der Kirche. Das ist z. B. in Island oder Dänemark der Fall und in der anglikanischen Kirche in Großbritannien. Heute garantiert Artikel 9 der Europäischen Menschenrechtskonvention allen Menschen Religionsfreiheit und Gleichbehandlung der verschiedenen Bekenntnisse.

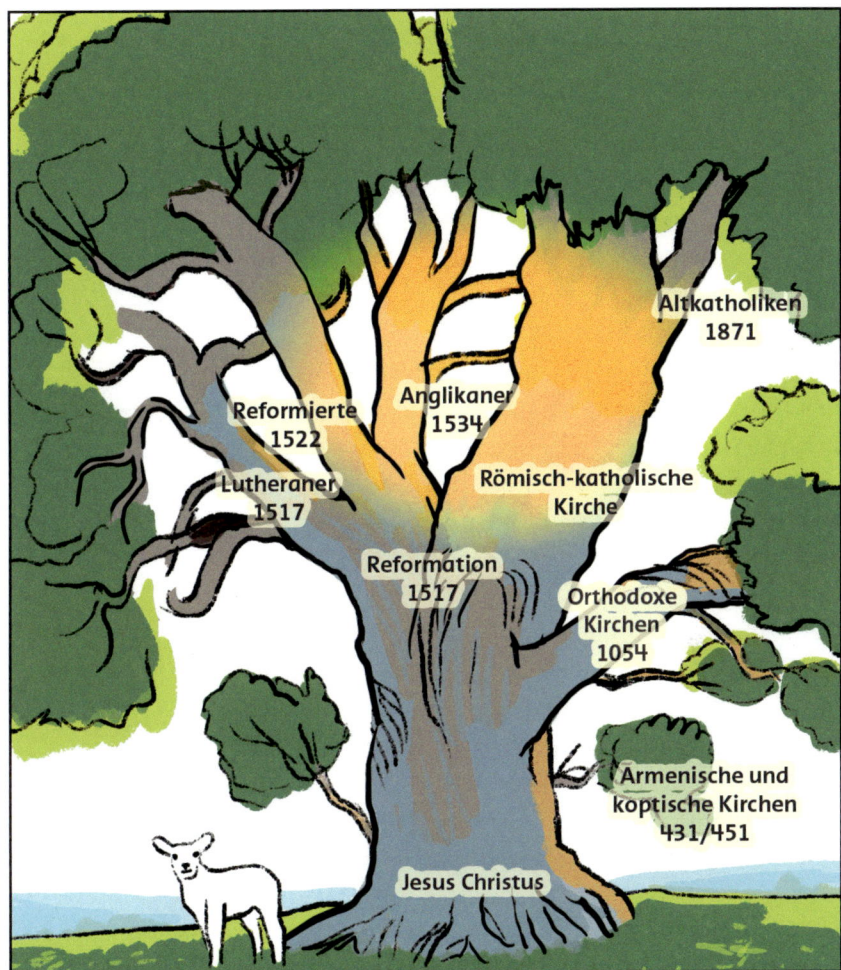

Altkatholiken 1871

Anglikaner 1534

Reformierte 1522

Römisch-katholische Kirche

Lutheraner 1517

Reformation 1517

Orthodoxe Kirchen 1054

Armenische und koptische Kirchen 431/451

Jesus Christus

1 Im Zuge der Reformation entwickelte sich ein differenziertes Schulwesen. Stellt dar, welche Folgen das hatte.

2 Untersucht den Holzschnitt mithilfe der Schritte von ▶ S. 67. Beurteilt, ob in der Darstellung eine Parteinahme für eine Konfession sichtbar wird.

3 Ladet einen Vertreter einer Einrichtung in kirchlicher Trägerschaft ein. Findet heraus, inwiefern eine konfessionelle Prägung in der Einrichtung spürbar ist.

4 Informiert euch über die christlichen Konfessionen, die in der Illustration dargestellt sind. Findet heraus, welche es an eurem Wohnort gibt, und stellt eine davon vor.

5 Untersucht das Verhältnis von Staat und Kirche in einem Land eurer Wahl und haltet einen Kurzvortrag.

Auf dem Weg zueinander

Die vor 500 Jahren begonnene Spaltung trennt die Konfessionen bis heute. Doch heute besinnen sich die Kirchen auf das Wort Jesu „Ihr sollt alle eins sein" und betonen das, was sie verbindet.

Die ökumenische Bewegung

Vieles haben katholische und evangelische Christinnen und Christen gemeinsam: den Glauben an Gott, Jesus Christus und den Heiligen Geist, zusammengefasst im Glaubensbekenntnis, den Glauben an die Auferstehung Jesu Christi und die Hoffnung auf das ewige Leben, die Bibel, die das Wort Gottes enthält, und die Taufe. Gerechtigkeit, Frieden und die Bewahrung der Schöpfung sind gemeinsame Anliegen. Auf Grund der Gemeinsamkeiten entstand im 20. Jahrhundert die ▸ ökumenische Bewegung, in der alle, die sich auf Christus berufen, zusammenarbeiten, um die Trennung zu überwinden. Ziel ist aber nicht, die ▸ Konfessionen wieder zu vereinigen, sondern alle in versöhnter Verschiedenheit als gleichwertig zu akzeptieren. So haben sich die Christinnen und Christen auf einen gemeinsamen Weg gemacht. 1999 unterzeichneten hochrangige Vertreter beider Kirchen die ▸ Gemeinsame Erklärung zur Rechtfertigungslehre und legten damit den jahrhundertelangen Streit um die Rechtfertigung (▸ S. 63) bei. Anlässlich des Reformationsjubiläums bekräftigte Papst Franziskus die Anliegen der ökumenischen Bewegung und machte für den weiteren Weg Mut.

>> *Lasst uns unseren Weg gemeinsam fortsetzen, um unsere Gemeinschaft zu vertiefen und ihr eine immer sichtbarere Form zu geben. In Europa bildet dieser gemeinsame Glaube in Christus gleichsam ein grünes Band der Hoffnung: Wir gehören zueinander. Gemeinschaft, Versöhnung und Einheit sind möglich.* **«**   *Papst Franziskus im Reformationsjahr 2017*

Voneinander lernen

Traditionen wie das Pilgern, das die ▸ Reformatoren ablehnten, werden heute auch von evangelischen Christinnen und Christen gepflegt. Die evangelisch-lutherische Kirche in Bayern sagt dazu:

„Pilgern ist ein Weg mit Gott. Beim Pilgern wird der Weg mit Gebeten begleitet und das Ziel mit dem Nachdenken über Glauben und den Sinn des Lebens verbunden. Für Evangelische ist die Bibel von elementarer Wichtigkeit. Wer die Bibel aufschlägt, entdeckt, dass sie voller Weg- und Pilgergeschichten ist: Im 2. Buch Mose wird von der Glaubenserfahrung der Israeliten berichtet, wie Gott durch Mose das Volk Israel aus der Sklaverei in Ägypten auf einen Weg in die Freiheit geführt hat. Solche Texte können nachdenklich machen, gerade wenn man selbst auf der Suche nach Freiheit ist! Wohl kaum mehr sind Pilger aus den gleichen Gründen wie im Mittelalter unterwegs. Heute suchen Pilger Antworten auf ihre Sinnfragen. Die Konfession spielt auf dem Weg kaum eine größere Rolle: Jede und jeder kann pilgern."

Gemeinsam auf dem Weg

Die Ökumene wird auch im vielfältigen Einsatz für soziale Gerechtigkeit, Frieden und Bewahrung der Schöpfung sichtbar. Pilgern heißt, unterwegs zu sein zu einem bestimmten Ort oder Ziel. Aus der Verbindung von beidem entstand die ökumenische Initiative des Klimapilgerns. In ihr haben sich evangelische und katholische Christinnen und Christen zusammen auf den Weg gemacht. Ihr gemeinsames Ziel ist die Bewahrung der Schöpfung: *„Mit unseren Pilgerwegen möchten wir auf die globalen Dimensionen des Klimawandels aufmerksam machen und den Diskurs um Gerechtigkeitsfragen weiter vorantreiben. Neben politischer Aktion und ▶ spiritueller Pilgererfahrung verstehen wir den Ökumenischen Pilgerweg für Klimagerechtigkeit auch als Einladung an alle, durch eigenes Handeln zur Begrenzung der Klimaveränderung beizutragen. Wir sind überzeugt, dass mit der gemeinsamen Anstrengung aller Menschen die globale Erderwärmung begrenzt und eine gerechte Welt gestaltet werden kann."*

Geht doch!
Ökumenischer Pilgerweg
für Klimagerechtigkeit

Unterwegs mit dir
Wir sind unterwegs mit dir, Gott,
weil du nicht auf einem Thron sitzt,
sondern mit uns wanderst
durch Dunkel und Nässe,
durch Nebel und oft ohne Weg
und häufig ohne Ziel.

Wir sind unterwegs mit dir, Gott,
weil du nicht in den Kirchen wohnst,
sondern mit uns wanderst
in Ängsten um all die,
die nur wählen können,
vertrieben oder bombardiert zu werden.
Geh auch mit ihnen, Gott,
und lass uns mit ihnen gehen.

Wir sind unterwegs mit dir, Gott,
weil wir dich nie ganz kennen
und du dich immer wieder versteckst
in einem Rosenblatt,
im Lächeln eines Penners
und so mit uns wanderst
und uns das Gehen lehrst,
und das dich Suchen.

Wir sind unterwegs mit dir, Gott,
sodass der Weg und das Ziel eins werden in dir.
Dorothee Sölle

---

1 Evangelisch/katholisch: Sammelt in einem Schaubild Gemeinsamkeiten und Unterschiede der Konfessionen. Nutzt auch die Informationen auf ▶ S. 68.

2 Interpretiert die Karikatur links. Formuliert einen Satz aus der Perspektive der beiden Vertreter der Amtskirchen und einen aus der Perspektive des Kirchenvolkes und schreibt die Sätze in Sprechblasen.

3 Diskutiert über Möglichkeiten und Grenzen von ökumenischen Initiativen. Zu welchen Zielen sollte sich die Ökumene eurer Meinung nach auf den Weg machen?

4 Analysiert das Gedicht der evangelischen Theologin Dorothee Sölle und arbeitet dabei das Motiv des Pilgerns und seine Bedeutung für einen ökumenischen Weg heraus. Schreibt ein eigenes Gedicht über Orte, an denen man Gott begegnen könnte.

5 Auch die Schule ist ein Ort für gelebte Ökumene. Entwickelt gemeinsam mit der evangelischen Religionsgruppe eine Projektidee, z. B. einen „Ökumenischen Lauf" oder eine „ökumenische Andacht", die ihr bei einem Projekttag in der Schule umsetzen könnt.

Bleibender Auftrag von Jesus Christus

Die Verbundenheit der katholischen und evangelischen Christinnen und Christen offenbart sich nicht nur im Glauben an Jesus Christus. In ganz konkreten ökumenischen Projekten drückt sich das gemeinsame Interesse aus, im Geiste Jesu Gutes zu tun.

Ökumenische Initiativen

Beide ▸ Konfessionen treten immer wieder gemeinsam auf mit Erklärungen zu Themen, die unsere Gesellschaft und das Zusammenleben betreffen, etwa zu Fragen der sozialen Gerechtigkeit, des Asylrechts, der Armut oder zum Lebensschutz. Anlässlich des 500-jährigen Jubiläums der Reformation 2017 veranstalteten die Deutsche Bischofskonferenz und die Evangelische Kirche in Deutschland einen gemeinsamen Gottesdienst, um ein Zeichen der Versöhnung zwischen den Konfessionen zu setzen.

Auch auf der Ebene der ▸ Laien hat die ▸ Ökumene in den letzten Jahrzehnten große Fortschritte gemacht. Seit 2003 gibt es neben getrennten Treffen von Katholiken und Protestanten auch einen „ökumenischen Kirchentag". In Gemeinden gibt es ökumenische Gottesdienste oder Gebetstreffen. Und auch im Religionsunterricht finden gemeinsame Projekte statt.

> » *Christen haben gemeinsam etwas zu sagen, und sie haben etwas beizutragen zur politischen Gestaltung der Zukunft in Deutschland, in Europa und auf dem ganzen Globus, der gesamten bewohnten Erde. (…) Dann wird ihre Stimme unüberhörbar, und zwar nicht durch Lautstärke oder die Masse der Menschen, sondern weil im Denken, Reden und Debattieren auf dem Ökumenischen Kirchentag deutlich wird, wie Christen aller Konfessionen miteinander ihre Verantwortung in der Welt wahrnehmen.* «

Elisabeth Raiser, ev. Präsidentin des 1. Ökumenischen Kirchentages

Ein ökumenisches Sozialprojekt

Beilngrieser Tafel – Ein gelungenes Beispiel für gelebte Nächstenliebe

Seit 2007 gibt es die Tafel in Beilngries als ökumenisches Sozialprojekt. Über 60 ehrenamtliche Helferinnen und Helfer aus den katholischen und evangelischen Kirchengemeinden versorgen wöchentlich rund 200 Menschen mit Grundnahrungsmitteln wie Obst und Gemüse, Nudeln oder Brot.

Die Nahrungsmittel stammen von den örtlichen Supermärkten und Bäckereien, die nicht verkaufte Waren vom Vortag oder unverkäufliche Waren, an die Tafel spenden. So werden auch weniger Lebensmittel weggeworfen. Die Helferinnen und Helfer sortieren diese Lebensmittel und stellen sie in Körben für eine oder auch mehrere Personen zusammen.

Der Bedarf ist groß. Zur Kundschaft der Tafel zählen Alleinerziehende, arbeitslose oder kranke Menschen sowie Familien, die in einer Notlage sind. Auch Kinder und Jugendliche sind unter den Empfängerinnen und Empfängern.

Für Elfriede Bruckschlögl, die Leiterin der Beilngrieser Tafel, ist das Engagement bei der Tafel ein Akt der Nächstenliebe und ein „Gebet der etwas anderen Art und Weise".

▲ *Pfarrer Josef Funk und Pfarrerin Dagmar Knecht segnen den neuen Transportanhänger der Beilngrieser Tafel.*

Der ökumenische Jugend-kreuzweg

Ein besonderes ökumenisches Projekt unter jungen Menschen ist der gemeinsame Kreuzweg. 1958 begann der Jugendkreuzweg als „Gebetsbrücke" zwischen jungen katholischen Christinnen und Christen in der Bundesrepublik und der ehemaligen DDR; seit 1972 wird er ökumenisch gebetet. Heute überbrückt das gemeinsame Beten des Kreuzwegs Konfessionen, Gesinnungen und Generationen. Mit jährlich knapp 60 000 Teilnehmenden gehört er zu den größten ökumenischen Jugendaktionen in Europa. Auch in den Niederlanden, Österreich und den deutschsprachigen Teilen von Luxemburg, Belgien und der Schweiz beten ihn junge Christinnen und Christen.

Das Motto des Jugendkreuzwegs im Jahr 2018 lautete *#beimir*. Die Stationen stellen in Bildern dar, dass Jesus heute „bei uns" ist, mit uns auf dem Weg durch den Alltag. Begleitet werden die Bilder von Texten, die zum Reflektieren und Nachdenken anregen. An der ersten Station beteten die katholischen und evangelischen Jugendlichen gemeinsam zu einem Vers aus dem Matthäusevangelium. Dort heißt es:

„Der Statthalter Pilatus fragt: Was für ein Verbrechen hat er denn begangen? Sie schreien noch lauter: Ans Kreuz mit ihm."
Mt 27,21.23

Freitagabend: Vor dem Eiscafé ist ordentlich Betrieb. Hier gibt es das beste Eis der Stadt. Hier bildet sich immer eine lange Warteschlange auf dem Bürgersteig. Das wissen alle. Mit mir in der Schlange wartet ein junger Mann: Er hat eine dicke, dunkle Weste an, obwohl es warm ist. Auf dem Rücken trägt er einen großen Rucksack. Er sieht arabisch aus und guckt so komisch. Ich habe ein komisches Gefühl: Was, wenn der jetzt hier …? Mitten in der Warteschlange vor dem Eiscafé. Ich denke: Nein! Habe aber Angst. Scheiß Kopfkino: Wegen meiner Angst verurteile ich ihn, wegen seines Aussehens, wegen seiner Sprache, ohne ihn zu kennen, ohne Genaueres über ihn zu wissen.
Station 1 des ökumenischen Jugendkreuzweges 2018

1 Setzt euch mit dem Zitat von Elisabeth Raiser auseinander.

2 Die Arbeit der „Tafeln" ist ein Bereich, in dem oft evangelische und katholische Christinnen und Christen zusammenarbeiten. Informiert euch über andere ökumenische Projekte und Initiativen in eurer Umgebung, z. B. in eurer Kirchengemeinde. Stellt ein Projekt/eine Initiative vor und beschreibt, wie die Zusammenarbeit aussieht.

3 Gestaltet mit den Schülerinnen und Schülern des evangelischen Religionsunterrichts einen Gottesdienst und wirkt an der Durchführung mit. Überlegt, wie die Geistlichen der beiden Konfessionen eingebunden werden können.

4 Beim ökumenischen Jugendkreuzweg bringen junge Christinnen und Christen ihre Sicht auf die Passion Jesu ein.

- Entwerft eine weitere Situation, die ▸ Mt 27,21.23 auf heute überträgt.
- Erläutert, was der Jugendkreuzweg für die Ökumene bedeutet.

Zeige, was du kannst

Aufgabe A: Symbole des Glaubens

„Des Christen Herz auf Rosen geht, wenn's mitten unterm Kreuze steht." – Zu diesem Motto hatte sich Martin Luther die „Lutherrose" als Wappen ausgedacht. Ihre Bedeutung erklärte er so:

„In der Mitte steht das Kreuz, denn der Gekreuzigte wirkt unsere Rettung. Weil Jesus und die Menschen leiden müssen, ist die Farbe des Kreuzes schwarz. Aber das Herz, in dem der Glaube wohnt, bleibt in lebendigem Rot. Eine weiße Rose schließt das Herz ein. Trotz des Leidens ist das Herz ‚auf Rosen gebettet', denn der Glaube gibt den Christen Trost und Freude. Zugleich weckt er die Hoffnung auf Gottes ewiges Reich, symbolisiert im Himmelblau des Hintergrunds. Der goldene Ring fasst alles ein, kostbar und ohne Anfang und Ende wie die Güte Gottes."

1 Überprüfe, inwieweit das Wappen die Elemente des evangelischen Glaubens symbolisiert.
2 Diskutiert, ob diese Aussagen auch von Katholiken übernommen werden könnten.
3 Entwirf dein eigenes symbolisches Wappen mit einem Motto, das beinhaltet, was dir im Leben und/oder im Glauben wichtig ist.

Aufgabe B: Martin Luther – ein Superheld?

1999 waren Journalistinnen und Journalisten aufgerufen, die bedeutendsten Menschen des zweiten Jahrtausends zu wählen. Martin ▸ Luther wurde auf Platz 3 gewählt. Eine 2014 erschienene Luther-Spielzeugfigur ist mit über einer Million verkauften Exemplaren die erfolgreichste Einzelfigur eines Spielwarenherstellers. Als Erklärung gab der frühere Ratsvorsitzende der Evangelischen Kirche in Deutschland, Heinrich Bedford-Strohm, im Juni 2017 an: „Wo immer ich in der Welt unterwegs bin – sei es in Südafrika oder Ruanda oder den USA –, überall begegnet mir die Figur. Die Figur ist kein Klimbim oder lediglich ein Fan-Artikel, wie manche Kritiker behaupten. Eltern kaufen ihren Kindern diese Figur, weil sie spüren, dass sie mehr zu bieten hat als Darth Vader oder Spiderman".

1 Fasse zusammen, was du in diesem Kapitel über Martin Luther erfahren hast.
- Erkläre, warum ihn viele Menschen für bedeutend halten.
- Finde Argumente für und gegen die Top-3-Platzierung.
2 Befrage Menschen in deiner Umgebung zu Martin Luther. Werte die Antworten aus. Welche Stichworte werden immer oder häufig genannt?

Aufgabe C: Konfessionen im Spiegel der Kunst

Das Gemälde rechts entstand in Dinkelsbühl, wo die beiden ▸ Konfessionen auch nach dem Augsburger Religionsfrieden einander unversöhnlich gegenüberstanden.

1 Betrachte das Bild und beschreibe es in allen Details. Kläre, wofür die Speere in der Hand Jesu stehen könnten.
2 Überlege, welche Konfession es aus welchen Gründen gemalt haben könnte. Begründe deine Überlegungen.
3 Verfasse einen Brief an den Künstler und erörtere darin kurz, ob es besser wäre, das Bild in einer Kirche oder in einem Museum aufzuhängen.

Aufgabe D: Umfrage zu Konfessionen

Führe mit deinen Eltern und (Ur-)Großeltern Interviews zum Thema „Konfessionen". Befrage sie z. B.,
- ob und wie sie die Trennung zwischen den Konfessionen früher und heute wahrnehmen.
- Vielleicht gibt es auch Beispiele konfessionsverbindender Ehen. Frage nach Schwierigkeiten, die diese Eheschließung möglicherweise mit sich brachte.
- Fasse die Ergebnisse deiner Befragung zusammen und berichte darüber in der Klasse.

▲ *Sebastian Reigel, 1642*

4 Kirche bewegt

>> *Der Christ und die Christin sind Menschen, die an den Himmel glauben und die Erde lieben.* <<
Elmar Klinger, *Theologe*

>> *Die Kirche muss nicht zeitgemäß sein, aber menschengemäß sollte sie sein, einen wachen Blick haben für das, wonach sich Menschen sehnen und woran sie verzweifeln.* <<
Christiane Florin, *Journalistin*

>> *Die Kirche vertritt auch Werte, wie Nächstenliebe, die die westliche Welt und Deutschland mitgeprägt haben – ohne diese wäre vieles anders. Ich wünsche mir, dass die Kirche mehr das leben würde, was sie aussagt.* <<
Volker Andres, *Diözesanvorsitzender des* ▶ BDKJ

>> *Ich finde die Stellung der Frau in der (katholischen) Kirche schwierig, weil ich es sehr ungerecht finde, dass ich als Frau so stark benachteiligt bin. Ich wäre gern Pfarrerin geworden.* <<
Martina Langer, *Studentin*

>> *Kirche und Glaube gehen für mich nicht einher. Ich sehe die Institution Kirche sehr kritisch und kann meinen persönlichen Glauben noch nicht genau definieren.* <<
Franziska Jung, *Schülerin*

>> *Meine Einstellung zur Institution Kirche ist durchwachsen.* <<
Thorsten Heim, *Student*

---

1 Im Hauptschiff der Münchener Heilig-Geist-Kirche war die Installation „Heart Number One" aufgebaut.
- Notiert eure Gedanken zu der Installation. Ihr könnt dafür z. B. diese Satzanfänge nutzen: „Bei dem Herz denke ich an …", „Das Licht/die Farben empfinde ich …".
- Setzt die Herz-Installation in Beziehung zu euren Erfahrungen mit der Kirche oder mit Berichten über die Kirche. Führt ein Schreibgespräch zur Frage: „Wo schlägt das Herz der Kirche?" Bezieht euch dabei auf die Zitate auf dieser Seite.

◀ *Michael Pendry, 2016*

2 Interpretiert die Überschrift „Kirche bewegt". Bildet neue Sätze mit den Bausteinen „Kirche" und „bewegt" und diskutiert eure Ergebnisse.

3 Die Karikatur und die Zitate auf dieser Seite berühren die Fragen, was „Kirche" eigentlich ist.
- Skizziert, welche Gesichtspunkte jeweils angesprochen werden.
- Erläutert, warum der in der Karikatur Angesprochene so betreten dreinschaut.
- Wie könnte der Mann antworten? Schreibt mithilfe der Zitate eine kurze „Rede".

4 Die Firmung bekräftigt die Zugehörigkeit zur Kirche und bestärkt darin, als Christ zu leben. Nennt eure Gründe, euch firmen zu lassen bzw. es nicht zu tun.

Netzkarte

Die „Geburtsstunde" der Kirche ist das Pfingstereignis, von dem die Apostelgeschichte erzählt (▶ Apg 2). Im Laufe der Geschichte wandelte sich das Bild von Kirche, die Grundlagen sind jedoch bis heute dieselben geblieben. Kirche lebt immer dort, wo Christinnen und Christen im Geiste Gottes gemeinsam leben und handeln.

... im Glaubenszeugnis

... im Gottesdienst

... in Gemeinschaft

1 Gestalte einen Stegreifvortrag, in dem du in zwei Minuten die Frage „Was ist Kirche für dich?" beantwortest. Verwende dabei keine Hilfsmittel.
Du kannst auch eine der „Fragen zur Kirche" (▶ Kasten rechts) aufgreifen.

2 Die Netzkarte stellt die Behauptung auf, dass Kirche auf verschiedene Weise „bewegt".
   ■ Klärt, wie dies jeweils zu verstehen ist.
   ■ Diskutiert in Gruppen, inwieweit ihr diese Behauptung teilt. Berücksichtigt dabei auch die „Fragen zur Kirche" im Kasten rechts oben.

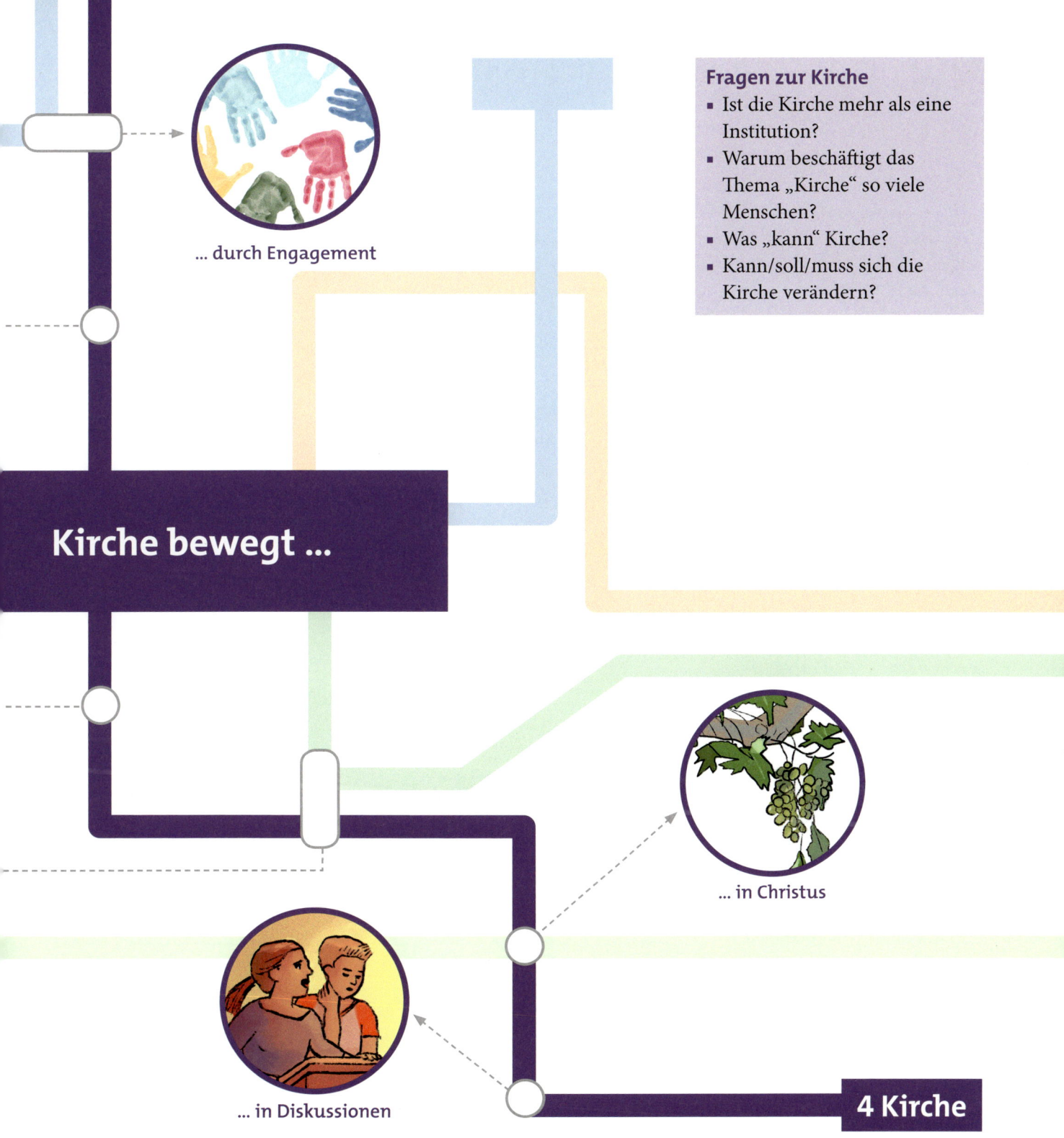

... durch Engagement

Fragen zur Kirche
- Ist die Kirche mehr als eine Institution?
- Warum beschäftigt das Thema „Kirche" so viele Menschen?
- Was „kann" Kirche?
- Kann/soll/muss sich die Kirche verändern?

Kirche bewegt ...

... in Christus

... in Diskussionen

4 Kirche

Gut, dass es die Kirche gibt!?

Studien zeigen, dass Jugendliche immer seltener Kontakt zu „der Kirche" haben und die Kirchenbindung auch von Erwachsenen abnimmt. Gleichzeitig sind aber gesellschaftliche Einrichtungen und die Alltagswelt oft kirchlich geprägt. Auch den Religionsunterricht gäbe es in dieser Form nicht ohne die Kirche.

Fakten zur Kirche in Deutschland

Über die Hälfte der Jugendlichen sagt, dass die Kirche keine Antworten auf die Fragen hat, die sie wirklich bewegen.

2019 besuchten **9,1 Prozent** der Katholiken den Sonntagsgottesdienst. Es gibt rund **360 000** Ministrantinnen und Ministranten.

40 Prozent der katholischen Menschen können sich vorstellen, aus der Kirche auszutreten.

69 Prozent der 15- bis 25-Jährigen stimmten im Jahr 2019 der Aussage „Ich finde es gut, dass es die Kirche gibt" zu.

Drei Viertel der katholischen jungen Menschen sagen, dass sich die Kirche ändern muss, wenn sie eine Zukunft haben will.

Es gibt über **21 Millionen** Menschen katholischen Glaubens, aber jedes Jahr mehr als doppelt so viele Bestattungen und Austritte als Taufen und Eintritte.

2010 wurde öffentlich, dass die Kirche **jahrzehntelang** Misshandlungen und sexuellen Missbrauch an Kindern durch Geistliche und Ordensleute vertuscht hat.

Brauchen wir

Religion ist ein Schlüssel zu Geschichte und Kultur. Ohne Wissen über das Christentum verstehe ich die heutige Welt – und wie sie zu dieser wurde – nicht.

Aber der Mensch braucht doch mehr als reines Wissen! In Reli geht es um die großen Fragen. Wo gehen wir hin? Wo kommen wir her? Ich finde es total spannend, mit jemandem ins Gespräch zu kommen, der eine echte Meinung hat – und nicht nur erklärt, was so alles auf der Welt geglaubt und gedacht wird.

Streit entsteht oft durch Angst. Durch einen eigenen Standpunkt gewinnt man Sicherheit – und kann anderen offener begegnen. Aber das muss man erst lernen. Und das sollte der Gesellschaft etwas wert sein!

1 Gestaltet eine Collage mit aktuellem Material zur Kirche in Deutschland, die zeigt, wo und auf welche Art Kirche im Alltag und in der Lebenswelt sichtbar wird. Ihr könnt dafür die Fakten im Text links nutzen und selbst weitere aktuelle statistische Werte recherchieren. Erweitert auch die Fotosammlung rechts mit Fotos, Ausschnitten aus Zeitungen oder Zeitschriften, Werbung, Screenshots aus aktuellen Serien oder Filmen etc.

2 Setzt das Streitgespräch über den Religionsunterricht in ein Rollenspiel um.
  - Lest zunächst mit verteilten Rollen die Diskussion.

»Reli« noch?

Ja, da stimme ich dir zu. Aber dafür brauche ich doch kein Fach „Katholische Religionslehre". Dieses Wissen kann auch ohne die Kirche vermittelt werden – in Deutsch, Kunst, Geschichte.

Also so wie ich das sehe, ist Religion immer eher ein Streitthema, vor allem dann, wenn ein Einzelner zu sehr von seiner Meinung überzeugt ist. Ich finde, das hat dann an der Schule nichts zu suchen. Immerhin kostet das doch Steuergelder!

… wäre es dann nicht besser, sich direkt auf neutralem Grund zu begegnen und die Klasse nicht erst aufzuteilen? Wäre das nicht eine bessere Idee, um Ängste abzubauen?

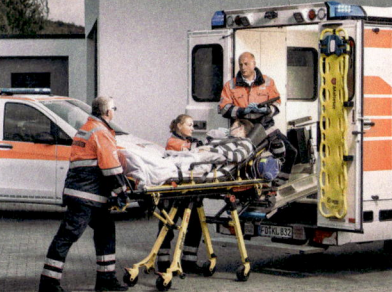

- ▪ Recherchiert in Gruppenarbeit z. B. in Umfragen, Tageszeitungen oder im Internet weitere, möglichst stichhaltige Argumente, die in dieser Diskussion angeführt werden könnten.
- ▪ Formuliere und begründe deine persönliche Position in der Frage.
- ▪ Führt die Diskussion mit eigenen Argumenten für beide Seiten fort.
3 „Gut, dass es die Kirche gibt!?" Debattiert diese grundsätzliche Aussage bzw. Frage anhand eines anderen Themas, z. B. Schulgottesdienste. Weitere Themen findet ihr in den Fotos und Fakten auf dieser Seite.

Ideen von Kirche

Kirche ist die sichtbare Gemeinschaft (lat. *communio*) der Menschen, die an Jesus Christus glauben und seinen Auftrag fortführen. Dies tun sie auf vielfältige Weise. Doch „die Kirche" gibt es nicht. Christinnen und Christen betrachten sie von unterschiedlichen Seiten und verwenden unterschiedliche Bilder, um zu erklären, was und wie sie in unserer Zeit sein sollte.

Die Apostelgeschichte sagt:
Alle, die glaubten, waren an demselben Ort und hatten alles gemeinsam. Sie verkauften Hab und Gut und teilten davon allen zu, jedem so viel, wie er nötig hatte. Apg 2,44f.

Die Bewegung Maria 2.0 sagt:
In unserer Kirche, im Morgen, wird das Wort Jesu nicht nur verkündet, sondern auch gelebt.

Wird der Mensch, jeder so, wie er ist, geliebt.

Wird getanzt und gelacht und gefeiert. Wird das Brot geteilt und das Leid. Wird der Wein geteilt und die Freude.

In dieser Kirche, im Morgen, siegen Mut und Liebe, Barmherzigkeit und Mitgefühl über Angst und Machtgier, Ausgrenzung und Selbstmitleid.

In dieser Kirche, im Morgen, sind Frau und Mann, Kind und Greis, Homo und Hetero, arm und reich, gebunden und ungebunden, zusammen und allein

willkommen an jedem Ort und willkommen in jeder Berufung. Willkommen als lebendiger Widerschein von Gottes liebendem Blick."
Andrea Voß-Frick

Papst Franziskus sagt:
„Auch die Kirche möchte auf die Stimme von euch Jugendlichen hören, auf eure Sensibilität, auf euren Glauben, ja auch auf eure Zweifel und eure Kritik. Lasst euren Schrei hören, lasst ihn in den Gemeinschaften erschallen und bis zu den Hirten gelangen."
aus einem Schreiben an die Jugend, 2017

Jesus Christus sagt:
Ich bin der Weinstock, ihr seid die Reben. Wer in mir bleibt und in wem ich bleibe, der bringt reiche Frucht. Joh 15,5

Kardinal Walter Brandmüller sagt:

„Es gilt, die Kirche neu zu begreifen. Wenn das geschieht, dann wird auch den Christen von heute wieder klar, dass nicht wir es sind, die Kirche bauen und gestalten, dass sie nicht „unsere" Kirche ist, sondern die Kirche des lebendigen Gottes. Dieses Haus Gottes ist von Jesus Christus auf den Felsen Petrus gebaut, gebaut nach einem ewigen Bauplan, den zu verändern in keines Menschen Macht gelegen ist."

aus einer Pfingstpredigt, 2019

Das Konzil sagt:

„Die Kirche ist stets der Reinigung bedürftig, sie geht immerfort den Weg der Buße und Erneuerung. Die Kirche schreitet (…) auf ihrem Pilgerweg dahin." ► *Zweites Vatikanisches Konzil*

Ein Dichter sagt:

*Frag hundert Katholiken
was das Wichtigste ist in der Kirche.
Sie werden antworten: Die Messe.*

*Frag hundert Katholiken,
was das Wichtigste ist in der Messe.
Sie werden antworten: Die Wandlung.*

*Sag hundert Katholiken,
dass das Wichtigste in der Kirche
die Wandlung ist.
Sie werden empört sein: Nein,
alles soll bleiben, wie es ist!*

Lothar Zenetti

1 Auf dieser Doppelseite findet ihr einige unterschiedliche Vorstellungen von Kirche.

- Lest die Texte und bezieht Stellung dazu. Tragt die Positionen, beginnend mit den Worten Jesu, in einer Podiumsdiskussion vor.
- Findet biblische Bilder für die Gemeinschaft der Kirche. Lest hierfür neben ► Joh 15,5 und ► Apg 2,44f. auch ► Joh 10,9–11, Joh 14,6 und Mt 5,13–16. Setzt eines der Bilder z. B. auf Plakaten künstlerisch um.

2 Stellt euch vor, ihr seid auf die ► „Jugendsynode" eingeladen. Verfasst einen kurzen Redebeitrag, bei dem ihr ansprecht, was ihr an der Kirche gut findet, aber auch, in welchen Bereichen sich die Kirche eurer Meinung nach erneuern oder verändern muss. Ihr könnt dafür auf ► S. 47 zurückgreifen.

3 Überlegt euch Titel für die Gedichte von Lothar Zenetti und Andrea Voß-Frick.

- Erklärt mit eigenen Worten, warum die „hundert Katholiken" in Zenettis Gedicht „empört" wären.
- Analysiert das Gedicht von Voß-Frick und beurteilt, ob es ebenfalls „empörende" Aussagen enthält.

Wer glaubt, ist nicht allein

Die katholische Kirche ist eine weltweite Gemeinschaft, zu der derzeit über 1,3 Milliarden Menschen gehören. Wie in jeder Gemeinschaft haben die Mitglieder unterschiedliche Aufgaben. Ob Laien oder geweihte Amtsträger – alle arbeiten sie an Gottes Auftrag mit, sein Reich Wirklichkeit werden zu lassen.

Die Bezeichnung *Christin* oder *Christ* ist eigentlich nur zu verstehen, wenn sie als Beziehungs- und Verhältnisbegriff gedacht wird. Genau wie Bruder oder Schwester kann man Christin oder Christ nicht allein sein. Man ist immer verbunden mit und angewiesen auf andere Christinnen und Christen – und auf Christus. Daher zählt „Gemeinschaft" zu den Grundvollzügen der Kirche (▶ S. 88).
Diese Gemeinschaft besteht unabhängig von Zeit und Ort, d. h. Christinnen und Christen sind immer verbunden mit denjenigen, die jetzt leben – aber auch mit denen, die vorher gelebt haben (*Vor*fahren, die vielleicht sogar zu *Vor*bildern geworden sind), sowie mit denen, die nach ihnen leben werden.
Die Gemeinschaft besteht mit Christinnen und Christen auf der ganzen Welt und in besonderem Maße mit Menschen, die „am Rand" leben. Christliches Engagement für sogenannte „Randgruppen" – ob vor Ort oder in fernen Ländern (▶ Eine-Welt-Gedanke) – ist Ausdruck gelebter Gemeinschaft.
Durch die Taufe sind Christinnen und Christen in die Gemeinschaft der Kirche aufgenommen. Gemeinsam mit den Bischöfen, Priestern und Diakonen sind sie Kirche. Alle Getauften sind zum Dienst in der Kirche und in der Welt berufen.

Nach traditionellem katholischem Verständnis wird die kirchliche Grundstruktur damit begründet, dass Jesus Christus einen engeren Kreis von zwölf Aposteln um sich bildete (vgl. ▶ Mk 3,14–19).

» *Du bist Petrus und auf diesen Felsen werde ich meine Kirche bauen und die Pforten der Unterwelt werden sie nicht überwältigen. Ich werde dir die Schlüssel des Himmelreichs geben; was du auf Erden binden wirst, das wird im Himmel gebunden sein, und was du auf Erden lösen wirst, das wird im Himmel gelöst sein.* « Mt 16,18f.

Denn wo zwei oder drei in meinem Namen versammelt sind, da bin ich mitten unter ihnen.
Mt 18,20

Der **Papst** ist das Oberhaupt der römisch-katholischen Kirche. Er gilt als Nachfolger des Apostel Petrus und Stellvertreter Christi auf Erden. Gleichzeitig ist der Papst auch Bischof von Rom. Er residiert im Vatikan. Von dort aus leitet er gemeinsam mit den Bischöfen die römisch-katholische Kirche.

» *Einer der Titel des Bischofs von Rom ist Pontifex, das heißt Brückenbauer – Brücken zu Gott und zwischen den Menschen. Ich wünsche mir wirklich, dass der Dialog zwischen uns dazu beiträgt, Brücken zwischen allen Menschen zu bauen, so dass jeder im anderen nicht einen Feind, einen Konkurrenten sieht, sondern einen Bruder, den er annehmen und umarmen soll!* « Papst Franziskus

Die **Bischöfe** sind die rechtmäßigen Nachfolger der Apostel. Ihre Aufgabe ist die Leitung ihrer Diözese. Gemeinsam mit den **Priestern** in den Pfarrgemeinden der Diözese verkünden sie das Wort Gottes, spenden Sakramente und feiern Gottesdienst. Priester, **Diakone** und auch **Ordensangehörige** sind als Seelsorger in den Gemeinden, in Verbänden und kirchlichen Einrichtungen tätig.

>> Die **Laien** sind besonders dazu berufen, die Kirche an jenen Stellen und in den Verhältnissen anwesend und wirksam zu machen, wo die Kirche nur durch sie das Salz der Erde werden kann. **<<**

▸ *Zweites Vatikanisches Konzil*

Immer wieder wird von der Kirche als der **Gemeinschaft der Heiligen** gesprochen. Damit ist nicht gemeint, dass alle Christinnen und Christen ohne Fehler sind, sondern es soll daran erinnern, dass alle von Gott zur Heiligkeit berufen sind und damit eine große Aufgabe vor sich haben, bei der die Gemeinschaft helfen kann und soll – ob vor Ort in der Pfarrgemeinde oder weltweit als „Volk Gottes".

>> *Was ihr für einen meiner* **geringsten** *Brüder getan habt, das habt ihr mir getan.* **<<**   Mt 25,40

>> *Für euch bin ich Bischof. Mit euch bin ich Christ.* **<<**   *Hl. Augustinus*

>> *Kirche (…) ist aufgerufen (…), an die* **Ränder** *zu gehen. Nicht nur an die geografischen Ränder, sondern an die Grenzen der menschlichen Existenz: (…) die des Schmerzes, die der Ungerechtigkeit, die der Ignoranz, die der fehlenden religiösen Praxis, die des Denkens, die jeglichen Elends.* **<<**   *Papst Franziskus*

---

1 Gestaltet mit den Informationen, Bibelstellen, Zitaten und wichtigen Begriffen dieser Doppelseite ein Schaubild, das den Aufbau der Kirche darstellt.
- Untersucht den Aufbau eurer Pfarrei und skizziert, welche Aufgaben es gibt.
- Erläutert die Rolle der ▸ Laien in der Gemeinde.

2 Sammelt Gemeinsamkeiten, aber auch Unterschiede zwischen der christlichen „Communio" und anderen Gemeinschaften (z. B. Sportverein, Chor, Faschingsverein, Umwelt-Gruppe, …).

3 Der Apostel Paulus spricht in seinen Briefen die Mitglieder seiner Gemeinden oftmals als „liebe Brüder und Schwestern" an.
- Wie sprecht ihr selbst enge Freunde an? Welche Anreden werden in aktuellen Liedtexten, Fernsehserien o. Ä. verwendet? Sammelt die Anreden in einer Tabelle und charakterisiert sie mit Adjektiven.
- Erklärt, warum Paulus seine Briefe so anfängt und auch Priester, Bischöfe und der Papst sich mit dieser Anrede an die Christinnen und Christen wenden.

4 Der Titel „Brückenbauer" kann auch als Aufgabe gesehen werden. Doch bis heute ist das Papstamt einer der Gründe für die Trennung der ▸ Konfessionen. Diskutiert diesen Titel – sowohl mit Blick auf die katholische Kirche als auch darüber hinaus.

5 Formuliert mithilfe der Informationen und Zitate auf dieser Seite eine Antwort auf die Frage „Wer ist Kirche?".

Kirche wirkt

Kirche ist kein Selbstzweck. Die Kirche hat einen Auftrag. Diesen Auftrag hat sie sich nicht selbst gegeben. Er geht, so die Überzeugung der Christinnen und Christen, zurück auf Jesus Christus. Kirche soll dem „Reich Gottes" dienen: Sie soll Zeichen und Werkzeug für Gottes Handeln an der Welt sein.

>> *Freude und Hoffnung, Trauer und Angst der Menschen von heute, besonders der Armen und Bedrängten aller Art, sind auch Freude und Hoffnung, Trauer und Angst der Jünger Christi.* <<
Zweites Vatikanisches Konzil, Gaudium et spes 1

Die Kirche – Zeichen und Werkzeug

In der Gemeinschaft der Christen, der Kirche, soll die Menschenfreundlichkeit Gottes und Jesu für alle spürbar und erlebbar bleiben. Das ▸ Zweite Vatikanische Konzil spricht daher davon, dass die Kirche ein Sakrament ist. Sakrament bedeutet: „Zeichen und Werkzeug" des ▸ Heils. Theologinnen und Theologen nennen die Kirche auch das grundlegende Sakrament, das „Grundsakrament", durch das das Reich Gottes erfahrbar wird.

Ein Werkzeug nutzt man, um etwas damit zu tun; man braucht es, um etwas zu gestalten, es zu reparieren oder zu verändern. Kirche ist also dazu da, etwas zu tun. An dem, was sie tut, soll man Gott erkennen. Ihre Aufgabe ist es, daran mitzuarbeiten, die Welt besser zu machen und den Menschen Hoffnung zu geben, dass Gott es gut meint mit uns und mit dieser Welt. Diese Aufgabe verwirklicht sich in bestimmten Teilaufgaben – man nennt sie auch „Grundvollzüge" der Kirche:

Leiturgia (griech. Gottesdienst)
Martyria (griech. Zeugnis)
Diakonia (griech. Dienst, Hilfe)
Koinonia (griech. Gemeinschaft)

Zeugen Christi sind Menschen, die ...
Zeugen Christi sind Menschen,
die beten und vertrauen,
dass ihr stilles Verweilen vor Gott,
ihr Hören auf seine Stimme,
ihr Bitten und Danken nicht ins Leere gehen.
Es sind Menschen,
die im Evangelium die Freundschaft mit Christus
und die geschwisterliche Liebe
unter den Menschen entdecken.
Es sind Menschen, die den Mut haben,
sich vom Heiligen Geist wandeln zu lassen.
Zeugen Christi sind Menschen,
die unruhig sind, solange es andere gibt,
die unter Ungerechtigkeit, Krieg,
Armut oder Ausgrenzung leiden.
Menschen, die hungern und dürsten
nach der Gerechtigkeit;
Menschen, die weinen über das Leid anderer,
die Frieden im eigenen Herzen haben und sich aktiv
für den Frieden in ihrer Umgebung einsetzen.
Text zur Diaspora-Aktion des Bonifatiuswerkes 2018

---

1 Was bedeutet es, wenn Kirche als „Zeichen der Nähe Gottes" und als „Werkzeug" bezeichnet wird?
  ▪ Erstellt eine Mindmap zu „Zeichen" und „Werkzeug". Formuliert dann eine Antwort in zwei bis drei Sätzen.
  ▪ Auf Lateinisch heißt „Werkzeug" *instrumentum*. Erstellt auch zu „Instrument" eine Mindmap.

2 Das Zitat oben ist der Beginn eines Dokuments über die Aufgaben der Kirche in der Welt von heute. Arbeitet heraus, welche Aufgaben der Kirche sich daraus ergeben. Diskutiert: Wo wird die Kirche diesen Aufgaben eurer Meinung nach gerecht, wo nicht? Was wäre zu tun?

3 Schreibt den Text „Zeugen Christi sind Menschen, die ..." weiter. Ergänzt bei jedem Beispiel, wo ihr es im Schaubild rechts zuordnen würdet.

Die Grundvollzüge der Kirche

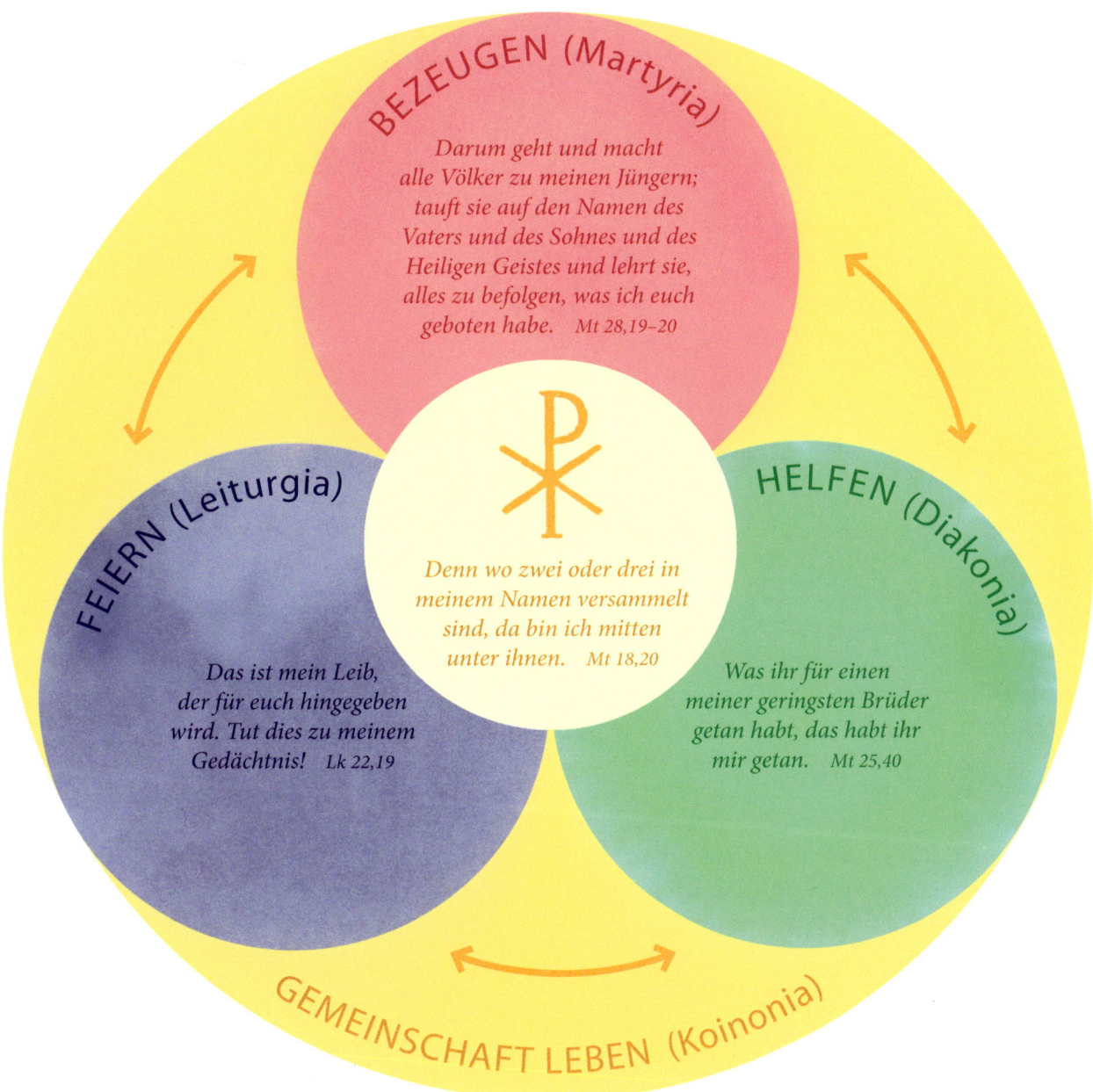

BEZEUGEN (Martyria)

Darum geht und macht alle Völker zu meinen Jüngern; tauft sie auf den Namen des Vaters und des Sohnes und des Heiligen Geistes und lehrt sie, alles zu befolgen, was ich euch geboten habe. Mt 28,19–20

FEIERN (Leiturgia)

Das ist mein Leib, der für euch hingegeben wird. Tut dies zu meinem Gedächtnis! Lk 22,19

Denn wo zwei oder drei in meinem Namen versammelt sind, da bin ich mitten unter ihnen. Mt 18,20

HELFEN (Diakonia)

Was ihr für einen meiner geringsten Brüder getan habt, das habt ihr mir getan. Mt 25,40

GEMEINSCHAFT LEBEN (Koinonia)

» *Die Kirche als die vom Heiligen Geist geeinte Gemeinschaft der Gläubigen ist für die Welt das bleibende Zeichen der Nähe und Liebe Gottes.* «
Würzburger Synode, 1974

Gott und das Leben feiern

Feiern gehört zum Menschsein und zur Kirche. In der Liturgie feiern Christinnen und Christen die Beziehung Gottes zu den Menschen. Sie ist der Kern des Glaubens – ein Grundvollzug von Kirche.

▲ In der Osternacht wird an einer Flamme des Osterfeuers die Osterkerze entzündet.

>> Ich gehe nicht regelmäßig in den Gottesdienst, aber die Osternacht ist für mich Pflicht. Wenn ich da gemeinsam mit den anderen Gemeindemitgliedern vor dem Osterfeuer stehe, spüre ich jedes Mal, dass Gott bei mir ist. << *Max, 15 Jahre*

>> Für mich gehört die Feier des Sonntagsgottesdienstes zur Woche dazu. Seit ein paar Jahren bin ich Ministrantin und habe so eine wichtige Aufgabe bei der Feier der ▶ Eucharistie. << *Hannah, 14 Jahre*

>> In unserer Pfarrei gibt es alle zwei Monate ein Taizé-Gebet. Da freue ich mich jedes Mal darauf. Ich mag die Gesänge und die Stimmung in der Kirche, die dann nur von Kerzenschein erleuchtet ist. Während des Gebets gibt es immer einen Moment der Stille. Da denke ich über mich nach und spüre, dass ich nicht allein bin. << *Sophie, 15 Jahre*

>> Ich gehe zwar in den Reliunterricht, mit Gottesdiensten kann ich aber nicht wirklich etwas anfangen. Mir gibt es einfach nichts, mich in eine Kirche zu setzen. << *Markus, 15 Jahre*

1 Erinnere dich, wie du einmal vor einer brennenden Kerze oder an einem Lagerfeuer gesessen bist. Beschreibe deine Stimmung dabei. Überlege, warum man zu bestimmten Anlässen ein Feuer anzündet.

2 Das Foto oben ist bei einer Feier der Osternacht entstanden. Beschreibt es und erklärt, welche Bedeutung Licht und Feuer bei der Auferstehungsfeier haben.

3 Lest die Aussagen von den vier Jugendlichen.
   ▪ Arbeitet heraus, welche Bedeutung liturgische Feiern in der Kirche für sie haben.
   ▪ Überlegt anschließend für euch, was kirchliche Feiern für euch persönlich bedeuten. Wenn ihr wollt, könnt ihr euch in Kleingruppen darüber austauschen.

Während der Vigil auf dem Weltjugendtag 2005 in Köln ▶

>> *Für mich war die Vigil in der Nacht vor dem
Abschlussgottesdienst das schönste Erlebnis auf dem
Weltjugendtag. Ich habe noch nie gemeinsam mit so
vielen Menschen gefeiert, gesungen und gebetet. Als
die Sonne untergegangen war, bekam jeder von uns
eine Kerze – egal wohin ich blickte, überall sah ich in
ein Lichtermeer. Gebet und Gesang verstummten die
ganze Nacht nicht. So geborgen habe ich mich, glaube
ich, noch nie gefühlt.* << Besucherin des Weltjugendtags

4 Beschreibt das Foto oben und findet einen passenden
  Titel dafür. Recherchiert, was eine Vigil ist. Lest anschließend den Bericht einer Besucherin des Weltjugendta-
  ges. Beschreibt, wie die Liturgie der Vigil auf sie gewirkt
  hat. Erklärt, auf welche Elemente sie diese Emotionen
  zurückgeführt hat.
5 „Unser Leben sei ein Fest" ist ein bekanntes Lied.
  ▪ Lest den Text aufmerksam und erläutert, warum das
    Leben darin als Fest bezeichnet wird.
  ▪ Erörtert, warum es „*sei* ein Fest" und nicht „*ist* ein
    Fest" heißt.
  ▪ Stimmt ihr der Aussage des Liedes zu? Begründet
    euren Standpunkt.

1. Un-ser Le-ben sei ein Fest, Je-su Geist
in un-se-rer Mit-te, Je-su Werk in
un-se-ren Hän-den, Je-su Geist in un-se-ren
Wer-ken. Un-ser Le-ben sei ein Fest

1. an die-sem A-bend und je-den Tag.
2. an die-sem Mor-gen …
3. in die-ser Stun-de …

Text: J. Metternich-Team/Musik: Peter Janssens
© Peter Janssens Musikverlag, Telgte

Den Glauben weitergeben

Nach ▸ Mt 28,19f. gibt Jesus nach der Auferstehung seinen Jüngern einen wichtigen Auftrag: Sie sollen den Glauben an ihn verkünden und weitergeben. Dieser Auftrag gehört zu den Grundvollzügen der Kirche (▸ S. 89). Christinnen und Christen setzen ihn seit 2000 Jahren um.

Ein Beispiel für die Weitergabe des Glaubens ist das ▸ Hilfswerk *missio*. Der Name leitet sich von dem Begriff ▸ Mission ab. Wie das Hilfswerk den Auftrag Jesu umsetzt, erklärt Dr. Christian Mazenik, lange Jahre Leiter der Bildungsabteilung von *missio* München.

Herr Mazenik, können Sie darstellen, worin der Auftrag von missio besteht? Missionieren Sie denn noch?

Nein, man darf unsere Aufgaben nicht so verstehen, dass wir wie in vergangenen Jahrhunderten andere 5 *Völker mit Zwang „bekehren" wollen zum Christentum. Hier hat sich die „Missionstätigkeit" in den letzten Jahrzehnten radikal verändert. Aber natürlich bedeutet Mission für uns, dass wir den Glauben weitergeben wollen, ganz im Sinne und Auftrag Jesu, der* 10 *seine Jünger in die Welt gesandt hat, die christliche Botschaft von Liebe, Gerechtigkeit und ewigem Leben*

▲ *Kamba Luesa André, o. J.*

*zu verkünden und selbst vorbildlich zu leben. Dies
ist auch mein Antrieb, mich für diese Botschaft*
15 *einzusetzen.*

Und wie geht *missio* dabei vor?

*Wir haben im Vergleich zu vielen NGOs den Vorteil,
dass wir die Infrastruktur eines weltweiten Netzwerkes
nutzen können, nämlich das der katholischen Kirche.*
20 *Die gibt es bis in die entlegensten Winkel dieser Erde,
sodass wir einfach nur die bereits vor Ort arbeitenden
Menschen, also z. B. Priester oder Ordensleute, mit ins
Boot holen. Diese unterstützen wir. Und wir sehen sie
als „echte Partner", weil sie genau wissen, wo vor Ort*
25 *das Geld gerade benötigt wird und was damit am besten aufgebaut werden kann.*

**Warum ist der Dienst von *missio* dann nicht nur
Diakonia, sondern auch Martyria?**

Missio möchte die Strukturen verändern, also den
30 *Menschen Hilfe anbieten, damit sie sich selbst helfen
können. Daher helfen wir z. B. beim Aufbau einer
Schule, denn wenn die Menschen eine Ausbildung abschließen können, ist ein großer Schritt in die Zukunft
getan und sie können später einmal selbst ihr Leben in*
35 *die Hand nehmen. Das ist ▸ Nachhaltigkeit, die in die
Zukunft denkt.*

*Und somit legen wir Zeugnis ab, weil es unser Anlie-
gen ist, den Menschen aufzuwerten, ihm eine Würde
gemäß der Botschaft unserer Religion zu geben, in je-*
40 *dem Menschen also das Abbild Gottes zu sehen. Dabei
arbeiten wir aber eben nicht mehr „kolonial-like", sondern auf Augenhöhe.*

Aber wie wird konkret der Glaube weitergegeben?

Dies ist ein ganzheitlicher Ansatz, der niemanden
45 *ausschließt. Nicht nur Christen wird geholfen, sondern
allen Menschen. Und dabei wird die Basis, die frohe
Botschaft Jesu Christi, nicht verheimlicht. Wir legen
Zeugnis ab, akzeptieren aber den anderen in seiner
Andersartigkeit. Deshalb heißt Mission heute nicht*
50 *mehr, Menschen zur Taufe zu zwingen. Jedoch leben
wir bewusst vor, sind also Vorbilder. Dann unterstützen wir Menschen, die sich auch auf den Weg zur
christlichen Religion aufmachen wollen.*

◂ *Mehr als nur ein
Kleidungsstück:
den Glauben
mittels T-Shirt
weitergeben?*

1 „Hilfe zur Selbsthilfe" ist ein Weg, Zeugnis abzulegen.
  ▪ Erläutert, was man darunter versteht. Beziehet dazu
    das Interview und die Aussagen über Mission ein.
  ▪ Zeigt auf, wie sich die Mission verändert hat.
2 Der kongolesische Maler Kamba Luesa André (1944-
  1995) verknüpfte Wertvorstellungen der afrikanischen
  Kultur mit christlichen bzw. biblischen Motiven.
  ▪ Arbeitet die Bezüge des linken Bildes heraus.
  ▪ Beurteilt, inwiefern es mit dem heutigen Verständnis
    von Mission korrespondiert.
3 Ordnet *missio* in das Schaubild auf ▸ S. 89 ein.
  ▪ Vergleicht und diskutiert eure Ergebnisse.
  ▪ Nehmt Stellung zu der Aussage, dass Martyria und
    Diakonia zusammengehören.
4 Es gibt viele Projekte, die „Zeugnis ablegen" und den
  Glauben weitergeben wollen. Stellt ein Beispiel vor. Be-
  urteilt, wodurch es die christliche Botschaft weitergibt.
5 Diskutiert, mit welchem Anliegen die oben abgebildete
  Schülerin das T-Shirt gewählt haben könnte.
  ▪ Begründet, ob ihr das T-Shirt tragen würdet.
  ▪ Inwiefern könnte ein T-Shirt der Mission dienen?
  ▪ Entwerft ein Symbolbild mit ähnlicher Aussage.

Aus Überzeugung helfen

Menschen haben meist ein feines Gespür dafür, ob jemand „echt" ist, also so handelt, wie er redet. Dem Glauben an einen Gott, der die Menschen liebt, muss also ein Impuls zum Handeln folgen, der diese Zuwendung spürbar werden lässt.

Wir dürfen nie vergessen, dass die wahre Macht auf allen Ebenen das Dienen ist, das seinen leuchtenden Höhepunkt am Kreuz findet. (...) Halten wir den Blick auf das Kreuz gerichtet, wo er, der Herr, sich zum Diener macht bis hin zur völligen Selbsthingabe.

Papst Franziskus

„Diakonie" (griech. „Dienst") wird heute meist gleichbedeutend mit „Caritas" (lat. „hingebende Liebe") verwendet. Aus der Erkenntnis des Wertes einer Person entspringt die Nächstenliebe ohne sinnliches Verlangen oder eigennütziges Streben. „Diakonisch" nennt man ein soziales Handeln, das aus dem christlichen Glauben hervorkommt. aus einem Lexikon

¹Es war vor dem Paschafest. Jesus (…) ⁴stand vom Mahl auf, legte sein Gewand ab und umgürtete sich mit einem Leinentuch. ⁵Dann goss er Wasser in eine Schüssel und begann, den Jüngern die Füße zu waschen und mit dem Leinentuch abzutrocknen, mit dem er umgürtet war. ¹²Als er ihnen die Füße gewaschen, sein Gewand wieder angelegt und Platz genommen hatte, sagte er zu ihnen: Begreift ihr, was ich an euch getan habe? ¹³Ihr sagt zu mir Meister und Herr und ihr nennt mich mit Recht so; denn ich bin es. ¹⁴Wenn nun ich, der Herr und Meister, euch die Füße gewaschen habe, dann müsst auch ihr einander die Füße waschen. ¹⁵Ich habe euch ein Beispiel gegeben, damit auch ihr so handelt, wie ich an euch gehandelt habe. aus Joh 13

Ordensschwester Juliana Seelmann von den Oberzeller Franziskanerinnen bei Würzburg gewährte im Jahr 2020 zwei Nigerianerinnen Kirchenasyl. Dafür musste sie sich vor Gericht verantworten. In einer Stellungnahme heißt es, sie habe den jungen Frauen aus tiefster Überzeugung Kirchenasyl gewährt, um zu erreichen, dass ihr Asylantrag in Deutschland geprüft wird, anstatt sie nach Italien zu überstellen. „Aus unserer Sicht wären beide Frauen bei einer Rückkehr nach Italien in sehr großer Gefahr gewesen, erneut Opfer von Menschenhandel und Zwangsprostitution zu werden." Aus ihrer christlichen Überzeugung heraus sei es notwendig, Hilfe zu leisten – eben eine rettende Hand zu reichen (…) Schwester Juliana sagt ganz klar: „Ich konnte gar nicht anders."
aus einer Presseerklärung, Mai 2021

>> *Zusammen erreicht man oft viel mehr als alleine. In der Gemeinschaft Gutes zu tun, ist ein tolles Gefühl.* <<   Rebecca, 16 Jahre

>> *Es gibt so viel Armut hier bei uns und ich fühle mich immer hilflos, wenn ich z. B. Obdachlose sehe. Durch die Brotzeitaktion der Herz-Jesu-Schwestern, bei der ich beim Schmieren und Austeilen von belegten Broten helfe, habe ich das Gefühl, direkt in Kontakt mit bedürftigen Menschen zu kommen. Neben ihrer Dankbarkeit für die konkrete Hilfe kann ich auch ihre Liebenswürdigkeit spüren.* <<   Isabel, 16 Jahre

>> *Ich finde es unfair, dass wir in Deutschland immer genug zu essen fließendes Wasser und Elektrizität jederzeit zur Verfügung haben, aber in anderen Teilen der Welt Menschen um das nackte Überleben kämpfen müssen. Ich möchte helfen, dass auch sie ein besseres Leben führen können.* <<   Eva, 14 Jahre

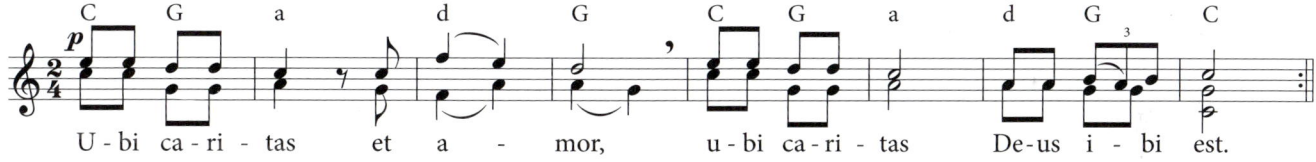

U-bi ca-ri- tas et a - mor, u-bi ca-ri- tas De-us i- bi est.

Musik: Jacques Berthiers (1923–1994) © Ateliers et Presses de Taizé, 71250 Taizé, Frankreich

1 Schwester Julianas Einsatz rückte das Thema „Kirchenasyl" ins Bewusstsein der Öffentlichkeit.
- Klärt, was darunter zu verstehen ist, und recherchiert die Hintergründe zu diesem oder anderen Fällen.
- Versetzt euch in die Lage von Schwester Juliana und schreibt eine Begründung für ihr Handeln; bezieht dabei die Texte auf ▶ S. 94 (▶ Joh 13; Papst Franziskus) ein.

2 Rebecca, Isabel und Eva engagieren sich in der Kirche.
- Nennt ihre Motivation für ihren Einsatz.
- Wo könnt ihr euch vorstellen, euch einzubringen? Informiert euch über Initiativen in eurem Wohnort.

- Die Logos oben stehen für kirchliche und kirchennahe ▶ Hilfswerke und Einrichtungen. Stellt die Arbeit einer Organisation vor.

3 Obwohl viele Menschen Kritik an der Kirche üben, halten die meisten ihren sozialen Einsatz für wichtig.
- Diskutiert die Frage, ob die Kirche ihrem Anspruch gerecht wird, Dienerin der Menschen zu sein.
- Gestaltet eine Collage zum Thema Diakonie, in die ihr eure Ergebnisse und Wünsche einfließen lasst.

4 „Wo Liebe ist, da ist Gott zugegen" – findet Beispiele, die diese Aussage des Taizé-Gesangs untermauern.

Ein Leben mit den Armen

Bruder Martin Berni ist Mitglied der ökumenisch-franziskanischen Gemeinschaft San Damiano. Der gelernte Krankenpfleger leitet die Straßenambulanz St. Franziskus in Ingolstadt.

Ingolstadt ist eine reiche Stadt. Ein ortsansässiger Automobilkonzern bringt der Stadtkasse viele Gewerbesteuern ein. Seine gut verdienenden Angestellten geben ihr Geld in der Stadt aus. Das prägt das Stadtbild. Rund um den Rathausplatz reihen sich teure Läden, Restaurants und Cafés dicht an dicht. Es gibt aber auch das andere Ingolstadt, in dem Menschen auf der Straße leben, weil sie kein Dach über dem Kopf haben. Diese Menschen werden gerne vergessen, ihr Dasein fügt sich nicht in das Bild, das viele Menschen von einem erfolgreichen, modernen, großstädtischen Leben haben. Dabei ist Obdachlosigkeit in jeder größeren Stadt ein Thema.

Martin Berni, der Franziskaner war und 2007 die ökumenisch-franziskanische Gemeinschaft San Damiano gegründet hat, vergisst diese Menschen nicht. Im Gegenteil: Seit vielen Jahren kümmert er sich täglich um ihre Bedürfnisse. Obdachlose, arme und von Armut bedrohte Menschen, entlassene Strafgefangene, kurz: alle, die Hilfe brauchen, sind bei ihm willkommen. Seine „Straßenambulanz St. Franziskus" liegt mitten in der Stadt. Hier gibt es einen geregelten Tagesablauf mit Früh-stück, Mittag- und Abendessen – keine Selbstverständlichkeit für wohnungslose Menschen. Die Besucher können in der Straßenambulanz duschen und erhalten auf Wunsch neue Kleidung. Sie können sich auch medizinisch versorgen lassen. Und es gibt ein paar Notschlafstellen. Auf die Frage, warum er sein Leben mit Menschen teilt, die am Rand der Gesellschaft stehen, antwortet Martin Berni:

„Ich bin Franziskaner geworden, weil Franz von Assisi mich fasziniert hat. Für ihn war nicht die Begegnung mit einem Kirchenoberhaupt maßgeblich, sondern das Zusammentreffen mit einem Aussätzigen. Für mich ist wichtig, nicht nur mit den Leuten zu arbeiten, sondern das Leben mit ihnen zu teilen. In Nürnberg habe ich in einer WG mit Drogenabhängigen gelebt. Auch hier in Ingolstadt bin ich den ganzen Tag für die Leute erreichbar. Das Leben mit den Armen teilen, das ist für mich franziskanisch leben. Dazu gehört das Eintreten für Frieden und Gerechtigkeit. Das merke ich hier auch, wenn es z. B. darum geht, sich mit Ämtern auseinanderzusetzen. Ich kann mich wehren und Gerechtigkeit einfordern. Die Leute, um die ich mich kümmere, können das nicht. Kirche müsste sich noch viel mehr für die Rechte der Armen einsetzen. Wir haben hier viel Ungerechtigkeit gegenüber den Armen. Ich würde mir wünschen, dass Kirche hier aktiver wird. Die Aufgabe von Kirche ist es, für den Menschen da zu sein, und nicht, Immobilien zu verwalten. Ich erlebe eine Kirche, die viel Geld hat. Wenn dieses Geld dafür eingesetzt wird, die Lebenssituationen von Armen und Benachteiligten hier in Deutschland zu verbessern, dann bin ich zu 100% davon überzeugt, dass sich das Bild von Kirche positiv verändern würde."

---

1 Informiert euch über ▶ Franz von Assisi und erklärt, warum er ein Vorbild für Bruder Martin Berni ist.

2 Beschreibt, was Bruder Martin Berni an der Kirche kritisiert. Erläutert, welche Grundvollzüge er anspricht.

3 Führt eine Vor-Ort-Untersuchung (▶ S. 97) z. B. zu den Themen Armut oder Obdachlosigkeit an eurem Wohnort durch. Untersucht, wie Kirche sich hier engagiert.

So geht's
Eine Vor-Ort-Untersuchung durchführen

Das Ziel einer Vor-Ort-Untersuchung ist es, ein Phänomen bzw. einen Sachverhalt kennenzulernen und genau zu beschreiben. Im Unterschied zu einer (Internet-)Recherche werden die Informationen „aus erster Hand" gewonnen, z. B. im Gespräch mit Expertinnen bzw. Experten und Betroffenen.

Untersucht, z. B. im Rahmen einer Projektarbeit, wie die Kirche an eurem Heimatort mit den Themen Armut und Obdachlosigkeit umgeht. Beschränkt euch dabei nicht auf eine Kirchengemeinde, sondern sucht auch nach kirchlichen Organisationen (Caritas etc.), die sich bei euch vor Ort engagieren.

1 Fakten recherchieren
- Informiert euch über kirchliche Angebote für Arme und Obdachlose in eurer Umgebung. Seht zuerst z. B. die Internetauftritte der Organisationen und Pfarreien an. Ihr könnt auch per Mail oder Telefon nach Informationen fragen. Wer in eurer Klasse kirchlich engagiert ist, kann auch direkt in der Gemeinde nachfragen.
- Sammelt die Ergebnisse eurer Recherchen und entscheidet euch für einen Ort oder einen Gesprächspartner, den ihr besuchen möchtet.

2 Sich auf die Untersuchung vorbereiten
- Bereitet euch auf den Besuch vor. Wiederholt z. B., was ihr in diesem Kapitel über die Grunddienste der Kirche gelernt habt (▸ S. 88).
- Informiert euch über die Einrichtung und bittet die Person, die ihr besuchen oder mit der ihr sprechen wollt, um ihr Einverständnis.
- Einigt euch auf das Thema eurer Untersuchung und formuliert eine oder mehrere Fragen, mit der bzw. denen ihr arbeiten wollt.

3 „Vor Ort" gehen
Bei euren Besuchen in kirchlichen Einrichtungen kommt ihr auf unterschiedliche Arten zu Erkenntnissen. Ihr könnt
- Interviews führen oder
- respektvoll am Alltag der Menschen teilnehmen und euch eure Beobachtungen notieren. Das nennt man teilnehmende Beobachtung.

4 Ergebnisse zusammentragen
Berichtet in der Klasse von euren Erfahrungen vor Ort.
- Erläutert dabei, was euch neu war, was für euch die wichtigste Erkenntnis eures Besuchs war.
- Vielleicht habt ihr Erfahrungen gemacht, die euch dabei helfen, die in diesem Kapitel behandelten Themen besser zu verstehen.
- Tragt abschließend die Ergebnisse eurer Untersuchung zusammen. Ihr könnt dazu z. B. eine Reportage verfassen, Plakate erstellen oder eine computergestützte Präsentation ausarbeiten.

5 Ergebnisse präsentieren
Überlegt, in welchem Rahmen ihr eure Studien einer breiteren Öffentlichkeit zugänglich machen könnt. Möglichkeiten sind z. B. eine Präsentation auf einem Elternabend oder einem Projekttag der Schule oder eine Ausstellung in der Pfarrgemeinde. Vielleicht möchte auch die lokale Tageszeitung über euer Projekt berichten.

Tipp: Führt die Untersuchung gemeinsam mit euren evangelischen Mitschülerinnen und Mitschülern durch. So könnt ihr einen Überblick über die diakonische Arbeit der christlichen Kirchen an eurem Wohnort bekommen.

Kirchliche Friedens- und Umweltinitiativen

Die Grundvollzüge der Kirche zeigen sich auch im Engagement für eine friedliche, gerechte und lebenswerte Welt. Zwei Initiativen zeigen konkret kirchliches Handeln im Sinne des prophetischen Auftretens in der Welt und des Einsatzes für die Schöpfung.

▲ Das Friedenslicht aus Betlehem ist eine noch junge Weihnachtstradition.

Ein Licht für den Frieden geht um die Welt

Das Licht einer Kerze gehört zu den traditionellen Symbolen der Weihnachtszeit. Im Advent erhellt es die Dunkelheit und steht für die Hoffnung der Menschen auf die Geburt Jesu und den Frieden in der Welt. Seit einigen Jahren hat sich ein neuer „Lichterbrauch" zu Weihnachten entwickelt: das Friedenslicht aus Betlehem. Die Idee wurde 1986 in Österreich geboren: Ein Kind entzündet in der Geburtsgrotte Jesu in Betlehem eine Kerze. Die Flamme wird per Flugzeug nach Wien gebracht. Von dort wird das Licht von vielen ehrenamtlichen Helferinnen und Helfern abgeholt und weitertransportiert, um es schließlich an die Menschen vor Ort,

in den Gemeinden, in sozialen Einrichtungen, in Schulen etc. weiterzugeben. Oft geschieht dies im Rahmen eines Gottesdienstes oder einer Andacht. Heute wird das Friedenslicht in über dreißig Länder Europas und auch nach Südamerika, nach Kanada und in die USA gebracht. So ist die Aktion, die in den meisten Ländern von christlichen Pfadfinderorganisationen durchgeführt wird, zu einem weltweiten Weihnachtsbrauch geworden. Auch hochrangigen Politikerinnen und Politikern und dem Papst wurde das Licht bereits übergeben als ein Symbol für den Frieden.

>> *Für mich ist das Friedenslicht von großer Bedeutung. Da es direkt von Jesu Geburtsgrotte aus hergebracht wird, schafft es eine starke Verbindung zu den Christen hierzulande.* << Leon, 17 Jahre

>> *Meiner Meinung nach sind alle Initiativen, die den Frieden betreffen, von großer Bedeutung. Es ist an der Zeit, etwas zu tun. Das Friedenslicht setzt ein Zeichen.* << Eva, 15 Jahre

>> *Das Friedenslicht gehört zur Weihnachtszeit. Schon viele Jahre besuche ich diese besondere Veranstaltung. Ich denke, dass ein solches ▶ ökumenisches Projekt die Konfessionen einander näherbringt und miteinander verbindet.* << Martin, 38 Jahre

>> *Heute brauchen wir Erbauer des Friedens, nicht Erbauer von Waffen (…); Prediger von Versöhnung und nicht Aufrufer zur Zerstörung.* <<
Papst Franziskus

Erwin Kräutler – der Amazonas-Bischof

„Dom Erwin" hat stets gern Turnschuhe und einen schlichten Priesterornat getragen. Sein Platz war weniger am Schreibtisch als in den Gemeinden im Regenwald, die sonst nur selten einen Priester zur
5 Messfeier haben; an der Seite der entrechteten Indios, deren Lebensraum von Großunternehmen zerstört wird. Kräutler ist ein Mann des geraden Wortes, auch wenn es bedrohlich wird. Wirtschaftsbossen und Landräubern, Holzhändlern und Großgrundbesitzern
10 stellt er sich in den Weg.
Als Bischof von Xingu und als Präsident des Indianermissionsrates der Brasilianischen Bischofskonferenz kämpfte Kräutler für die Rechte der Ureinwohner und der Landlosen im Amazonas, für den Schutz des
15 Regenwaldes. 2010 wurde er dafür mit dem sogenannten Alternativen Nobelpreis ausgezeichnet. Mehrere Mitarbeiter Kräutlers wurden ermordet; auch er selbst erhielt wiederholt Morddrohungen und steht unter dauerndem Polizeischutz.
20 1983 machte Kräutler international Schlagzeilen, als er während der Militärdiktatur in Brasilien von der Polizei verprügelt wurde. Er hatte sich mit Zuckerrohrschnittern solidarisiert, die fast ein Jahr auf ihren Lohn gewartet hatten. 1987 wurde Kräutler bei einem
25 mysteriösen Autounfall schwer verletzt – als er sich dafür einsetzte, die Rechte der Indigenen in der neuen Verfassung zu verankern.
Dieser Kampfeswille ist weiter da, die Empörung über Menschenrechtsverletzungen und das Riesenstau-
30 dammprojekt am Xingu-Fluss, durch das Zehntausende Menschen ihren Lebensraum verlieren. Scharfe Kritik äußerte Kräutler zuletzt am brasilianischen Staatspräsidenten. Dessen Ankündigung, Amazonien für multinationale Bergbau- und Holzkonzerne zu
35 öffnen, sei für ihn „wie ein Stich ins Herz" gewesen. „Sie lassen uns in Brasilien eine vergiftete Umwelt zurück. Die interessieren sich keinen Deut dafür, was das für Folgen hat."
Alexander Brüggemann

▲ *Bischof Erwin Kräutler 2009 beim 9. Weltsozialforum zu dem sich 130 000 Globalisierungsgegnerinnen und -gegner aus 140 Ländern in Brasilien trafen*

>> *Als Verwalter von Gottes Schöpfung sind wir berufen, die Erde zu einem wunderschönen Garten für die Menschheitsfamilie zu machen.* <<
Papst Franziskus

1 Das „Friedenslicht" berührt Menschen weltweit.
- Erörtert, inwieweit diese Aktion tatsächlich ein Beitrag zum Frieden auf der Welt sein kann.
- Diskutiert, ob ihr das Friedenslicht auch an eure Schule holen wollt.

2 Informiert euch über den Kampf von Bischof Erwin Kräutler für die Menschen im Amazonasgebiet und gestaltet Informationsplakate oder -präsentationen.

3 Recherchiert, welche Initiativen es in Kirchengemeinden oder kirchlichen (Jugend-)Verbänden in eurem Wohnort gibt, die den Auftrag der Kirche (▶ S. 88) in die Tat umsetzen, und stellt ihre Arbeit vor.

4 Auch in den Zitaten von Papst Franziskus spiegeln sich die Aufgaben wider, die der Kirche und damit allen Christinnen und Christen aufgegeben sind.
- Verfasst selbst ▶ Thesen zu den Aufgaben von Kirche, die eure Kritik und eure Forderungen enthalten.
- Sammelt sie an einer Thesenwand und wählt gemeinsam Thesen aus, die ihr diskutieren wollt.

Zeige, was du kannst

Aufgabe A: Eine Kirche des Friedens

1 Im Oktober 2016 tauchte in Rom das Graffito des Street-Art-Künstlers Mauro Palotta auf. Es greift das Bild von einer Kirche des Friedens auf. Beschreibe die einzelnen Elemente des Wandgemäldes und erläutere, inwiefern sie Franziskus als Oberhaupt einer Kirche des Friedens darstellen. Benenne Bildelemente, die daran Zweifel aufkommen lassen könnten.

2 Lies den Ausschnitt aus Papst Franziskus' Botschaft zur Feier des Weltfriedenstages. Schlage die Bibelstellen nach und erläutere, warum diese zur Friedensbotschaft werden können.

3 Seit dem Graffito und dem Weltfriedenstag haben viele Konflikte unsere Welt erschüttert. Recherchiere, wie die Kirche in aktuellen Konflikten versucht, ihren Anspruch einzulösen, Kirche des Friedens zu sein.

„Auch Jesus lebte in Zeiten der Gewalt. Er lehrte, dass das eigentliche Schlachtfeld, auf dem Gewalt und Frieden einander begegnen, das menschliche Herz ist: ‚Von innen, aus dem Herzen der Menschen, kommen die bösen Gedanken' (▶ Mk 7,21). Doch die Botschaft Christi bietet angesichts dieser Realität die von Grund auf positive Antwort: Er verkündete unermüdlich die bedingungslose Liebe Gottes, der aufnimmt und verzeiht, und lehrte seine Jünger, die Feinde zu lieben (▶ Mt 5,44) und ‚die andere Wange' hinzuhalten (▶ Mt 5,39). Als er die Ankläger der Ehebrecherin daran hinderte, sie zu steinigen (▶ Joh 8,1–11), und als er in der Nacht vor seinem Tod Petrus gebot, sein Schwert wieder in die Scheide zu stecken (▶ Mt 26,52), zeichnete Jesus den Weg der Gewaltfreiheit vor, den er bis zum Schluss gegangen ist – bis zum Kreuz, durch das er den Frieden verwirklicht und die Feindschaft getötet hat (▶ Eph 2,14–16). Wer die Frohe Botschaft Jesu annimmt, weiß daher die Gewalt, die er in sich trägt, zu erkennen, und lässt sich von der Barmherzigkeit Gottes heilen. So wird er selbst ein Werkzeug der Versöhnung, entsprechend dem Aufruf des heiligen Franz von Assisi: ‚Wenn ihr mit dem Mund den Frieden verkündet, so versichert euch, ob ihr ihn auch, ja noch mehr, in eurem Herzen habt!'"

Papst Franziskus, Botschaft zur Feier des Weltfriedenstages 2017

Aufgabe B: Eine Kirche des Geldes?

Alle Bistümer veröffentlichen Jahresabschlüsse, um zu dokumentieren, wofür die eingenommenen Gelder (Kirchensteuer, Spenden, Zuschüsse, sonstige Erträge) verwendet werden.

1 Recherchiert im Internet die aktuellen Daten für euer Bistum, z. B. mithilfe der Stichworte „Finanzen", „Verwendung der Kirchensteuer" oder „Jahresabschluss".
2 Ordnet die Aufwendungen – soweit möglich – den Grundvollzügen zu (▶ S. 89).
3 Tauscht euch im Zweiergespräch über die Ergebnisse aus. Diskutiert über die Verteilung der Gelder mit Blick auf die Grundvollzüge.
4 Greift die Frage von ▶ S. 82/83 „Gut, dass es die Kirche gibt!?" auf. Hat sich euer Bild verändert? Begründet, inwiefern ja bzw. warum nicht.

GESAMTAUFWAND
429.074 MIO.

7,4 %
6,0 %
16,7 %
5,5 %
15,7 %
48,6 %

- 208.501 **Mio.** Pfarrseelsorge
- 31.789 **Mio.** Zielgruppenbezogene Seelsorge
- 25.893 **Mio.** Soziales und Karitatives
- 71.797 **Mio.** Erziehung, Bildung und Kultur
- 23.543 **Mio.** Über-/Außerdiözesane Aufgaben
- 67.552 **Mio.** Leitung und Verwaltung

▲ *Aufwendungen des Bistums Augsburg im Jahr 2020*

Aufgabe C: Eine Kirche in der Welt

Auf dem Weg zur Schule oder zur Arbeit verbringen Menschen täglich viel Zeit in öffentlichen Verkehrsmitteln. Das hat die Mitglieder der Berliner Jugendkirche „Sam" auf die Idee gebracht, diese Zeit als „Zeit für Gott mitten im Alltag" zu nutzen. Das Ergebnis ihrer Überlegungen ist der S-Bahn-Gottesdienst. Unter dem Motto „KREUZfahrt" fahren die Teilnehmerinnen und Teilnehmer eine Stunde lang mit der S-Bahn und hören dabei eine Audiodatei an mit Texten, die zum Nachdenken anregen, Musik und Gebeten.

1 Diskutiert, inwiefern die kirchlichen Grundvollzüge (▶ S. 89) sich bei der „KREUZfahrt" wiederfinden lassen. Lest dazu auch den Bericht rechts.
2 Sammelt Ideen für eine ähnliche Aktion an eurem Ort. Wo könnte man noch Gott im Alltag finden?

Auf KREUZfahrt in der S-Bahn
Statt heiliger Gesänge hört man über die Kopfhörer Menschen von sich erzählen, von ihrem Beruf, davon, was sie an Berlin mögen und was nicht. Es sind Menschen, die täglich mit der S-Bahn zu tun haben: die Kontrolleurin, der Schwarzfahrer, Touristen, ein Obdachloser, ein Musiker. Zwischendurch wird Musik eingespielt – „Guten Morgen, Berlin" singt da Peter Fox, dann folgt Cro – und manchmal eine Bibelstelle. „Wo zwei oder drei versammelt sind in meinem Namen, bin ich mitten unter ihnen", wird Jesus zitiert. (…) Gerade hatte ein rumänischer Akkordeonspieler (…) erzählt, warum er Musik liebt und warum er auf das Geld der S-Bahn-Gäste angewiesen ist. Da steigt in Prenzlauer Allee ein echter Akkordeonspieler zu. „Ihre Musik will hier keiner hören", sagt ein Bahn-Sicherheitsmann zu ihm, „schauen Sie, hier haben schon alle Kopfhörer und Musik auf den Ohren." Einige Jugendliche schauen ernst und betreten. Eine steckt dem Musiker verschämt einen Euro zu. *Tagesspiegel, 16.5.2015*

5 Religiöse Angebote unterscheiden

Religiöse Orientierung

Das Telefon klingelt. Ich gehe ran.

„Ja."

„Guten Tag, spreche ich mit Herrn Evers?"

„Ähm, sag ich nicht."

„Ach. Warum nicht?"

„Na, weil ich noch gar nicht weiß, ob Herr Evers überhaupt mit Ihnen sprechen will. Falls nicht, ist es mir glaub ich lieber, wenn ich jemand anderes bin."

„Verstehe, ich rufe an im Auftrag der Gemeinschaft der globalen Erneuerungskirche. Herr Evers, dürfte ich Sie fragen, bei welchem Religionsanbieter sie sind."

„Äh, evangelische Kirche."

„Schön. Herr Evers, haben Sie schon mal daran gedacht, Ihren Religionsanbieter zu wechseln?"

„Äh? Ah jetzt weiß ich's, ich bin nicht Herr Evers!"

„Was?"

„War nur'n Versuch."

„Herr Evers, wir denken, Ihre alte Kirche kassiert zu viel Glauben von Ihnen."

„Ach, so viel ist das eigentlich gar nicht, was ich da glauben muss. Das ist schnell weggeglaubt. An sich ist das fast nix."

„Herr Evers, Ihre Kirche verlangt von Ihnen erhebliche Gebühren und bietet Ihnen nur den Zugang zu einem einzigen Netz."

„Ach."

„Bei uns haben Sie schon in der Economy-all-religion-flat Zugang zu 6397 verschiedenen Göttern, darunter alle großen Weltreligionen. Alle Netze – ein Tarif, verstehen Sie? Inklusive kostenlosem Hotline Service bei plötzlichen Glaubensstörungen …"

Ich lege auf. Ich finde, man sollte nur an einen Gott nicht wirklich glauben. Wer an ganz viele Götter nicht wirklich glaubt, dem mangelt es, meiner Meinung nach, an religiöser Orientierung.

Horst Evers

◀ Wassily Kandinsky, 1924

Unterscheidung der Geister

wie im Straßengewirr der Großstadt
schreien auf meinem inneren Marktplatz
tausend Stimmen wie irr durcheinander

locken mit Sonderangeboten
drohen mit Gesichtsverlust
zerren mich her und hin

wie aber
unter den vielen Parolen
Dein Wort noch finden

die Stimmen wollen etwas von mir
Du willst mich

die Stimmen trachten mich zu beherrschen
Du bist das Wort das frei macht

die Stimmen verführen in die Entfremdung
Du führst mich zu Dir und mir zugleich

die Stimmen flüstern mir ein was ich brauche
Du rufst mich dorthin wo ich gebraucht werde

die Stimmen suchen zu überreden
Du überzeugst mich ins Leben

Andreas Knapp

---

1 Betrachtet das Titelbild links und verknüpft es mit der Kapitelüberschrift.

2 Lest das Gedicht „Unterscheidung der Geister".
   ▪ Analysiert, welche Parallelen es mit dem Titelbild hat.
   ▪ Ersetzt das „Du" bzw. „Dein" durch ein in jedem Vers passendes Wort. Stellt euch eure Fassungen vor.

3 Arbeitet heraus, welche Haltung zum Thema Religion der Text von Horst Evers repräsentiert. Arbeitet Gemeinsamkeiten und Unterschiede mit dem Gedicht von Andreas Knapp heraus.

4 Diskutiert, ob man sich seine Religion selbst aussuchen und gestalten kann.

Netzkarte

Religiöse Angebote zu unterscheiden ist nicht einfach. Angesichts der Vielfalt hat man die „Qual der Wahl". Deswegen gilt es, genau hinzuschauen und Kriterien zu entwickeln, mit deren Hilfe man persönliche Bewertungen vornehmen kann, um „heilsame" von „problematischen" Angeboten zu unterscheiden. Christinnen und Christen können solche Kriterien aus einem biblisch fundierten Menschenbild ableiten.

... Orientierung finden

... und Halt suchen

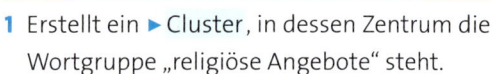

1 Erstellt ein ▶ Cluster, in dessen Zentrum die Wortgruppe „religiöse Angebote" steht.
2 Nach welchen Gesichtspunkten entscheidet ihr euch z. B. für neue technische Geräte, einen Verein oder eine Abendgestaltung?
  ▪ Stellt Kriterien zusammen und prüft, ob sie auch bei der Entscheidung für ein religiöses Angebot anwendbar sind.
  ▪ Benennt Kriterien, die euch bei der Wahl religiöser Angebote wichtig sind. Dabei kann euch das Cluster aus Aufgabe 1 helfen.
3 Diskutiert in zwei Gruppen die Aussagen im Kasten rechts. Skizziert Situationen, in denen der Ausruf „Da hört es aber auf!" passt, und benennt spontan eure Kriterien.
4 Erläutert das Zitat von Johannes Rau und bezieht Stellung dazu.

5 Weltanschauungen

... Kriterien bestimmen

Eine Fülle von Angeboten

- Menschen wollen ihr Schicksal beeinflussen.
- „Jeder soll nach seiner Fasson selig werden."
- „Da hört es aber auf!"

❯❯ *Fundamentalismus ist in Wirklichkeit der ärgste Feind des Glaubens.* ❮❮

Johannes Rau, ehemaliger Bundespräsident

Unterscheiden können ...

... die christliche Perspektive vertreten

... und unterscheiden lernen

Schutzengel, Glücksbringer, Horoskope

Menschen wollen ihr Schicksal selbst bestimmen oder zumindest positiv beeinflussen. Doch Dinge und Handlungen, die Sicherheit geben sollen, können auch Ausdruck eines Aberglaubens sein und zu Unfreiheit und Zwang führen. Die Frage ist, wo die Grenzen verlaufen.

Kleine Helfer im Alltag?

Lisa, Marie und Leon sind beste Freunde und gehen in die 8. Klasse. Heute sind sie alle nervös, denn morgen steht eine Schulaufgabe in Mathematik an. Die erste lief nicht besonders gut. Deswegen haben sie sich verabredet, um gemeinsam noch ein paar Übungsaufgaben durchzurechnen.

Nach der Schule treffen sie sich bei Lisa. Weil es sich mit leerem Bauch schlecht lernt, wollen sie zunächst etwas essen. Sie setzen sich an den großen Esstisch der Familie. Dabei fällt Maries Blick auf die Tageszeitung, die aufgeschlagen auf dem Tisch liegt.

Marie: *„Oh Gott … wer hat sich denn da bitte die* ▸ *Horoskope angeschaut? Lisa? Echt jetzt? Liest du so was?"*

Lisa: *„Quatsch. Das war bestimmt meine Schwester, oder keine Ahnung wer …"*

Leon: *„Jetzt sei halt nicht gleich so stinkig …"*

Marie: *„Echt! Du bist doch Krebs, oder? Hmm … also hier steht: ‚Krebs, 22. Juni bis 22. Juli. Arbeit und Beruf: Mangelnde Konzentration kann leicht zu unangenehmen Fehlern führen. Sie müssen sich am Arbeitsplatz förmlich zusammenreißen.'"*

Lisa: *„Ey … das muss doch jetzt echt nicht sein! So ein blöder Spruch."*

Leon: *„Oh … Und da steht auch, du sollst dich von deinem Ex fernhalten."*

Leon und Marie fallen fast vom Stuhl vor Lachen. Lisa aber wird deutlich ruhiger und wirkt gedankenverloren.

Nach einer Weile fangen sie doch noch an, einige Übungsaufgaben zu lösen. Doch richtig voran kommen sie nicht, und so verabschieden sie sich schon wenig später voneinander.

Am nächsten Tag warten die drei auf den Beginn der Matheschulaufgabe.

Lisa sitzt wie auf glühenden Kohlen an ihrem Platz. So ganz hat sie den Spruch von gestern noch nicht verdaut. Sie denkt: „Bloß keine Fehler machen! Konzentriert bleiben." Nervös kaut sie an ihrem Stift.

Marie kramt aufgeregt in ihrem Mäppchen, auf der Suche nach dem vierblättrigen Kleeblatt, das ihre große Schwester ihr im Urlaub gekauft hat. „Damit du weißt, dass ich immer an dich denke!", hatte sie gesagt. Allerdings kann Marie es nirgends finden. Irgendwo muss es doch sein! Die letzte Schulaufgabe lief so gut, nachdem sie es bekommen hatte! Wo ist es nur?

Leon greift sich nochmal kurz an seinen kleinen Anhänger. Ein Schutzengel, den er schon sehr lange besitzt. Er hat ihn zur Erstkommunion von seinem Opa bekommen. Eigentlich hatte er ihn schon ewig nicht mehr dabei, aber irgendwie dachte er sich heute Morgen: „Sicher ist sicher, man weiß ja nie; und schaden kann es ja nicht."

Dann geht die Tür auf. Die Lehrerin betritt das Zimmer, unter dem Arm den Umschlag mit den Aufgabenblättern …

Grenzwertig – oder voll okay?

1 Lest die Geschichte oder spielt sie nach. Entwerft unterschiedliche Möglichkeiten, wie die Schulaufgabe für Lisa, Marie und Leon verlaufen sein könnte und wie sie ihre Glücksbringer danach bewerten könnten.

2 Lisa ging das Horoskop aus der Zeitung auch am Tag der Schulaufgabe noch nach.
- Analysiert die Aussagen des Horoskops. Tippt dazu auch Phrasen wie „mangelnde Konzentration" und „Horoskop" in eine Internet-Suchmaschine ein.
- Informiert euch über den Begriff „selbsterfüllende Vorhersage". Erklärt dann, welchen Einfluss das Horoskop auf Lisa haben könnte.

3 Leon hat zur Erstkommunion nicht nur den Anhänger, sondern auch eine Karte mit Psalm 91 als Segenswunsch bekommen.

- Erklärt, welche Bedeutung oder Wirkung Glück- und ▶ Segenswünsche haben können.
- Diskutiert, ob es einen Unterschied macht, ob Leon den Anhänger bei der Prüfung dabeihat oder nicht.

4 Auf den Fotos sind verschiedene Gegenstände abgebildet, die Menschen im Alltag und in besonderen Situationen begleiten.
- Benennt sie und skizziert Gründe, warum Menschen auf sie zurückgreifen. Habt ihr ähnliche Dinge? Erklärt, wenn ihr wollt, was sie für euch bedeuten.
- Diskutiert, welche der Phänomene mit Religion zu tun haben.

5 Tauscht euch aus, ob Horoskope, Glücksbringer und Schutzengelglaube in bestimmten Altersstufen häufiger auftreten und was die Gründe dafür sein könnten.

Was ist das – „religiös"?

„Ich bin religiös." – „Ich glaub nix." – „Ich bin katholisch." – Es ist schwierig, auf den Punkt genau zu sagen, was der Begriff „religiös" meint und wie er sich zu anderen Bezeichnungen verhält. Aber vielleicht muss das auch gar nicht sein? Hauptsache ist, dass einem selbst klar ist, wovon man gerade spricht!

Sich als religiös zu bezeichnen, kann unterschiedlich weit oder eng verstanden werden:

- im Sinne eines Lebensglaubens (das, was mein Leben im Innersten bestimmt),
- im Sinne eines Glaubens an eine göttliche Kraft oder Person oder
- als Konfessionsglaube (die Zugehörigkeit zu einer Kirche oder religiösen Gemeinschaft).

Eine wissenschaftliche Studie aus dem Jahr 2018 befragte Jugendliche im Alter zwischen 16 und 25 Jahren über ihren Glauben und ihre Religiosität. Demnach gaben 22% der Jugendlichen an, sich für „religiös" zu halten – 41% hingegen für „gläubig".

>> *Ein religiöser Mensch ist für einen Großteil der Jugendlichen ein Mensch, der sich an die Grundsätze, Richtlinien und Werte seiner Religion, also einer speziellen Religionsgemeinschaft hält, mit religiösen Praktiken seinen Glauben auslebt und sich daran auch im Alltag orientiert. [...] Ein gläubiger Mensch hingegen zeichnet sich für die meisten Jugendlichen durch eine persönliche Beziehung zu Gott aus, was unabhängig von der Struktur der Religion und den religiösen Praktiken sein kann.* << Rebecca Nowack

(Wortwolke mit folgenden Begriffen: unerklärbar, Weltanschauung, Kult, Werte, Leben, Tod, Spiritualität, Einstellung, Heil, NATUR, Symbole, Diesseits, Lehre, Regeln, Jenseits, Schutz, †, unerklärbar, faszinierend, Kirche, Gott, Tradition, Glaube, Sinn, Rituale, Begeisterung, Erlösung, Orientierung, Bekenntnis, übernatürlich, WISSEN, individuell, Beziehung, Ethik, KULTUR, Kontrolle, Ordnung, Mensch)

>> *Religion ist im weitesten und tiefsten Sinne des Wortes das, was uns unbedingt angeht.* <<
Paul Tillich

>> *1. bestimmter, durch Lehre und Satzungen festgelegter Glaube und sein Bekenntnis, 2. gläubig verehrende Anerkennung einer alles Sein bestimmenden göttlichen Macht* <<   duden.de

>> *Sinn und Geschmack fürs Unendliche* <<
Friedrich Schleiermacher

1 Die Wortwolke enthält Begriffe zu „Religion".
- Beschreibt, welche Bereiche die Begriffe ansprechen.
- Ergänzt die Wortwolke mit weiteren Wörtern.

2 Ordnet die Zitate links und die Begriffe der Wortwolke den drei verschiedenen, weiten bzw. engen Deutungen für „religiös" zu.

3 Vergleicht die Zitate links mit der Aussage der Studie unter Jugendlichen von 2018.

4 Erarbeitet mithilfe der Wortwolke und der Texte auf dieser Seite eine eigene Definition des Begriffs „religiös" und verfasst einen Lexikonartikel. Tipps zum Erschließen von Fachbegriffen findet ihr auf ▶ S. 109.

So geht's
(Fach-)Begriffe erschließen und klären

Menschen, die sich in einem bestimmten Fachgebiet auskennen, verwenden häufig spezielle Wörter zur genaueren Bezeichnung und Verständigung in diesem Fachbereich. Um diese zu verstehen und sich an einem Gespräch beteiligen zu können, muss man die Bedeutung dieser Begriffe kennen.

Mitunter ist es gar nicht leicht zu erkennen, dass es sich bei einem Wort innerhalb eines Sachtextes um einen Fachbegriff handelt. So kann z. B. „Berufung" ganz unterschiedliche Bedeutungen haben, je nachdem, ob ein Verfahren vor Gericht, die Besetzung eines Amtes oder ein religiöses Phänomen thematisiert wird. Um Begriffe zu erschließen und zu klären, könnt ihr z. B. wie folgt vorgehen:

1 (Fach-)Begriffe in einem Text identifizieren
Viele geschriebene oder gesprochene Texte enthalten Wörter, deren Bedeutung man nicht kennt.
- Markiert diese beim Lesen oder notiert sie beim Hören, und erstellt eine Liste.
- Notiert weitere Schlüsselwörter des Textes – es kann sein, dass diese im Textzusammenhang eine andere Bedeutung haben, als ihr denkt.

2 Im Kontext wahrnehmen – eine Vermutung anstellen
„Befragt" die Textstellen, die in unmittelbarer Nähe zum zu erschließenden Wort stehen. In vielen Fällen gibt der Text selbst über den Begriff Auskunft. Auf diese Weise könnt ihr erste Vermutungen anstellen, was ein Begriff bedeuten könnte. Handelt ein Text zum Beispiel von einer Frau, die sich „berufen" fühlt und in ein Kloster eintritt, ergibt sich die Bedeutung des Begriffs „Berufung" aus diesem Kontext.

3 Bezug zur Gegenwart
- Informiert euch über den verwendeten Begriff.
  - Wenn ihr den Begriff von einer Person gehört habt, stellt eine direkte Rückfrage, wie diese den Begriff versteht.
  - Darüber hinaus könnt ihr Wörterbücher, (Fach-)Lexika, Sachbücher, Zeitungsartikel und Onlineveröffentlichungen nutzen.
- Verwendet bei einer Bibliotheks- oder Onlinerecherche geeignete Suchbegriffe, um die Suche sinnvoll einzuschränken, z. B. „Berufung Religion". Manchmal können Begriffe, die nicht erwünscht sind, durch ein „-" ausgeschlossen werden: „Berufung Religion - Jura".
- Prüft, ob die Quellen der euch vorliegenden Informationen vertrauenswürdig sind. Die Glaubwürdigkeit einer Quelle beruht auf dem Wissen und Urteilsvermögen von Expertinnen und Experten oder einer bekannten Einrichtung oder Institution.

4 In den Kontext zurückführen – Fachsprache übersetzen
- Wendet euer erworbenes Wissen nun auf den Text an und lest diesen erneut.
- Formuliert eine Version des entsprechenden Abschnitts, ohne den Fachbegriff zu verwenden. So könnt ihr überprüfen, ob ihr den Fachbegriff richtig „übersetzt" habt.

5 Begriffe gezielt selbst verwenden
- Versucht nun bei der Bearbeitung von Aufgaben oder in Gesprächen, die erschlossenen (Fach-)Begriffe gezielt einzusetzen.
- Überlegt euch, wie ihr anderen diesen Fachbegriff auf Nachfrage erläutern könnt.

Ist das „religiös"?

Auf der Suche nach Glück, Sinn und Sicherheit in ihrem Leben handeln Menschen letztlich völlig unterschiedlich – und dennoch sind Parallelen erkennbar. Ob man diese Handlungen als religiös motiviert versteht, hängt von einem weiten oder engen Verständnis von Religion (▶ S. 108) ab.

Dieses Gefühl von Geborgenheit. Das ist mir wichtig. Hier gehöre ich einfach dazu.

Ich möchte mich weiterentwickeln, immer besser werden, mich so ein bisschen selbst optimieren. Ich habe da ein ganz klares Ziel vor Augen, und das möchte ich erreichen.

Manchmal frage ich mich, ob da noch irgendwie mehr dahintersteckt. Ich bin auf der Suche nach dem Sinn … vielleicht dem Sinn von dem Ganzen.

Das gibt mir Sicherheit.

1 Beschreibt die Fotos und findet heraus, welche Situationen und Phänomene abgebildet sind. Ordnet, wenn möglich, die Aussagen in den Sprechblasen den Personen auf den Fotos zu.

2 Positioniere dich: Auf welchem Foto findest du dich wieder bzw. welche Gründe überzeugen dich?

3 Sind die Praktiken und Phänomene als religiös zu bezeichnen? Diskutiert die Frage mit Rückgriff auf ▶ S. 108.

Ich denke mir manchmal: ‚Das kann doch noch nicht alles sein. Da muss es doch noch mehr geben. Eine Ebene, die das alles hier übersteigt.'

Eigentlich war mir nie so richtig klar, wer ich überhaupt bin. Aber ich glaube, so langsam bin ich auf dem Weg, mich selbst zu finden.

Im Moment möchte ich eigentlich nur glücklich sein.

Wir machen das schon immer so. Eigentlich habe ich da noch nie groß drüber nachgedacht.

… und dann merkst du auf einmal, dass du nicht allein bist. Dass da noch ganz viele andere so wie du sind.

◀ *von links oben nach rechts unten: Fußballfans – Fronleichnamsprozession – Harry-Potter-Convention – Tanzende Derwische – gesunde Ernährung – Gaming-WM – muslimisches Fastenbrechen – Automobilausstellung – Yoga-Gruppe – indisches Holifest*

4 Erstellt eine Tabelle, in der ihr aufzeigt, was für euch religiös ist und was nicht.
- Ordnet dafür die einzelnen Praktiken und Phänomene den drei auf ▶ S. 108 genannten Formen der Gläubig-keit zu und begründet eure Einordnung. Was ordnet ihr keiner der drei Formen zu?
- Vergleicht eure Tabellen. Wie erklärt ihr unterschiedliche Ergebnisse? Tauscht euch darüber aus."

Fanatisch – fundamentalistisch – radikal

Jeder Mensch hat das Recht, selbst zu entscheiden, woran oder was er glauben will und welche Zielvorstellungen für ihn gelten sollen. Doch mitunter ist der Grat zwischen Begeisterung für eine Sache und übertriebenem und (für andere) schädlichem Verhalten schmal.

Wann ist ein Anhänger eines Sportvereins einfach nur ein „Fan", wann ist er „Fanatiker"? Wie weit darf ein gläubiger Mensch in seinem Bemühen gehen, andere von seinem Glauben zu überzeugen, bevor er zum „Fundamentalisten" wird? Und ist es gleich „Radikalismus", wenn man kompromisslos an seinen Überzeugungen festhält?

radikal ‹Adj.›
[spätlat. radicalis = mit Wurzeln versehen; mit Stumpf und Stiel, von Grund aus, zu lat. radix]
1a) *von Grund aus erfolgend, ganz und gar; vollständig, gründlich;* b) *mit Rücksichtslosigkeit u. Härte vorgehend, durchgeführt o.Ä.*
2) *eine extreme politische, ideologische, weltanschauliche Richtung vertretend [u. gegen die bestehende Ordnung ankämpfend]*

Radikalismus, der
1) *radikale Einstellung; rigorose Denk- u. Handlungsweise* 2) *radikale politische, ideologische, weltanschauliche Richtung*

Fundament, das
[lat. fundamentum, zu: fundare = fundieren]
1) *bis auf tragfähigen Untergrund hinabgeführter Unterbau eines Bauwerks:* das F. für ein Gebäude legen. 2) *[geistige] Grundlage, Basis:* die sittlichen F. der abendländischen Kultur; das Abitur bildet ein solides F. für die weitere Berufsausbildung; etw. in seinem F. erschüttern

Fundamentalismus, der
a) *geistige Haltung, Anschauung, die durch kompromissloses Festhalten an [ideologischen, religiösen] Grundsätzen gekennzeichnet ist [u. das politische Handeln bestimmt]:* religiöser F.;
b) *streng bibelgläubige Richtung des amerikanischen Protestantismus*

▲ *Fußballfans mit Pyrotechnik (links), Kundgebungen von Abtreibungsgegnern (Mitte) und Islamisten (rechts)*

Fan, der
[engl. fan, aus: fanatic = Fanatiker; lat. fanaticus]: *begeisterter Anhänger, begeisterte Anhängerin von jmdm., etw.:* die F. stürmten auf den Fußballplatz

Fanatismus, der
[frz. fanatisme]: *rigoroses, unduldsames Eintreten für eine Sache od. Idee als Ziel, das kompromisslos durchzusetzen versucht wird:* sein [blinder] F. schadet nur

Fanatiker, der
jmd., der von bestimmten Ideen, einer bestimmten Weltanschauung o.Ä. so überzeugt ist, dass er sich leidenschaftlich, mit blindem Eifer [und rücksichtslos] dafür einsetzt: ein wilder, religiöser, politischer F.

▲ *António Ferreira, 2013*

1 Analysiert die Texte aus dem Wörterbuch und arbeitet Gemeinsamkeiten und Unterschiede der Begriffe heraus. Beachtet dabei, wie die Endung „-ismus" Bedeutungen möglicherweise verändert.

2 Informiert euch über die Phänomene, die auf den Fotos links zu sehen sind. Prüft, ob eine eindeutige Zuordnung zu einem der Begriffe möglich ist, und begründet eure Einschätzung.

3 Grenzt die hier thematisierten Übersteigerungen von (religiösen) Positionen ab, die allgemein akzeptiert sind, und formuliert eure Beurteilungskriterien.

4 Nehmt Stellung, ob einzelne Ziel- oder Altersgruppen besonders anfällig für fanatische, fundamentalistische oder radikale Ideen sind. Woran könnte das liegen?

5 Der Künstler António Ferreira kommentierte sein Bild „Fundamentalism" so: *„Die Wirklichkeit wird farblos. Sie ist nur weiß und schwarz … mehr schwarz als weiß."*
  ▪ Deutet das Bild und bezieht den Titel und den Kommentar des Künstlers in eure Überlegungen ein.
  ▪ Setzt euch kreativ mit dem Spannungsverhältnis zwischen Begeisterung und Fanatismus auseinander, z. B. in einem Bild, einem Rap oder einer Klangcollage.

Das Leben im Griff haben?

Das Leben ist von Unsicherheit geprägt. Zu erfahren, was die Zukunft bringt, die eigene Zukunft in der Hand zu haben, gesund zu bleiben oder zu werden – das wünschen sich viele Menschen. Die Angebote, die dabei Hilfe versprechen, sind zahlreich. Es gilt, die Tragfähigkeit der verschiedenen Versprechungen und deren Praktiken kritisch unter die Lupe zu nehmen.

Geheilt werden – Heilungsgottesdienste

Das menschliche Bedürfnis nach Heilung ist nachvollziehbar, gerade dann, wenn Menschen unter schweren Krankheiten leiden. Der Engländer Carver Alan Ames bietet weltweit sogenannte Heilungsgottesdienste an, nach eigenen Aussagen inspiriert durch Worte von Jesus Christus und der Gottesmutter Maria. Die Gabe der Heilung setzt er ein, indem er nach dem Vortrag einzeln für die Anwesenden betet und ihnen die Hände auflegt. Es gibt Berichte über Heilungen, die sich nach seinem Gebet ereignet haben sollen. Bleibt anschließend bei Teilnehmerinnen und Teilnehmern allerdings die erhoffte Heilung aus, sehen sie sich konfrontiert mit Vorwürfen, sie hätten nicht genügend Glauben und Bereitschaft für den befreienden Zuspruch mitgebracht. In seinem Buch „Durch die Augen Jesu" schildert Ames nicht nur sein Offenbarungserlebnis und seinen exklusiven Heilungsanspruch, sondern versucht deutlich zu machen, es gebe für Heilungssuchende nicht mehr zu tun, als die Botschaft Jesu anzunehmen und um seine Vergebung zu bitten. Wenn etwa ein Blinder seine Sehkraft nicht wiedererlange, dann sei er vergleichbar mit einem Hungrigen, der die ihm angebotene Nahrung ablehne. Letztlich habe der Blinde das Heilungsangebot selbst zurückgewiesen. Er verharre, wie viele Menschen heute, in einem Zustand, in dem sie blind für die Wahrheit seien, da sie beschlossen hätten, nicht nach der heilenden Liebe Gottes zu greifen.

Frei werden – die Lehre von der Lichtnahrung

Die Australierin Ellen Greve behauptet, seit 1993 keine Nahrung mehr zu sich zu nehmen, sondern sich nur von „Licht" zu ernähren. Mit „Licht" meint sie eine übernatürliche Kraft, eine „Lebensenergie". Unter dem Pseudonym „Jasmuheen" verbreitet sie die Theorie, dass der Mensch lernen könne, ohne Essen und Trinken zu existieren und stattdessen von

„Lichtnahrung" zu leben. Die Lehre stellt in Aussicht, dass jeder Mensch, der an die Theorie glaubt, seinen Körper auf Lichtnahrung umstellen könne. Nach einem Umstellungsprozess sei die Zufuhr von Nahrungsmitteln überflüssig, denn der Körper sei dann befreit aus seiner Abhängigkeit von der Materie. Wissenschaftlich anmutende Erklärungsmodelle sollen diese Theorien stützen und „beweisen". Verbreitet wird die Idee im Internet und durch Bücher, kostenpflichtige Seminare oder öffentliche Vorträge.

Gesund werden – die Kraft des Bewusstseins

„Wer etwas verändern will, der kommt an sich selbst nicht vorbei", lautet das Credo von Clemens Kuby. Der Filmemacher war nach einem Unfall querschnittsgelähmt. Dass er gegen alle Erwartung wieder laufen kann, schreibt er seinen Selbstheilungskräften zu. Diese Erfahrung krempelte sein Leben um. Für ihn ist klar: Es kommt nur darauf an, was unser Bewusstsein für wahr hält. Wer sein Bewusstsein richtig einsetze, könne sich selbst heilen und sein Leiden überwinden. Kuby hat eine Methode entwickelt, die die Menschen lehren will, ihr Schicksal selbst zu lenken. Diese Methode verkauft er in Seminaren, Vorträgen und Büchern.

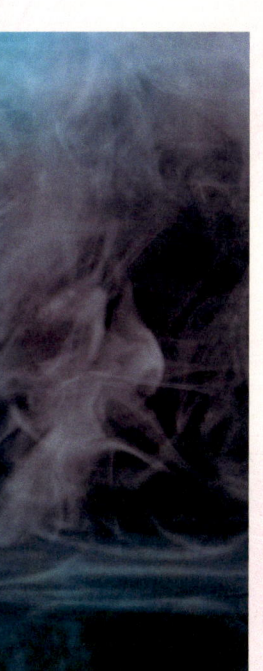

Glücklich werden – in die Zukunft schauen?

In der Menschheitsgeschichte gibt es viele Beispiele für Praktiken, um die Zukunft vorauszusehen: In antiken Kulten untersuchte und deutete man z. B. die Eingeweide von Tieren, die Germanen verwendeten Runen als Orakelzeichen. Immer wieder gab und gibt es Menschen, denen hellseherische Kräfte zugesprochen werden, wie Nostradamus oder Alois Irlmaier und dem „Mühlhiasl". Mit Glaskugel und Tarotkarten will man Ereignisse, die in der Zukunft liegen, vorhersehen, z. B. in einer Beziehung, im Beruf oder in finanziellen Fragen. Im Trend sind auch ▸ Horoskope (▸ S. 106f): Der Stand der Gestirne bei der Geburt, die Konstellationen der Sterne zueinander, die Tierkreiszeichen mit ihren Aszendenten prägen angeblich den Menschen und sollen Voraussagen auf die Zukunft hin möglich machen.

>> *Nehmt Abschied, Brüder,*
Ungewiss ist alle Wiederkehr.
Die Zukunft liegt in Finsternis
Und macht das Herz uns schwer.
Der Himmel wölbt sich übers Land,
Ade, auf Wiedersehn.
Wir ruhen all in Gottes Hand,
Lebt wohl, auf Wiedersehn. <<
Claus Ludwig Laue

>> *Von guten Mächten wunderbar geborgen,*
erwarten wir getrost, was kommen mag.
Gott ist bei uns am Abend und am Morgen
und ganz gewiss an jedem neuen Tag. <<
Dietrich Bonhoeffer

---

1 Betrachtet das Foto und sammelt eure Assoziationen dazu. Skizziert die Bedürfnisse und Phänomene, die es symbolisiert.

2 Die Texte beschreiben ▸ spirituelle Angebote, von denen Menschen sich Hilfe für ihr Leben versprechen.
- Erstellt eine Tabelle mit den Rubriken „Ausgangslage", „behauptete Wirkkraft" und „Motiv". Benennt Gemeinsamkeiten und Unterschiede.
- Setzt euch kritisch mit den Phänomenen auseinander und diskutiert, worin ihre Faszination besteht.

3 In den Liedtexten oben wird eine andere Haltung zum Leben und zu dem, was die Zukunft bereithält, deutlich.
- Beschreibt die Haltung mit geeigneten Stichworten.
- Nehmt dazu Stellung, ob die Zitate helfen können, zuversichtlicher in die Zukunft zu blicken.
- Erörtert, ausgehend von der Frage in der Überschrift, die verschiedenen Haltungen zum Leben und zur Zukunft, die auf diesen beiden Seiten deutlich werden.

4 Der evangelische Theologe ▸ Dietrich Bonhoeffer schrieb den Text „Von guten Mächten" 1944 in einer Gefängniszelle des NS-Regimes.
- Lest den vollständigen Text. Ihr findet ihn z. B. im Gotteslob.
- Denkt für euch darüber nach, was euch in schwierigen Situationen Halt gibt.

Was ist das unterscheidend Christliche?

Die Vielzahl von Angeboten auf dem spirituellen „Markt der Möglichkeiten" verwirrt und fordert heraus. Wie kann man hier genauer unterscheiden und zu einer begründeten Entscheidung gelangen?

Im Alltag kommt jede und jeder mit verschiedenen Angeboten zur Lebenshilfe in Berührung. Dabei steht oft die versprochene Wirkung im Vordergrund; die dahinterstehende weltanschauliche Begründung wird ausgeblendet: Die Pfarrgemeinderatsvorsitzende pflegt den Garten nach dem Mondkalender und kauft Lebensmittel ein, die nach der anthroposophischen Lehre von Rudolf Steiner erzeugt wurden, Geistliche und Ordensfrauen üben sich in der fernöstlichen ZEN-Meditation und praktizieren Yoga, Lehrkräfte verwenden Mandalas im Religionsunterricht. – Das alles scheint nicht weiter problematisch zu sein. Doch gibt es nicht auch Grenzen? Manche weltanschaulichen und ▸ spirituellen Angebote beinhalten durchaus Gefahren: Sie engen ein, blenden zentrale Aspekte des menschlichen Lebens aus und sind teuer. Bei der Einordnung eines Angebots kann ein Vergleich mit dem christlichen Glauben bzw. der Glaubenspraxis hilfreich sein und bei der „Unterscheidung der Geister" (Ignatius von Loyola) unterstützen.

Anthroposophie Chakren Feng Shui Edelsteintherapie Chanelling Homöopathie Astrologie Universelles Leben Reiki Mondkalender Bachblütentherapie New Age Kinesiologie

1. Das Leben ist ein Geschenk Gottes.
Du musst dir nicht alles selbst erarbeiten, sondern kannst darauf vertrauen, dass dein Leben mit Gottes Hilfe gelingt. – *Alle Techniken, die eine einseitige Selbsterlösung propagieren, sind deshalb problematisch.*

2. Glaube ist kein magischer Schutzschild.
Gebet und die Bitte um ▸ Segen zielen auf den Beistand Gottes. Gott lässt sich aber nicht durch exakt ausgeführte Riten, Zauberformeln und Handlungen festlegen und manipulieren. – *Heilslehren, die einen übertriebenen Ritualismus einfordern, weil nur so das Leben gelingt, sind verdächtig.*

3. Der Glaube befreit.
Wenn eine Praktik so einengt, dass das Leben zur Qual wird und die Mitmenschen darunter leiden, läuft etwas schief! Die freie Zustimmung der Mitglieder ist ein wichtiges Kriterium für die Glaubwürdigkeit einer Religionsgemeinschaft. – *Auch ein übermäßiger Fitness- oder Wellness-Trip kann hierzu zählen ebenso wie der (Aber-)Glaube an bestimmte Gesetzmäßigkeiten (Freitag der 13., die schwarze Katze von rechts, die Wirkung bestimmter Socken als Erfolgsgarantie, …).*

4. Der Glaube ist gratis, aber nicht wirkungslos.
Die kirchlichen Heilsangebote sind meistens kostenlos oder mit geringen Kostenerstattungen verbunden. – *Das ist bei vielen anderen Heilsangeboten anders: Sie sind teuer.*

5. Der Glaube ist auf Gemeinschaft angelegt.
Man bleibt nicht nur bei sich selbst stehen, sondern engagiert sich auch für andere. – *Viele ▸ esoterische Praktiken zielen nur auf eine indivi-*

duelle Heilssuche; viele Gemeinschaften blenden soziales Handeln und Weltverantwortung aus, andere beschränken die Heilsversprechung nur auf eine Minderheit.

6. Über seinen Glauben kann man reden und Rechenschaft ablegen.

Er muss auch für Außenstehende nachvollziehbar sein. Christinnen und Christen bemühen sich darum, dass Menschen den Glauben verstehen und ihn in ihrer Lebenswelt deuten können. – *Gruppen, bei denen Glaubenssätze auswendig heruntergespult werden oder man nicht mit Außenstehenden über sie spricht, fehlt diese Reflexivität.*

7. Glaube ist etwas für Herz, Kopf und Hand.

Der Glaube bietet Feste und Bräuche, aber auch ein Grundgerüst von Glaubensüberzeugungen und Wissenselementen und eine Anleitung zum „guten" Leben. – *Wenn bestimmte Techniken nur dazu führen, „high" zu werden, oder Erlebnisse bieten, die im Kontrast zum tristen Alltag stehen, aber nicht dazu beitragen, dass der Alltag auch besser bewältigt wird, dann ist das zu einseitig.*

8. Der Glaube ist entschieden und weit.

Christinnen und Christen glauben an die Auferstehung Jesu Christi und an den dreieinen Gott; zentral ist das Gebot der Gottes- und Nächstenliebe. Von diesen Eckpunkten ausgehend gibt es Raum für verschiedene Formen, den Glauben zu praktizieren. Insofern ist das Christentum auch offen für unterschiedliche Lebensgestaltungen und Lebensentwürfe. – *Als problematisch erscheint es, wenn in Gemeinschaften jegliche Abweichung bestraft wird und jeder Kontakt mit anderen Religionen als verboten gilt.*

▲ Edith Peres-Lethmate, 1985

1 Lest die Thesen über den christlichen Glauben.
  ▪ Gestaltet aus den Überschriften eine Wortwolke, in der ihr deren Bedeutung zum Ausdruck bringt.
  ▪ Vergleicht eure Ergebnisse und begründet sie.
  ▪ Bildet Gruppen und diskutiert jeweils eine These. Tragt eure Ergebnisse anschließend im Plenum vor.
2 Zeigt, dass die Thesen auf dem christlichen Menschenbild basieren. Findet Belege dafür, z. B. im Kapitel 1.
3 Betrachtet die Skulptur oben und deutet sie vor dem Hintergrund der Kriterien für den christlichen Glauben. Nennt Kriterien, die ihr der Skulptur zuordnen könnt.
4 Untersucht die Beispiele für spirituelle Angebote in der Wortwolke links im Hinblick auf die Thesen.

Hilfe und Beratung finden

In vielen deutschen Diözesen und Landeskirchen gibt es Fachstellen für Weltanschauungsfragen. Im Gespräch berichtet Axel Seegers, Diplomtheologe und Philosoph, seit 1997 Beauftragter für Weltanschauungsfragen der Erzdiözese München-Freising, über die Arbeit der kirchlichen Stellen für Weltanschauungsfragen.

Herr Seegers, warum gibt es überhaupt die kirchlichen Stellen für Weltanschauungsfragen?

Ende der 60er-Jahre wurden die ersten Fachstellen eingerichtet, nachdem die Evangelische Kirche
5 *Deutschland einige Jahre zuvor die Evangelische Zentrale für Weltanschauungsfragen in Stuttgart errichtet hat. Mit dem gesellschaftlichen und politischen Umbruch der damaligen Zeit ging ein kultureller und religiöser Wandel einher, der auch die Kirchen erfasste*
10 *und eine Vielzahl neuer religiöser und weltanschaulicher Gruppierungen entstehen ließ. Damals sprach man von „Jugendreligionen“, weil es auffällig viele Jugendliche und junge Erwachsene waren, die den Großkirchen den Rücken zukehrten und sich neuen geistlichen*
15 *chen und weltanschaulichen Bewegungen anschlossen. Es war die Zeit der Hippies, aber auch die Zeit, in der*

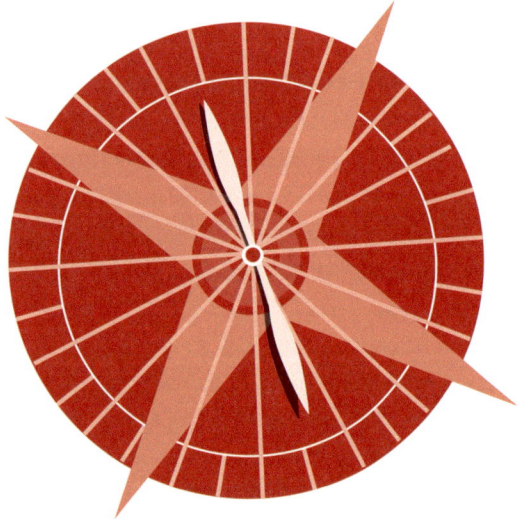

▶ *Scientology* *erste Niederlassungen in Deutschland gründete.*

Und wofür wurden diese Stellen geschaffen?

Gegründet wurden die Fachstellen, um besorgten 20 *Eltern und Angehörigen Hilfe und Informationen zu geben: ohne Internet und spezielle Recherche gab es keinerlei Informationen über die meist kleinen und recht jungen Gruppierungen. Nicht selten gab es innerhalb der Familien heftige Konflikte, weil die „Jugend-* 25 *religionen“ den Kirchenaustritt zur Folge hatten und die Mitglieder meist einen völlig anderen Lebenswandel führten: von freier Liebe bis zur absoluten sexuellen Enthaltsamkeit, von Drogenkonsum bis zum stundenlangen* ▶ *Chanten* *unbekannter Lieder. Wenn* 30 *dann die Schule ohne Abschluss abgebrochen wurde oder wenn es zu einem totalen Kontaktabbruch kam, brauchte es versierte Fachleute, die sich sowohl mit der Gruppenideologie und der Glaubenspraxis auskannten als auch über ein Netzwerk von Fachdienststellen* 35 *verfügten (z. B. Rechtsanwälte, Polizei, Jugendamt). Weil die Lebensweise und Weltanschauung für viele Zeitgenossen befremdlich waren, wurden sie alle ohne weitere Differenzierung auch als „Sekten“ bezeichnet; die Fachleute waren daher „die Sektenbeauftragten“.* 40

Ist die Bezeichnung „Sekte“ heute noch richtig?

Heute hat sich die Situation deutlich verändert. Zum einen sind im Laufe der Jahre viele weitere neureligiöse und weltanschauliche Gruppierungen entstanden, sodass wir einen Markt mit vielen Angeboten und Anbietern haben. Zum anderen sind die Gesellschaft und 45 *damit auch die Lebensentwürfe der Menschen pluraler geworden. Weil der Sektenbegriff sehr allgemein ist und suggeriert, es gäbe entweder nur die Guten oder die Bösen, ist er völlig ungeeignet. Auch ist der Begriff* 50 *Sekte wenig hilfreich, wenn man sich Sorgen um jemanden macht, der einer fragwürdigen Gruppe* beitritt: Sobald ich sage, er sei in eine „Sekte" geraten, wird er das sicher entrüstet abwehren und zukünftig das Gespräch eher meiden. Ziel muss es aber sein, den Kontakt nicht abreißen zu lassen!

Worum geht es bei der Informationsarbeit?

*Es kommt weniger darauf an, einzelne Gruppenna-
men und deren Gründer zu kennen. Wichtig ist es
dagegen, Strukturen zu erkennen, die in Abhängigkeit
und Unfreiheit führen. Auch hilft es, Glaubenslehren
und Ideologien kritisch prüfen zu lernen, d.h. zu
schauen, ob eine Lehre „vernünftig" ist und den wissenschaftlichen Erkenntnissen entspricht oder eher
widerspricht. Hat man solche Zusammenhänge begriffen, ist man zumindest hellhörig, wenn man auf frag-
würdige Angebote stößt – egal, wie diese dann heißen
oder wer sie macht. Denn eines steht fest: bedenkliche
Strukturen, zweifelhafte Lehren und unmoralisches
Handeln kann es in allen Gemeinschaften, Kirchen
und Parteiungen geben. Unabhängig von Alter, Ausbildung, Beruf oder persönlicher Lebensstellung kann
jeder in so eine Situation kommen.*

Wie läuft eine Beratung bei Ihnen konkret ab?

*In der Beratung erhält man nicht nur Informationen
zur Gruppe, sondern es können konkrete Handlungs-
optionen gemeinsam erarbeitet und belastende Situationen aufgearbeitet werden. Egal ob Glaubenszweifel
oder Ängste, Hoffnungen oder geplatzte Träume, Abhängigkeit oder (sexueller bzw. geistlicher) Missbrauch: Die Beratungsgespräche unterliegen der
Schweigepflicht und können so ein wichtiger Halt in
einer schwierigen Lebensphase werden. Die Beratungsstellen – eine stets aktuelle Liste der bayerischen
Beratungsstellen findet man im Internet – gewährleis-
ten durch die Einbindung und Zusammenarbeit mit
einem breit gefächerten Netzwerk von Informations-
und Beratungsstellen eine hohe Fachlichkeit und eröffnen die Möglichkeit, auch vor Ort oder bei speziellen
Problemstellungen professionellen Rat und ermutigen-
de Hilfe zu erhalten.*

◀ *Logos der Beratungsstellen für Weltanschauungs-
fragen des Bistums
Augsburg und des
Erzbistums Bamberg
(linke Seite)*

1 Analysiert das Interview mit Axel Seegers.
- Gebt die Informationen zu den kirchlichen Beratungsstellen in eigenen Worten wieder und fasst sie in
  einer Tabelle in eurem Heft zusammen.
- Erstellt mithilfe des Interviews eine Mindmap zu
  „religiös-weltanschaulichen Gruppierungen" und
  skizziert Kriterien für die Einschätzung von möglichen
  Gefahren.

2 Begründet, warum die christlichen Kirchen sich in diesem Bereich engagieren. Bezieht dabei auch Überlegungen zum christlichen Menschenbild ein.

3 Gestaltet mit euren Ergebnissen aus Aufgabe 1 und 2
eine Präsentation und stellt die Anliegen und Angebote
einer kirchlichen Stelle für Weltanschauungsfragen dar.

4 Deutet die Logos der kirchlichen Stellen für Weltanschauungsfragen des Bistums Augsburg und des
Erzbistums Bamberg.
- Erläutert, welche Gedanken und Anliegen bei der
  Motivwahl jeweils zugrunde gelegen haben könnten.
- Formuliert zu jedem Logo einen Slogan, der das Anliegen der Beratungsstellen zum Ausdruck bringt.
- Entwerft ein eigenes Logo für eine kirchliche Bera-
  tungsstelle für Weltanschauungsfragen und erklärt
  es. Ihr könnt dafür z. B. auf die Thesen zum christlichen Glauben, ▶ S. 116 zurückgreifen.

Angebote zur Orientierung

Im Leben Orientierung finden – das ist keine leichte Aufgabe! In der Schule gibt es vielfältige Angebote, nicht nur für die Berufswahl. Der Religionsunterricht trägt dazu bei, grundsätzliche Lebensfragen zu klären und auch eine religiöse Orientierung zu finden.

Frau Kübler, die Reli-Lehrerin, betritt das Klassenzimmer. Unter einem Arm trägt sie einen Stapel Liederbücher. Langsam kehrt Ruhe ein in der Klasse und die meisten schauen neugierig nach vorn. „Das Schuljahr geht zu Ende", sagt Frau Kübler, „und ich möchte gerne, wie jedes Jahr, mit meiner achten Klasse die Abschlussfeier vorbereiten." Ein leises Stöhnen geht durch die Klasse. „Oh nein! So'n besinnliches Gedöns! Was soll man denn da machen? Wozu überhaupt Abschlussfeier? Nächstes Schuljahr geht es doch wieder weiter!", rufen alle durcheinander. „Überlegt mal", versucht Frau Kübler das Gemecker zu entkräf-ten, „warum könnte eine solche Feier für uns wichtig sein?" Nach einer kurzen Stille meldet sich Jonas: „Na ja, es war ja schon eine Menge los in diesem Schuljahr. Die Klassenfahrten und Veranstaltungen in der Schule, die haben meistens viel Spaß gemacht." „Ja, aber es war auch nicht immer schön. Klara aus der 8d hatte doch einen Unfall. Zum Glück geht es ihr wieder besser", fügt Carmen an. Leise kommt es aus der ersten Reihe: „Für mich verändert sich nächstes Jahr einiges. Ich geh ja auf eine andere Schule." Alle schweigen bedrückt. Stimmt, geht es ihnen durch den Kopf, Stefan schafft das Jahr nicht und verlässt die Klasse. Frau Kübler schaut Stefan mitfühlend an. Zur Klasse gewandt sagt sie: „Meint ihr nicht, dass es doch einige Gründe für diese Feier gibt? Wir könnten sie z. B. unter das Motto ,Zurückblicken und nach vorne schauen' stellen. Lasst uns gemeinsam überlegen, welche Lieder und Texte dazu passen!"

◄ Quint Buchholz,
2002

Den inneren Kompass ausrichten

Im Alltag „funktionieren" wir oft einfach. Alles läuft im Trott. Schulstress, Freizeitstress, wir hetzen von einer Aktivität zur nächsten. Da kann man schon mal aus den Augen verlieren, was einem wirklich wichtig ist. Um sich zu sammeln und wieder neu auszurichten, muss man sich ganz bewusst Zeit nehmen und aus dem Alltagstrott aussteigen. In der Schule werden mit Besinnungstagen, oft auch „Tage der (religiösen) Orientierung" genannt, solche Freiräume angeboten. Büffeln und Hausaufgaben haben in dieser Zeit mal Pause. Aber Tage der Orientierung sind keine „gewöhnliche" Klassenfahrt.

Denn neben Erfahrungen und Erlebnissen, die die Klassengemeinschaft stärken sollen, stehen vor allem Fragen und Themen im Mittelpunkt, die die Teilnehmerinnen und Teilnehmer individuell beschäftigen. In einem Klima wachsenden Vertrauens kann man z. B. die eigene Lebenssituation reflektieren, persönliche Themen können zur Sprache kommen, aber auch Fragen nach der religiösen Dimension des eigenen Lebens. Die konkrete Gestaltung von Tagen der Orientierung hängt von den Wünschen der Teilnehmenden ab. Gespräche, Meditationen, Entspannungsübungen, kreative Angebote, Erlebnisse und Spiele ermöglichen neue Erfahrungen.

>> *Gott, wir danken Dir für die schöne Zeit, die wir hier verbringen durften.*
Uns wurden unbewusste Stärken bewusst: an uns selbst, aber auch an unserer Gemeinschaft. Wir haben Fähigkeiten – neu – entdeckt, konnten aber auch den Wert einer echten Klassengemeinschaft erfahren und Vertrauen aufbauen. Wir durften lernen, eigene Bedürfnisse wahrzunehmen und dennoch Verschiedenheit zu respektieren, Kompromisse einzugehen und Konflikte zu bearbeiten.
Besonders danken wir aber für die Frei-Zeit: um über Gott und die Welt nachzudenken, aber auch einfach die Seele mal baumeln zu lassen. Amen. <<
Gebet eines Schülers

Was will ich?
Was kann ich?
Was will ich nicht?
Was kann ich nicht?
Wohin führt mein Weg?
... und wer begleitet mich?

1 Lest die Geschichte und arbeitet heraus, was für eine Abschlussfeier spricht. Fallen euch weitere Argumente aus eurer eigenen Erfahrung ein? Was spricht dagegen?

2 Das Bild links heißt „Das Zimmer der Wünsche".
- Erläutert, inwiefern es mit dem Thema (Neu-)Orientierung zusammenhängen könnte.
- Macht einen ▶ Fünf-Sinne-Check zum Bild.

3 Lest den Text zu den „Tagen der Orientierung" und das Gebet eines Schülers. Sammelt Pro- und Kontra-Argumente zu diesem Angebot.

4 Die Illustration oben verwendet das Bild des Labyrinths.
- Formuliert weitere Fragen, die zu klären sind, um sich im „Labyrinth des Lebens" zu orientieren.
- Überlegt für euch, ob ihr die Fragen beantworten könnt. Wer oder was könnte euch dabei helfen?

5 Plant eine Jahresabschlussfeier in eurer Klasse.
- Wählt dafür geeignete Lieder und Texte aus, z. B. Fürbitten oder Segensworte, oder schreibt selbst welche.
- Ihr könnt dafür z. B. Karten vorbereiten mit dem Bild „Zimmer der Wünsche", auf die ihr euch gegenseitig eure ▶ Segens-Wünsche schreiben könnt.

Zeige, was du kannst

Aufgabe A: Selbst gemachte Religion?

„Die Wüste ist ein Bild für das menschliche Leben, das ungewiss ist und keine unantastbaren Garantien besitzt. Diese Unsicherheit ruft im Menschen Grundängste hervor (…).

Um der Unsicherheit zu entfliehen (…), sucht die menschliche Natur sich eine ‚Selfmade-Religion': Wenn Gott sich nicht sehen lässt, machen wir uns einen Gott nach Maß. ‚Vor dem Götzen geht man nicht das mögliche Risiko eines Rufes ein, der einen aus den eigenen Sicherheiten herausholt (…). So begreifen wir, dass der Götze ein Vorwand ist, sich selbst ins Zentrum der Wirklichkeit zu setzen, in der Anbetung des Werkes der eigenen Hände'. (…) Das sind die großen Götzen: Erfolg, Macht und Geld. (…) Das ist also das Goldene Kalb: das Symbol aller Wünsche, die zwar die Illusion der Freiheit geben, in Wirklichkeit aber versklaven (…). Die Freiheit des Menschen entsteht daraus, dass man den wahren Gott den einzigen Herrn sein lässt. Und das lässt uns die eigene Schwäche annehmen (…).“
Papst Franziskus

1 Setze dich mit dem Begriff „Selfmade-Religion" kritisch auseinander und erkläre, wie Papst Franziskus das Phänomen des Goldenen Kalbes erklärt.
2 Nimm Stellung zu der Aussage, Erfolg, Macht und Reichtum gäben nur eine „Illusion der Freiheit".
3 Franziskus sagt, es gehöre zum Glauben, die „eigene Schwäche" anzunehmen. Positioniere dich zu dieser Aussage.

Aufgabe B: Eine Infografik zu religiösen Angeboten gestalten

Ihr könnt den Themenbereich „Religiöse und weltanschauliche Sinnangebote" in einer Infografik zusammenfassen.

1 Gebt darin einen Überblick über alle Aspekte des Themenbereichs, die ihr in diesem Kapitel kennengelernt habt.
2 Stellt auch dar, inwiefern das christliche Menschenbild Rahmen bzw. Hintergrund für bestimmte Angebote ist.
3 Gestaltet aussagekräftige Grafiken und Bilder und verfasst kurze Erklärungen.
4 Ihr könnt alternativ auch eine fiktive „Landkarte" zum Thema gestalten. Überlegt dafür, welche Landschaftsform wofür stehen könnte – Meere, schroffe Felsen, Schluchten, Hochebenen, Buchten, Flüsse, sichere Häfen, Orte etc.

Aufgabe C: „Gefährliche Gemeinschaften" erkennen

Beim ersten Kontakt mit einer unbekannten religiösen oder weltanschaulichen Gruppierung erkennt man vielleicht nicht gleich, was genau dahintersteckt. Doch es gibt einige Merkmale, die darauf hindeuten, dass ein Angebot nicht unbedenklich sein könnte. Die Illustrationen rechts benennen zwölf Warnzeichen, bei denen Vorsicht geboten ist.

1 Schreibe die zwölf Warnzeichen in eine Tabelle und benenne, welche Bedürfnisse eines Menschen sie verletzen. Stelle jeweils deine Bewertung auf der Grundlage des christlichen Menschenbildes gegenüber.
2 Überlege, welche Schritte du unternehmen könntest, wenn du feststellst, dass eine Person in deiner direkten Umgebung Kontakt mit einer „gefährlichen Gemeinschaft" hat.

Zwölf Warnzeichen für „gefährliche Gemeinschaften"

1 Bei der Gruppe findet man exakt das, was man schon immer gesucht hat. Sie weiß erstaunlich genau, was einem fehlt.

2 Die Gruppe hat einen Meister, ein Medium, einen Führer oder Guru, der allein im Besitz der ganzen Wahrheit ist.

3 Schon der erste Kontakt eröffnet eine völlig neue Sicht der Dinge.

4 Kritik durch Außenstehende wird als Beweis betrachtet, dass die Gruppe recht hat.

5 Das Weltbild der Gruppe ist verblüffend einfach und erklärt jedes Problem.

6 Die Gruppe fühlt sich als Elite und sieht die übrige Menschheit als krank und verloren an – solange sie nicht mitmacht bzw. sich nicht retten lässt.

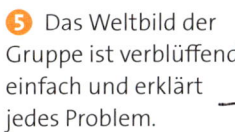

7 Die Gruppe grenzt sich von der übrigen Welt ab, etwa durch Kleidung, Ernährungsvorschriften, eine eigene Sprache oder die strenge Reglementierung privater Kontakte.

8 Es ist schwer, allein zu sein – jemand aus der Gruppe ist immer dabei.

9 Die Gruppe will, dass man alle „alten" Beziehungen abbricht, weil sie die persönliche Entwicklung behindern.

10 Wenn man zweifelt oder sich der versprochene Erfolg nicht einstellt, ist man „selber schuld", weil man sich angeblich nicht genug einsetzt oder nicht stark genug glaubt.

11 Die Gruppe füllt die Zeit ihrer Mitglieder mit Aufgaben: Verkauf von Büchern oder Zeitungen, Werben neuer Mitglieder, Meditation, Besuch von Kursen etc.

12 Die Gruppe verlangt die strikte Befolgung ihrer Regeln und ihrer Disziplin – als einzigen Weg zur Rettung.

Methoden

Diese Übersicht enthält nicht alle Methoden, die in den Arbeitsaufträgen dieses Buches genannt sind – einen Teil davon kennt ihr schon aus vergangenen Jahren oder anderen Fächern. Wenn ihr Fragen zur Vorgehensweise habt, besprecht ihr diese am besten gleich mit eurer Lehrerin, eurem Lehrer.

Tipp: Ihr könnt begleitend zum Unterricht Methodenkarten gestalten. Wenn ihr diese Karten sammelt, entsteht mit der Zeit ein „Methodenpool", auf den ihr immer wieder zurückgreifen könnt.

Bible-Art-Journaling

Bei dieser Methode setzt ihr euch kreativ mit einem Bibeltext auseinander. Ihr haltet eure Gedanken und Wahrnehmungen bei der Bibellektüre nicht in Worten, sondern durch die zeichnerische Umgestaltung des Textes fest. So geht ihr dabei vor:

- Kopiert den Text auf ein DIN-A4-Blatt und lasst ausreichend Platz zwischen den Zeilen/Versen.
- Haltet Material zum Verzieren bereit, z. B. Buntstifte, Sticker, Stempel etc.
- Hört oder lest den Text und lasst ihn auf euch wirken.
- Hebt einzelne Wörter oder Verse hervor. Dafür eignen sich verschiedene Möglichkeiten:
  - kalligrafische Gestaltung einzelner Wörter
  - Zeichnungen von Bildern oder Symbolen
  - Farbgestaltung der Wörter
  - farbige Querverweise zwischen gleichen oder widersprüchlichen Wörtern/Stellen
  - Ergänzungen durch Schmuckelemente, Symbole, Zeitungsausschnitte, Zitate, Bilder etc.
- Ganz wichtig: Es gibt keine Regeln! Erlaubt ist, was euch gefällt und (spontan) in den Sinn kommt.
- Wenn ihr wollt, tauscht euch über eure persönlichen Bibel-Kunstwerke aus oder gestaltet dazu eine Ausstellung im Klassenzimmer.

Cluster

Clustering (von engl. *cluster* = Traube, Büschel) ist eine Technik, um spontane Ideen und Einfälle zu einem bestimmten Thema zu entwickeln und diese miteinander in Beziehung zu setzen.

- Schreibt in die Mitte eines Blattes im Querformat ein Wort, einen Impuls oder eine Frage und zieht darum einen Kreis. Ergänzt neue Einfälle und Assoziationen und verbindet sie mit dem mittleren Kreis. Auch die ergänzten Begriffe können fortgeführt und verbunden werden, sodass nach und nach ein immer größeres Netz entsteht.
  Denkt dabei nicht lange nach. Vertraut euren Einfällen und lasst eure Gedanken sich ungehindert entfalten. Die Zuordnung der Ideen folgt keiner logischen Ordnung, sondern ergibt sich intuitiv und wird auch nicht nachträglich verändert. Nicht alles wird später brauchbar sein – aber das muss es auch nicht.
- Wenn keine neuen Ideen mehr auftauchen, sortiert ihr unwichtige oder ablenkende Aspekte aus.
- Untersucht, welche Beziehungen zwischen den verbleibenden „Ästen" des Clusters bestehen.
- Um einzelne Aspekte des Clusters weiter zu vertiefen, könnt ihr jeden Begriff zum Ausgangspunkt eines neuen Clusters machen.

(Fach-)Begriffe erschließen und klären (▸ S. 109)

Feedback

Wenn du anderen ein Feedback (= Rückmeldung) gibst, kannst du nach der WWW-Regel „Wahrnehmung – Wirkung – Wunsch" vorgehen:

- Beschreibe zu Beginn der Feedback-Runde, was du wahrgenommen hast. Gib keine Wertungen wie „Das war gut/schlecht" ab.
- Erkläre im zweiten Schritt, wie das Wahrgenommene auf dich gewirkt hat, z. B. „Das hat mich verunsichert" oder „Darüber habe ich mich gefreut".

- Formuliere dann einen Wunsch an dein Gegenüber, z. B. „Ich würde mich freuen, wenn du …".

Fünf-Sinne-Check

Beim Fünf-Sinne-Check entdeckt ihr ein Bild mit allen fünf Sinnen, um es sensibler wahrzunehmen.

- Nähert euch dem Bild zunächst über den Sehsinn: *Was sehe ich auf dem Bild? Oder: Was sehe ich gerade nicht? Was wäre zu sehen, wenn man den Ausschnitt vergrößert? Was sehen Personen, die im Bild vorkommen?*
- Fragt euch, was man im Zusammenhang mit dem Bild hören, schmecken, riechen und fühlen bzw. ertasten könnte: *Welche Geräusche könnten vorkommen? Wie könnten sich einzelne Bildelemente anfühlen? Etc.*
- Ihr könnt den Fünf-Sinne-Check auf verschiedene Gruppen verteilen, die sich dann mit je einem der Sinne beschäftigen.

Gallery Walk

In einem Gallery Walk (engl. für „Gang durch eine Galerie") könnt ihr Ergebnisse nach einer Arbeitsphase präsentieren. Dazu geht ihr selbstständig im (virtuellen) Klassenzimmer umher und seht euch die Resultate an. Plakate oder (digitale) Pinnwände eignen sich gut dafür. Es gibt drei verschiedene Varianten, wie ihr den Walk gestalten könnt:

Variante 1: Die einzelnen Arbeitsgruppen präsentieren ihre Ergebnisse gleichzeitig. Geht in Gruppen zu den verschiedenen Exponaten. Dort präsentiert jeweils ein Mitglied aus der Arbeitsgruppe das „Lernprodukt", erklärt es und geht auf Rückfragen ein. Danach geht die Gruppe zum nächsten Ausstellungsobjekt weiter. Bei dieser Variante übt ihr sowohl das Präsentieren als auch das Zuhören.

Variante 2: Geht einzeln oder zu zweit umher und betrachtet die Ergebnisse. Notiert eure Gedanken in Stichpunkten. Beobachtungsaufgaben unterstützen euch bei der Reflexion der Ausstellungsobjekte. Zum Schluss findet eine Feedbackrunde im Plenum statt.

Variante 3 (digital): Seht euch auf einer virtuellen Pinnwand (auf einer Lernplattform) die Ausstellungsstücke an und tauscht euch über ein Forum bzw. einen Chat aus. Auch hier könnt ihr ein Feedback geben. Beachtet dabei die Netikette!

Kommentierte Pantomime

Ziel dieser Methode ist es, sich bei der Bearbeitung von Texten in Personen oder Rollen hineinzuversetzen und einzufühlen.

- Teilt euch in Gruppen auf, je nach Anzahl der Texte.
- Es gibt zwei Varianten bei der Bearbeitung:
  - Ist ein Text vorhanden, etwa eine Bibelstelle, lest diesen zuerst gemeinsam am Stück.
  - Ist kein Text vorgegeben, verfasst ihr diesen gemeinsam in der Gruppe.
- Überlegt, wie ihr den Textinhalt, die Gedanken und Gefühle pantomimisch, also ohne Worte, nur durch Bewegungen, darstellen könnt.
- Bei der Präsentation liest eine Gruppenhälfte den Text vor, die andere Hälfte stellt durch Gestik, Mimik und Körperhaltung das Gelesene nach.

Kritische Rede verfassen (▶ S. 47)

Landart

Landart bezeichnet Kunstwerke, die aus Naturmaterialien direkt in der Natur geschaffen werden. Weil sie Wetter und Jahreszeiten ausgeliefert sind, sind sie vergänglich. So kannst du selbst Landart schaffen:

- Entscheide dich für ein Thema, eine Bibelstelle etc., das bzw. die du künstlerisch bearbeiten möchtest.
- Suche einen passenden Ort für dein Kunstwerk.
- Sammle Naturmaterialien: Blätter, Gräser, Äste, Tannenzapfen, Steine etc.
- Forme oder lege daraus ein Bild, eine Skulptur, ein Muster oder Mandala etc.
- Entscheide, ob du dein Werk z. B. durch ein Foto dokumentieren willst.

Perspektivenübernahme einüben (▶ S. 21)

Propagandabilder erkennen (▶ S. 67)

Rollage

Die Rollage ist eine besondere Form der Collage (von franz. *coller* = „kleben"). Einzelne Bildstücke werden zusammengefügt und lassen so ein Bild entstehen, das den Blick für Bekanntes neu öffnet.

- Zerschneidet zwei Bilder nach einem vorher bestimmten Muster, z. B. in Streifen oder Quadrate unterschiedlicher Größe.
- Ordnet die Teile aus beiden Bildern abwechselnd an, verschiebt sie ineinander und setzt sie so zu einem neuen Bild zusammen.
- Klebt die Rollage auf ein leeres Blatt. Achtet bei der Wahl der Blattgröße darauf, dass das neue Bild größer wird als die beiden Originale.
- Tauscht euch über eure Beobachtungen aus.
- Gebt euren Rollagen individuelle Titel.
- Ihr könnt die einzelnen Bilder separat wahrnehmen oder durch die Verwebung der Gegensätze zu neuen Interpretationen kommen.

Thesen aufstellen

Eine These ist ein Satz, in dem eine Behauptung aufgestellt wird. Eine These muss überprüfbar sein. Sie wird zur Diskussion gestellt und kann sich als richtig oder falsch herausstellen. Eine These kann z. B.

- eine **Tatsachenbehauptung** enthalten, z. B.: „Der Klimawandel lässt sich nicht mehr aufhalten", oder ein
- **Werturteil**, z. B.: „Es muss mehr gegen den Klimawandel unternommen werden", oder eine
- **Forderung**, z. B.: „Um den Klimawandel aufzuhalten, muss die Verbrennung von Kohle gestoppt werden".

Für das Aufstellen von Thesen solltet ihr Folgendes beachten:

- Eine These ist eine Aussage, keine Frage.
- Eine These soll klar und eindeutig formuliert sein.
- Eine These muss sachlich formuliert sein. Sie muss begründet werden können.

Think – pair – share

Die Methode setzt sich aus drei Schritten zusammen:
Think: Setzt euch in Einzelarbeit mit einer Aufgabe auseinander. Das kann etwa die Bearbeitung eines Textes oder das Nachdenken über eine Frage sein. Diese Phase sollte etwa fünf Minuten dauern.
Pair: In der zweiten Phase tauscht ihr euch für fünf bis zehn Minuten mit einer anderen Person aus. Danach solltet ihr das Thema so gut verstanden haben, dass ihr es präsentieren könnt.
Share: Im letzten Schritt teilt ihr die Ergebnisse im Plenum (etwa zehn Minuten).

Vor-Ort-Untersuchung durchführen (▶ S. 97)

Wandzeitung

In einer Wandzeitung werden Arbeitsergebnisse selbsterklärend auf Plakaten präsentiert. So könnt ihr euer Wissen mit anderen teilen.
Sichtbar machen: Verwendet mindestens Papier im A3-Format. Je größer, desto besser!
Notieren: Nennt das Thema, die Autoren, die Klasse, das Datum und die betreuende Lehrkraft.
Informieren: Die Inhalte müssen fachlich korrekt und in angemessener Weise reduziert sein.
Strukturieren: Ein Inhaltsverzeichnis ist nicht vorgesehen. Ordnet die Bestandteile sinnvoll auf der Seite an, sodass sich die Leserinnen und Leser zurecht finden. Manchmal kann ein Einleitungssatz helfen.
Darstellen: Eine aussagekräftige Überschrift macht neugierig auf den Inhalt. Eine kreative, aber dennoch übersichtliche Präsentation des Inhalts sorgt dafür, dass die Lesenden auch am Ball bleiben. Alles sollte für eine etwa einen Meter vom Plakat entfernt stehende Person lesbar bzw. erkennbar sein.
Korrekturlesen: Prüft eure Texte auf Rechtschreibung und Grammatik und eine angemessene Ausdrucksweise.
Quellen angeben: Notiert, aus welchen Büchern oder von welchen Internetseiten die verwendeten Texte, Bilder oder Grafiken stammen.

Lexikon

Ablass, Ablassbrief

Durch einen Ablass können in der katholischen Kirche die Strafen für Sünden teilweise erlassen werden. Die Sünden selbst können dagegen nur von Gott vergeben werden. Ein Ablass kann erteilt werden, wenn der Sünder nach der Beichte eine „Gegenleistung" zur Wiedergutmachung erbringt, z. B. ein Gebet oder „fromme Werke" in Form von Almosen. Im Mittelalter hofften die Menschen, durch Ablässe vor den Qualen des Fegefeuers (▶ S. 58) bewahrt zu werden. Gegen Ende des 15. Jahrhunderts wurde ein regelrechter Handel mit Ablassbriefen betrieben. Mit dem Geld der Gläubigen füllten sich die Kirche und geistliche Fürsten ihre Kassen. Der geistliche Aspekt des Ablasses drohte völlig verloren zu gehen, denn Reue und Buße traten in den Hintergrund, wenn den Gläubigen einfach gegen Zahlung eines Betrages der Nachlass der Strafen in einer Urkunde (Ablassbrief) bestätigt wurde. Der Ablasshandel war Hauptkritikpunkt Martin ▶ Luthers an der Kirche und einer der Auslöser für die Reformation. Auch heute kann man in der katholischen Kirche noch den Ablass empfangen oder für Verstorbene erlangen.

Amnesty International

Amnesty International ist eine nichtstaatliche Menschenrechtsorganisation, die weltweit tätig ist. Sie weist auf Menschenrechtsverletzungen wie Folter, Todesstrafe, Einschränkung der Meinungsfreiheit und menschenverachtenden Umgang mit Migranten und Asylsuchenden hin. Amnesty International wurde 1961 von dem britischen Anwalt Peter Benenson gegründet und hat heute über 10 Millionen Unterstützerinnen und Unterstützer weltweit.

Apokalypse, apokalyptisch

Apokalypse (griech. für „Enthüllung, Offenbarung") wird eine Schrift genannt, die in Visionen und Weissagungen das Ende der Welt prophezeit, wie z. B. die Offenbarung des Johannes im Neuen Testament. Nach christlichem Verständnis findet mit dem „Weltuntergang" das Jüngste Gericht statt, bei dem Christus auf die Erde zurückkehren und die Menschen richten wird. Besonders im ausgehenden Mittelalter war die Angst vor dem nahenden Weltende und dem damit verbundenen Gottesgericht weit verbreitet, weshalb viele Menschen durch den Kauf von ▶ Ablassbriefen die Strafen für ihre Sünden mildern wollten.

Babylon, Babylonien

Das Reich Babylonien lag in Mesopotamien zwischen den Flüssen Euphrat und Tigris im Gebiet des heutigen Irak. Sein Name leitet sich von der heute zerstörten Hauptstadt Babylon ab. Es war seit dem 2. Jahrtausend v. Chr. eine der großen Hochkulturen des Alten Orients. Berühmt waren in der ganzen Antike die wissenschaftlichen Leistungen der Babylonier in der Astronomie. Sie beobachteten die Gestirne genau und stellten bereits sehr exakte Kalenderberechnungen an. Der babylonische König Nebukadnezzar II. eroberte im Jahr 587 v. Chr. Jerusalem, zerstörte den Tempel und ließ viele Juden nach Babylon verschleppen. Viele Texte des Alten Testaments sind in der Auseinandersetzung mit dieser Katastrophe für das jüdische Volk entstanden und stammen aus der Zeit des babylonischen Exils.

▲ *Babylonische Steintafel (um 1000 v. Chr.) mit einem astronomischen Kalender, der für drei Sterne die Zeit angibt, zu der sie aufgehen*

BDKJ

Im Bund der Deutschen Katholischen Jugend (BDKJ) haben sich 17 katholische Jugendverbände zusammengeschlossen, um die Interessen von Kindern und Jugendlichen in Kirche, Politik und Gesellschaft zu vertreten. In den Mitgliedsverbänden des BDKJ sind über 600 000 junge Menschen in demokratischen Strukturen organisiert und engagieren sich auf unterschiedliche Weise. Ihre gemeinsame Basis ist das christliche Menschenbild und die christliche Verantwortung für die Schöpfung. Dazu gehört z. B. der Einsatz für eine gerechte und solidarische Welt. Der BDKJ führt in diesem Sinne zahlreiche Projekte durch, z. B. die „72-Stunden-Aktion".

Bonhoeffer, Dietrich

Dietrich Bonhoeffer (1906–1945) war ein evangelischer Theologe und Pfarrer. Er gehörte der sogenannten „Bekennenden Kirche" an und vertrat bereits Anfang der 1930er-Jahre eine

▲ *Dietrich Bonhoeffer im Jahr 1939*

äußerst kritische Haltung gegenüber dem Nationalsozialismus und dem Führerkult um Adolf Hitler. 1941 schloss sich Bonhoeffer dem politischen Widerstand an. 1943 wurde er in Berlin verhaftet. Nach zwei Jahren in Gefangenschaft wurde er im April 1945 in das KZ Flossenbürg gebracht, wo er nach einem Scheinprozess zum Tode verurteilt und am 9.4.1945 hingerichtet wurde.

Chanten

Unter Chanten (von engl. *to chant*, lobsingen) versteht man das sich wiederholende Singen einfacher Melodien, um einen inneren Zustand der Ausgeglichenheit zu erlangen.

Dekalog

▶ Zehn Gebote

Eine-Welt-Gedanke

Der Begriff der „Einen Welt" ist als Neuansatz gegenüber Vorstellungen einer sogenannten „Dritten Welt" zu verstehen, die eine Über- bzw. Unterlegenheit verschiedener „Welten" behauptet. Mit dieser Neuakzentuierung ist der Grundgedanke verbunden, dass alle Menschen mitverantwortlich für eine gerechte Verteilung der Güter, aber auch die Bewahrung und Gestaltung dieser „Einen Welt" sind.

Enzyklika

Eine Enzyklika ist ein verbindliches päpstliches Schreiben zu einem aktuellen Thema, das sich an die gesamte katholische Kirche richtet.

Esoterik, esoterisch

In der Antike bezeichnete *esoterikos* die nur für einen kleinen Schülerkreis bestimmte Lehre eines Philosophen, gleichbedeutend mit „für Eingeweihte" oder „zum inneren Kreis gehörig". Etwa ab dem 18. Jahrhundert setzte sich die Bedeutung „Geheimlehre" durch, z. B. in Form von Astrologie und Zahlenmystik. Heute wird Esoterik als Sammelbegriff für Praktiken, Lehren und Weltanschauungen verwendet, die die Welt nicht allein durch Naturwissenschaften und traditionelle Religionen erklären. Esoterik umfasst verschiedenste Wege, auf denen Menschen ▶ spirituelle Erfahrungen machen können. Eine exakte Trennung zwischen Esoterik und anerkannten philosophischen, psychologischen oder theologischen Weltanschauungen ist u. U. schwierig, da auch diese sich mit einer Wirklichkeit auseinandersetzen, die sich naturwissenschaftlicher Erkenntnis entzieht.

Eucharistie

Eucharistie (griech. für „Danksagung") bezeichnet einen der beiden Teile der heiligen Messe. In der Eucharistie feiern die Gläubigen im Gedächtnis an Jesus das Letzte Abendmahl, seinen Tod und seine Auferstehung. Nach katholischem Verständnis ist Jesus Christus real in Brot und Wein präsent (▶ S. 68). Die Eucharistie wird neben der Taufe von allen christlichen Gemeinschaften als Sakrament angesehen. Der katholischen Eucharistie entspricht das evangelische Abendmahl, auch wenn sich das Verständnis im Einzelnen unterscheidet.

Exodus

Exodus (griech. *exodos*, „Auszug, Ausgang") bezeichnet die Flucht des Volkes Israel aus der Knechtschaft in Ägypten. Daneben ist es auch der Name des zweiten Buches der Bibel. Die Texte über Mose und den Auszug aus Ägypten schildern nicht konkrete historische Ereignisse, sondern erzählen von Grunderfahrungen der Menschen, die im Lichte der Heilsgeschichte der Israeliten mit Gott gedeutet werden. Die Texte erzählen von der Befreiung durch Gott, der sich den Menschen zuwendet. In diesem Kontext können auch die gewalttätigen Aspekte (Vernichtung des Pharaos und seiner Streiter) eingeordnet werden: Es geht nicht um willkürliche Gewalttaten Gottes, sondern um sein gewaltiges Wirken gegen Ungerechtigkeit und Unterdrückung, das von einem andauernden Interesse an den Menschen zeugt. Der Exodus und seine Erinnerung daran gaben dem Volk Israel eine Basis für das Zusammenleben. Die Erfahrung der Sklaverei ist Grundlage für die Ablehnung von Unterdrückung und die Betonung der Würde des Menschen (▶ Zehn Gebote).

Franz von Assisi

Franz bzw. Franziskus wurde 1181 oder 1182 in eine wohlhabende Kaufmannsfamilie in Assisi geboren. Sein eigentlicher Name war Giovanni, er wurde aber von seinem Vater „Francesco" genannt. 1202 war er Soldat und geriet nach einer Schlacht in Gefangenschaft. Diese Erfahrung stürzte Franziskus in eine existenzielle Krise. In der Zeit bis 1206 entdeckte er schrittweise seine eigentliche Berufung. Er fühlte sich unmittelbar vom Evangelium angesprochen und wollte auf radikale Weise Christus nachfolgen. Schließlich trennte er sich von seiner Familie, entsagte dem Reichtum und führte fortan ein Leben in freiwilliger Armut. Mit einer kleinen Schar von Anhängern zog er als Wanderprediger umher und lebte mit den Armen und Kranken. Anders als anderen radikalen Armutsbewegungen, die es damals gab, gelang es Franziskus, vom Papst die Erlaubnis für seine Lebensweise zu erhalten. 1210 wurde seine Gemeinschaft als Orden der „Minoriten" (von lat. *minor*, kleiner, geringer) von Innozenz III. anerkannt. Der Orden hatte in den folgenden Jahren regen Zulauf und es entstanden zahlreiche Gemeinschaften auch über die Grenzen Italiens hinaus. Franziskus starb am 3. Oktober 1226. 1228 wurde er heiliggesprochen. Sein Gedenktag ist der 4. Oktober. Franziskus verfasste viele

▲ *Der heilige Franz von Assisi predigt den Vögeln, Gemälde von Giotto Di Bondone (1276–1337)*

Lobgesänge und Gebete. Seine ► Spiritualität war geprägt von Liebe und Demut gegenüber der Schöpfung. Er betrachtete die gesamte Natur, die Elemente, die Gestirne, alle Kreaturen, Menschen wie Tiere, als ein Lob der Schöpfung und ihres Schöpfers (vgl. „Sonnengesang", ► S. 26).

Fridays for Future

Fridays for Future ist eine weltweite Protestbewegung, deren Ziel es ist, die Klimapolitik zu beeinflussen und zeitnah eine Energiewende herbeizuführen. Ins Leben gerufen wurde die Bewegung von der schwedischen Schülerin Greta Thunberg. Über soziale Medien mobilisierte sie Millionen von Jugendlichen auf der ganzen Welt. Im März 2019 organisierte Fridays for Future den ersten globalen Klimastreik, bei dem in über 100 Ländern Demonstrationen stattfanden.

Gemeinsame Erklärung

Die „Gemeinsame Erklärung" ist ein wichtiges Dokument für die ► Ökumene. Sie wurde am 31.10.1999 in Augsburg von der römisch-katholischen Kirche und dem Lutherischen Weltbund unterzeichnet. In der Erklärung bekunden beide Seiten, dass sie im Grunde darin übereinstimmen, wie „Rechtfertigung" (► S. 62/63) zu verstehen sei: Der Mensch sei „im Blick auf sein ► Heil völlig auf die rettende ► Gnade Gottes angewiesen." Die Rechtfertigungslehre war seit der Reformation einer der zentralen Gründe für die

▲ *Protestplakat bei einer Fridays-for-Future-Demonstration*

Auseinandersetzungen zwischen den ► Konfessionen.
Seit 1999 haben sich weitere reformatorische Kirchen und Gemeinschaften der Erklärung angeschlossen: 2006 die Methodistische Weltkirche, 2017 die Anglikanische Kirche und die Weltgemeinschaft der reformierten Kirchen.

Gnade

Der Begriff Gnade leitet sich ab von ahd. *ginada* für (göttliche) Hilfe, (göttliches) Erbarmen. Im weltlichen Sprachgebrauch bedeutet Gnade z. B. die Verschonung vor Strafe, die Ausübung von Milde gegenüber einem Besiegten oder Verurteilten. Jemand erhält und erfährt sie unverdient, unerwartet, vorbehaltlos und persönlich durch ein aktives, freiwillig handelndes Gegenüber. Gnade findet Ausdruck in Verhaltensweisen der Liebe und der Zuwendung wie Nachsicht, Zuneigung, Entgegenkommen, Mitgefühl, Aufmerksamkeit, Geduld,

Vertrauen, Vergebung. Aus christlicher Perspektive ist Jesus die Gnade Gottes, die Menschenliebe Gottes, die Nähe Gottes „in Person". Sein Handeln an den Menschen kann als Gnade gedeutet werden: In seinen Wundern und Gleichnissen wendet er sich dem einzelnen Menschen zu. Seine Taten und Worte werden zum Erkennungszeichen der anbrechenden Gottesherrschaft. In der Alltagssprache werden oft nur negative Formulierungen mit dem Begriff genutzt, z. B. „gnadenlos sein", „keine Gnade kennen" oder „in Ungnade fallen". Geläufig ist außerdem der Begriff der Begnadigung, vor der jedoch ein Urteil, eine „Verurteilung", steht.

Heil

Das Wort leitet sich vom althochdeutschen *heil* für „gesund, unversehrt, gerettet" ab. Heil ist ein zentraler religiöser Begriff für das, was die Menschen in allen Religionen ersehnen und hoffen: Erlösung, Erfüllung und Glück – auch im Hinblick auf das Leben nach dem Tod.

Hilfswerke, christliche

Die christlichen Kirchen haben nach dem Zweiten Weltkrieg verschiedene Hilfswerke eingerichtet, die in Deutschland und international Menschen in Not Hilfe leisten. Ihre Aufgaben richten sich nach den Bedürfnissen der Menschen vor Ort, also z. B. Armutsbekämpfung, Verbesserung des Gesundheitswesens, Einhaltung der ► Menschenrechte oder Vermittlung von Bildung.

Das international größte Hilfswerk der katholischen Kirche ist Misereor mit einem Schwerpunkt auf Afrika und Asien. Adveniat wurde für die Menschen in Lateinamerika ins Leben gerufen. Weitere Hilfswerke sind Missio, Renovabis, Caritas oder das Kindermissionswerk „Die Sternsinger".

Horoskop

Ein Horoskop (griech. für „Stundenschau") bezeichnet die auf Ort, Tag und Stunde eines Ereignisses berechnete Stellung der Gestirne und Planeten. Am häufigsten wird dabei das Geburtsdatum herangezogen. Daraus will die Astrologie Rückschlüsse auf Charakter und Schicksal eines Menschen ziehen.

Humanismus

Humanismus ist eine geistige Strömung, die sich ab dem 15. Jahrhundert in Europa ausbreitete. Im Zentrum des humanistischen Denkens standen der Mensch und das an der klassischen Antike orientierte Ideal der Bildung (von lat. *humanus*, „menschlich, gebildet"). Die Humanisten beriefen sich auf Philosophie, Sprache und Literatur der griechischen Antike, die besonders seit der Eroberung Konstantinopels im Jahr 1453 und dem damit verbundenen Ende des byzantinischen Reiches durch byzantinische Gelehrte nach Westeuropa gelangten. Die Epoche der ▶ Renaissance ist maßgeblich beeinflusst vom Humanismus.

Jeremia

Jeremia wird ein ▶ Prophet im Alten Testament genannt und auch das Buch, in dem seine Worte aufgezeichnet wurden. Mit ▶ Jesaja gehört er zu den großen Schriftpropheten. Jeremia wirkte in einer politisch schwierigen Phase der Geschichte Judas und Jerusalems. Der Sohn eines Priesters (▶ Jer 1,1) berichtet von seiner Berufung zum Propheten und diktiert später einem Schreiber die Worte, die ihm Gott zur Verkündigung aufgetragen hatte. In den überlieferten Worten Jeremias prophezeit dieser den Untergang Judas und die Zerstörung Jerusalems und des Tempels. Er klagt die dafür verantwortlichen Herrscher an, geißelt die falsche Frömmigkeit der Israeliten und ruft sie zu einer religiösen Erneuerung auf. Der Anklage stellt er aber auch das Umkehrangebot Gottes gegenüber und verspricht, dass Gott sich dem Volk Israel wieder zuwenden wird. Nicht nur in seinen Worten, sondern auch mit seinem Namen („Der Herr möge aufrichten") tröstet er die Gemeinschaft und stellt einen „neuen Bund" in Aussicht, den Gott mit Israel schließen wird (▶ Jer 31,31).

Jesaja

Der Name Jesaja bezeichnet einen ▶ Propheten im Alten Testament. Jesaja lebte und wirkte ab 740 bis ca. 700 v. Chr. in Jerusalem. Er gehörte vermutlich der Oberschicht an. Jesaja ist auch der Name eines Buches im Alten Testament. Die Texte darin stammen jedoch nicht alle vom Propheten Jesaja. Die Entstehungsgeschichte der drei Teile des biblischen Buches zieht sich über einen längeren Zeitraum hin: die Zeit der assyrischen Bedrohung (8.–7. Jh. v. Chr.), die Babylonische Gefangenschaft (587–539 v. Chr.) und die Phase des Wiederaufbaus von Jerusalem (539–333 v. Chr.). Jesaja kritisiert vor allem die soziale Ungerechtigkeit. Aber er mischt sich auch in die Politik ein. Statt auf militärische Bündnisse zu setzen, rät Jesaja auf Gott zu vertrauen. Eine besondere Rolle spielen die Texte über den Gottesknecht, der sich trotz gesellschaftlicher Widerstände Gott anvertraut und den Weg in eine neue Zukunft wagt. Umkehr und Neubeginn, Gerechtigkeit und Frieden sind für Jesaja untrennbar mit einer intakten Gottesbeziehung verbunden. Nur Gott kann Trost und ▶ Heil schaffen. Dies deutet sich bereits im Namen Jesaja an, der „der Herr rettet" bedeutet.

Die ersten Christen deuteten die Worte Jesajas als Hinweis auf Jesu Wirken und Todesschicksal. Viele Sätze aus dem Buch Jesaja werden besonders in der Advents- und Weihnachtszeit zitiert. Die Prophezeiungen werden auf Jesus bezogen und prägen die Geburtserzählungen der Evangelien. Der Ausruf *Heilig, heilig, heilig ist der Herr der Heerscharen* aus der Berufungsvision von Jesaja (▶ Jes 6,3) ist im *Sanctus* sogar fester Bestandteil der Feier der ▶ Eucharistie geworden.

„Jugendsynode"

Eine Synode ist eine Versammlung von Bischöfen, die den Papst berät. 2018 berief Papst Franziskus eine Synode ein, die sich ausschließlich mit den Belangen junger Menschen in der Kirche, z. B. der Lebens- und Glaubenswelt der heutigen Jugendlichen, beschäftigte. Die Jugendlichen waren im Vorfeld dazu aufgerufen, über Online-Umfragen ihre Positionen deutlich zu machen und sich inhaltlich an der Jugendsynode zu beteiligen.

Karl V.

Karl (1500–1558) aus der Familie der Habsburger war ab 1520 römisch-deutscher König und mit seiner Krönung durch Papst Clemens VII. im Jahr 1530 bis zu seiner Abdankung 1556 auch Kaiser des Heiligen Römischen Reiches. Er verfügte über eine enorme Machtfülle, da er zugleich Herrscher über Österreich, die Niederlande, Böhmen, Süditalien und

▲ *Kaiser Karl V., gemalt um 1532*

Spanien war, samt der neu entdeckten und eroberten Gebiete auf dem amerikanischen Kontinent. Deshalb sprach er selbst davon, dass in seinem Reich die Sonne niemals untergehe. Die Regierungszeit Karls V. war geprägt vom ständigen Ringen mit den ▸ Reichsständen um Macht und Einfluss im Reich und von der Reformation bzw. ihren Folgen. Zahlreiche Fürsten schlossen sich der Reformation an und die reformatorische Bewegung breitete sich im Reich aus. Der Kaiser verstand sich dagegen als Bewahrer der katholischen Traditionen und eines einheitlichen christlich-römischen Abendlandes.

Karls Haltung in den Streitigkeiten zwischen Katholiken und Protestanten war zwiespältig. 1521 bestätigte er das Wormser Edikt gegen ▸ Luther und seine Lehren. 1530 signalisierte er zunächst Verhandlungsbereitschaft und gestattete den Protestanten, auf dem ▸ Reichstag in Augsburg die *Confessio Augustana* zu präsentieren, stärkte dann aber wieder die antireformatorische Position. 1531 schlossen sich einige bedeutende protestantische Stände zu einem Bündnis gegen den Kaiser zusammen. Aufgrund der äußeren Bedrohung durch das Osmanische Reich war Karl gezwungen, den Konflikt mit den protestantischen Reichsständen zu entschärfen und teilweise Zugeständnisse zu machen. Gleichzeitig drängte er den Papst dazu, ein ▸ Konzil einzuberufen zur Reform der katholischen Kirche (▸ Konzil von Trient). Dem Augsburger Religionsfrieden

von 1555, der den Zerfall der religiösen Einheit des Reiches besiegelte, stand Karl kritisch gegenüber.

Konfession

Konfession (von lat. *confessio*) bedeutet Glaubensbekenntnis und bezeichnet auch die Zugehörigkeit zu einer bestimmten christlichen Glaubensrichtung, z. B. römisch-katholisch, lutherisch, reformiert, anglikanisch oder orthodox.

Konfession heißt auch eine Bekenntnisschrift, in der eine religiöse Gruppe ihr Glaubensbekenntnis verbindlich zusammenfasst. Eine der bekanntesten ist die *Confessio Augustana*, die Philipp ▸ Melanchthon 1530 auf dem ▸ Reichstag in Augsburg als Zusammenfassung des lutherischen Glaubens vortrug.

Konzil, Konzilien

Ein Konzil (von lat. *concilium*, „Rat, Zusammenkunft") ist eine Versammlung hoher kirchlicher Würdenträger (Bischöfe, Kardinäle sowie der Papst oder sein Gesandter). Es berät und entscheidet über wichtige Angelegenheiten des Glaubens und der Kirche. Die Ergebnisse eines Konzils gelten für die gesamte katholische Kirche als verbindlich.

Konzil von Trient

Auf dem Konzil von Trient, das von 1545 bis 1563 tagte, wurden die katholischen Antworten auf Martin ▸ Luther und die Reformation formuliert, etwa das Verbot des Handels mit ▸ Ablässen, Bestimmungen zur Bedeutung und Gestaltung der heiligen Messe oder die Festlegung der sieben Sakramente. So sollte der katholische Glauben erneuert und die Hinwendung der Gläubigen zu den reformatorischen Lehren gestoppt werden. Als Quellen dieses Glaubens definierte das Konzil die Heilige Schrift und die kirchliche Tradition.

Kopernikanische Wende

Der Astronom und Priester Nikolaus Kopernikus (1473–1543) erkannte, dass die Sonne im Mittelpunkt unseres Sternensystems steht (heliozentrisches Weltbild). Diese Erkenntnis bedeutete eine Wende in den Vorstellungen über die Welt, die bis dahin die Erde als Zentrum annahmen, um das die übrigen Planeten kreisten (geozentrisches Weltbild). Das heliozentrische Weltbild widersprach der Lehre der Kirche, weshalb Kopernikus sein Wissen nicht schon früher veröffentlichte, sondern bis 1543 nur mit wenigen Astronomen teilte.

Laien

Im katholischen Sprachgebrauch werden unter dem Begriff der Laien (von griech. *laikós*, „zum Volk gehörig") alle Kirchenmitglieder verstanden, die nicht dem geistlichen Stand („Klerus") angehören, also keine Weihe empfangen haben. Erst im Laufe des 20. Jahrhunderts kam es – vor allem im Rahmen des ▶ Zweiten Vatikanischen Konzils – zu Versuchen, diesen Begriff nicht defizitär (also als das Fehlen von etwas, hier als das Fehlen einer Weihe), sondern als eigene Qualität auszuweisen.

Luther, Martin

Martin Luther wurde 1483 in Eisleben geboren. Der Vater war ein erfolgreicher Bergbauunternehmer. Ab 1484 lebte die relativ wohlhabende Familie in Mansfeld. Martin Luther erhielt eine gute Schulbildung. 1505 studierte er Jura in Erfurt, um einmal das elterliche Unternehmen leiten zu können. Doch im selben Jahr trat er gegen den Willen des Vaters in das Kloster der Augustinereremiten in Erfurt ein. 1507 wurde er zum Priester geweiht und begann ein Theologiestudium. Ab 1512 lehrte er als Professor für Bibelauslegung in der Universität Wittenberg. Mit der Veröffentlichung von 95 Thesen gegen den Ablasshandel löste Luther die Reformation aus (▶ S. 62–65). 1521 wurde er vom Papst exkommuniziert und vom ▶ Reichstag mit der ▶ Reichsacht belegt. Er lebte und lehrte unter dem Schutz des sächsischen Kurfürsten in Wittenberg. Dort starb er 1546 und wurde in der Stadtkirche beigesetzt. Luther veröffentlichte zahlreiche Schriften, die sowohl vom einfachen Volk als auch von vielen Adligen und ▶ Reichsständen begeistert aufgenommen wurden. Mit seinen Reformschriften, z. B. „An den christlichen Adel deutscher Nation" oder volkstümlichen Versionen seiner Thesen gegen den Ablasshandel und mit „Erbauungsliteratur" erreichte er ein Massenpublikum: Nach Schätzungen von Historikern wurden allein bis 1520 81 Werke in 650 Auflagen mit insgesamt bis zu einer Million Exemplaren gedruckt. Im Bauernkrieg

▲ *Martin Luther (links) in der Amtstracht eines evangelischen Geistlichen und seine Frau Katharina von Bora (rechts), die 1523 aus einem Kloster geflohen war, Gemälde von Lucas Cranach d. Ä., 1529*

1524–1526, der seinen Ursprung in sozialen Unruhen hatte, beriefen sich die Aufständischen auf die Bibel und u. a. auf die Luther-Schrift „Von der Freiheit eines Christenmenschen". Sie verstanden Luthers Aussagen wörtlich als Rechtfertigung für eine Revolte. Luther verurteilte die Aufstände jedoch als „Teufelswerk" und forderte ihre Niederschlagung und die Todesstrafe für die Aufrührer. Luther hat auch einige Schriften über das Judentum verfasst. Während er sich in den ersten Schriften noch gegen die Verfolgung der Juden und für ihre Missionierung aussprach, forderte er in den späteren Schmähschriften ihre Vertreibung und die Zerstörung der Synagogen und überzog die Juden mit diffamierenden und verleumderischen Äußerungen. Diese antijüdische Haltung Luthers wurde in den folgenden Jahrhunderten immer wieder aufgegriffen und entfaltete ihre Wirkung in der lutherischen Kirche und der deutschen Gesellschaft bis hin zum Antisemitismus des 19. und 20. Jahrhunderts.

Marsch auf Washington

Marsch auf Washington wird eine Demonstration der amerikanischen Bürgerrechtsbewegung genannt, bei der sich am 28. August 1963 über 200 000 Menschen in Washington versammelten, um gegen Rassendiskriminierung zu protestieren.

Melanchthon, Philipp

Philipp Schwarzerd (1497–1560) übersetzte als ▶ Humanist und

▲ *Bildnis des Philipp Melanchthon aus dem Jahr 1532*

Professor für Griechisch seinen Familiennamen ins Griechische und nannte sich Melanchthon. Er wurde in der Nähe von Karlsruhe geboren. Seit 1518 lehrte er wie Martin ▶ Luther an der Universität in Wittenberg und wurde dessen enger Freund. Zusammen mit ihm trieb er die Reformation entscheidend voran und verfasste 1530 u. a. die grundlegende Bekenntnisschrift *Confessio Augustana*. Melanchthons Werk beeinflusste zahlreiche andere Reformatoren.

Menschenrechte

Als Menschenrechte werden die universellen Rechte bezeichnet, die jedem Menschen von Natur aus gegeben sind und zustehen, egal welcher Herkunft, Religion oder sexuellen Orientierung. Der Idee nach gelten sie überall auf der Welt und für jeden Menschen ohne Einschränkung und sind „Grundlage jeder menschlichen Gemeinschaft, des Friedens und der Gerechtigkeit in der Welt" (vgl. Grundgesetz für die Bundesrepublik Deutschland, Art. 1 Abs. 2).
Das christliche Menschenbild findet größtenteils Verwirklichung in den Menschenrechten.
Heute sind diese Rechte in vielen Staaten Teil der Verfassung und in der *Allgemeinen Erklärung der Menschenrechte* aufgeschrieben, die die Vereinten Nationen 1948 als Reaktion auf die Erfahrungen aus zwei Weltkriegen verabschiedet haben. Gleichwohl werden sie nicht überall auf die gleiche Weise interpretiert und es kommt immer wieder zu Menschenrechtsverletzungen.

Mission

Mission (von lat. *missio*, „Auftrag, Sendung") ist die Bezeichnung für die aktive Verbreitung einer Religion durch ihre Anhänger und Anhängerinnen. Diese werden Missionare bzw. Missionarinnen genannt. Sie versuchen durch Wort und Tat, Menschen für ihre religiöse Überzeugung zu gewinnen. Im Christentum wird der Missionsauftrag auf Jesus zurückgeführt, der seine Jünger mit den Worten aussandte: *„Darum geht und macht alle Völker zu meinen Jüngern"* (▶Mt 28,19). Die Apostel (griech. für „Gesandte") sind daher die ersten Missionare des Christentums. Paulus gründete beispielsweise zahlreiche Gemeinden im östlichen Mittelmeerraum. Nachdem sich das Christentum

▲ Auf der „Straße der Menschenrechte", einer Gedenkstätte in Nürnberg, stehen 27 Säulen, in die jeweils ein Artikel aus der Allgemeinen Erklärung der Menschenrechte gemeißelt ist.

im Römischen Reich ausgebreitet hatte, wurden immer mehr Gebiete im Norden und Osten Europas christianisiert. Ab dem 16. Jahrhundert und besonders im 19. Jahrhundert entsandten sogenannte Missionsgesellschaften oder Orden wie z. B. die Jesuiten Missionare in die ganze Welt, v. a. nach Süd- und Mittelamerika, Asien und Afrika. Sie gingen oft eine aus heutiger Sicht problematische Allianz mit den Kolonialmächten ein. Die lokale Bevölkerung wurde oft mit Gewalt gezwungen, sich taufen zu lassen (Zwangschristianisierung). Ihre eigenen Kultgegenstände und heiligen Stätten wurden vielfach geraubt oder zerstört. Auf diese Weise wurden ganze Kulturen vernichtet. Das heutige Verständnis von Mission hat sich grundlegend gewandelt. Im Zentrum steht die gleichberechtigte Arbeit für die Menschen an den jeweiligen Einsatzorten. Diese geschieht vor dem Hintergrund des christlichen Menschenbildes.

Nachhaltigkeit

Der Begriff stammt ursprünglich aus der Forstwirtschaft. Dort versteht man darunter die Bewirtschaftung des Waldes, bei der nicht mehr Holzmasse entnommen wird als nachwachsen kann, sodass der Bestand gleich bleibt. Dies dient der langfristigen Absicherung des Forstunternehmens und schont die Natur. Seit einigen Jahrzehnten gilt der Begriff als Leitbild für eine zukunftsfähige Entwicklung der Menschheit insgesamt. Alles Wirtschaften und auch der persönliche Lebensstil von Privatpersonen soll sich daran orientieren, dass die Grundlagen des Lebens auch im Blick auf zukünftige Generationen nicht gefährdet werden.

Nordreich

Gegen Ende des 10. Jahrhunderts v. Chr. bildeten sich im palästinischen Bergland zwei Territorialstaaten heraus: das Südreich „Juda" mit der Hauptstadt Jerusalem und das Nordreich „Israel" mit der Hauptstadt Samaria. Aufgrund seiner geografischen Lage wurde das Nordreich oft von angrenzenden Feinden angegriffen. Innenpolitisch war es durch viele Revolten ständig im Umbruch. Unter König Jerobeam II. (782–747) herrschte in Israel eine Blütezeit. Vor allem die Menschen in der Verwaltung und im Regierungsapparat profitierten davon. Der Machtapparat wurde durch die Abgaben und den Arbeitsdienst der abhängigen Bauern und Arbeiter finanziert. Dürrekatastrophen, Zerstörung der Ernte durch Unwetter, Viehseuchen oder familiäre Unglücksfälle

▲ Nordreich und Südreich im 9. Jahrhundert v. Chr.

bedeuteten für die unteren Gesellschaftsschichten oft die Schuldknechtschaft. Die korrupte und habgierige Oberschicht bereicherte sich auf Kosten der armen Bevölkerungsgruppen. Der Landbesitz kam immer mehr in die Hand weniger Herren, die kleinen Leute gerieten in Verschuldung und Abhängigkeit. Der gesellschaftliche Zusammenhalt des Nordreiches zerfiel zunehmend. Im Jahre 722 eroberten die Assyrer Israel und verschleppten die Oberschicht, was das Ende des Nordreiches Israel bedeutete. Es verlor seine politische Selbstständigkeit und wurde zur Provinz Assyriens.

Ökumene, ökumenisch

Das Wort „Ökumene" kommt aus dem Griechischen und bedeutet ursprünglich „der ganze bewohnte Erdkreis". In der ökumenischen Bewegung bemühen sich Christen verschiedener ▸ Konfessionen um die Einheit ihres Glaubens und suchen nach Gemeinsamkeiten. Katholische und evangelische Christen sind z. B. durch das gemeinsame Glaubensbekenntnis zum dreieinigen Gott und das Sakrament der Taufe miteinander verbunden. Der Dialog der Weltreligionen wird auch als „große Ökumene" bezeichnet.

Prophet

Prophet wird ein Verkünder oder Deuter einer Botschaft von Gott oder einer Gottheit oder einer Weissagung genannt (von griech. *profeteuein*, „verkünden, weissagen, für jemanden sprechen"). Die Botschaft, die er

▲ *Das Logo des weltweiten Ökumenischen Rats der Kirchen*

verkündet, ist eine Prophezeiung. Das hebräische Wort für Prophet *nabi* hat sowohl passivischen als auch aktivischen Charakter: Ein Mensch wird von Gott gerufen, um in seinem Namen zu sprechen. Im Unterschied zu den Sehern, die von den Herrschenden beauftragt wurden, die Zukunft vorauszusagen, dienten die Propheten und ihre Reden u. a. der Erklärung und Verarbeitung von Katastrophenerfahrungen des Volkes Israel, z. B. der Untergang des ▸ Nordreiches oder das Babylonische Exil. In den Trost- und Hoffnungstexten wird der Glaube der Israeliten an das Heilsversprechen Gottes gestärkt.

Das Alte Testament enthält 18 Bücher von sogenannten „Schriftpropheten". ▸ Jeremia und ▸ Jesaja zählen zu den vier „großen" Propheten, Amos und Micha z. B. zu den zwölf „kleinen" Propheten. In welchem Umfang die in den Prophetenbüchern zusammengestellten Worte tatsächlich auf die historischen Propheten zurückgehen, ist umstritten. Die den Propheten des 8. Jahrhunderts (Jesaja, Hosea, Amos, Micha) zugeschriebe-

nen Worte wurden vermutlich bis ins 6. Jahrhundert hinein fortgeschrieben und aktualisiert. Wurde in vorexilischer Zeit vor allem Unheilsprophetie überliefert, erfolgte mit dem Exil die Wende zur Heilsprophetie. Neben den „Schriftpropheten" gibt es bedeutende Prophetenfiguren, deren Wirken von anderen weitergegeben wurde, z. B. Elija. Diese nennt man „Tatpropheten".

Im Christentum sind die Friedensvisionen und messianischen Texte feste Bestandteile in der Advents- und Weihnachtsliturgie.

Heute wird der Begriff „Prophet" meist in einem profanen Sinn verwendet, z. B. „Wetterprophet" u. Ä. Menschen mit „Visionen" werden in der Alltagssprache oft auch „Propheten" genannt. Ähnlich wie biblische Propheten sprechen sie unbequeme Wahrheiten aus und müssen wegen ihrer Botschaft Leid und Gewalt ertragen. Der Grund für ihr Auftreten ist aber nicht unbedingt ein „Ruf Gottes". Oftmals folgen sie einem inneren Impuls oder Vorbildern, die sie zur Nachahmung inspirieren. Themen heutiger „Propheten" sind z. B. ▸ Menschenrechte, Frieden, Freiheit, Gleichberechtigung, Bewahrung der Schöpfung.

Reformatoren

Reformatoren (von lat. *reformatio* = Erneuerung, Wiederherstellung) werden die Männer genannt, die durch ihre Lehren der Reformation den Weg bereitet oder die Reformation geprägt haben. Schon ein Jahrhundert vor Martin ▶ Luther forderte z. B. Jan Hus (1369–1415) eine Reform der Kirche. Die deutsche Reformation im 16. Jahrhundert wurde v. a. durch das Wirken von Luther und ▶ Melanchthon beeinflusst. Zeitgleich bildeten sich beispielsweise in Frankreich und der Schweiz unter Ulrich Zwingli (1484–1531) und Johannes Calvin (1509–1564) zwei weitere bedeutende Konfessionen aus. Die Anhänger Calvins und Zwinglis werden als „Reformierte" bezeichnet. Die unterschiedlichen Auffassungen von Glaubensinhalten, v. a. der Frage, wie „Gegenwart" Christi im Abendmahl zu verstehen sei, führte auch innerhalb des Protestantismus zu Uneinigkeit.

Reichsacht

„Acht" bedeutet „Ausschluss aus der Gemeinschaft" und war im Mittelalter eine häufig verhängte weltliche Strafe. Die Reichsacht wurde vom Kaiser und dem Reichsgericht gegen Personen oder auch Städte verhängt und galt im gesamten Heiligen Römischen Reich. Wer unter der Reichsacht stand, war „vogelfrei", d. h. er oder sie war vollkommen recht- und schutzlos und lebte in ständiger Gefahr für Leib und Leben. Wer einen Vogelfreien beraubte oder tötete, wurde weder gerichtlich belangt noch musste er eine Bestrafung fürchten.

Reichsstände

Reichsstände nennt man die Personen und Institutionen, die im

▶ Reichstag vertreten waren und Stimmrecht hatten. Es gab geistliche und weltliche Reichsstände. Gemeinsam mit dem Kaiser repräsentierten die weltlichen und geistlichen Fürsten und die Vertreter der Reichs- und Bischofsstädte das Reich.

Reichstag

Reichstag wurde die Versammlung der ▶ Reichsstände unter dem Vorsitz des Kaisers genannt. Der Versammlungsort war zunächst nicht festgelegt, sodass die Reichstage bis zum 30-jährigen Krieg in verschiedenen Städten stattfanden. Neben den Steuern oder Gesetzen, die das ganze Reich betrafen, wurden auch Themen wie z. B. der Umgang mit den Ideen Martin ▶ Luthers auf Reichstagen besprochen. 1521 wurde der Reformator auf den Reichstag in Worms eingeladen, wo er seine Thesen widerrufen sollte. Auf dem Reichstag 1530 legte die lutherische Partei erstmals ein protestantisches Glaubensbekenntnis vor (▶ Melanchthon, ▶ Konfession).

Renaissance

Der Begriff aus dem Französischen („Wiedergeburt") bezeichnet eine kulturgeschichtliche Epoche vom 14. bis zum 16. Jahrhundert. „Wiedergeboren", d. h. wiederentdeckt, wurden Wissen, Kunst und Kultur der Antike durch den ▶ Humanismus, der ein neues Menschenbild entwarf. Maler und Bildhauer suchten nach den „idealen menschlichen Maßen" (z. B. Leonardo da Vinci). Auch die Päpste

▲ Der Vitruv'sche Mensch. Die Zeichnung von Leonardo da Vinci (um 1490) stellt die idealen Proportionen eines Menschen dar, basierend auf den Schriften des antiken Architekten Vitruvius.

dieser Epoche nahmen diese Anregungen auf. So wurden Künstler engagiert, z. B. für den Neubau des Petersdoms, der durch den Verkauf von ▶ Ablassbriefen finanziert wurde. In der Renaissance kam es auch zu einem umfassenden Wandel im Weltbild. Fortschritte in Wissenschaft und Technik ermöglichten das sogenannte „Zeitalter der Entdeckungen" (z. B. Christoph Kolumbus) und die europäische Expansion in bis dahin unbekannte Regionen der Welt.

Richter

Im Alten Testament sind mit „Richter" nicht Personen der Rechtsprechung gemeint, sondern charismatische Stammesführer, die Israels Stämme oder Sippen bei Konflikten oder im Krieg angeführt haben. Im

Buch Richter (▶ Ri 3,7–12,15) wird geschildert, wie einzelne Anführer im Auftrag JHWHs Israel aus der Hand der Feinde befreien. Daneben finden sich auch Richter, die aufgrund ihrer persönlichen Autorität durchaus rechtsprechende Tätigkeiten übernommen haben. In der Figur der Debora, die einzige Frau unter den als Richter bezeichneten Menschen, verbindet sich die Funktion als Rechtsprecherin mit der Rolle als Anführerin im Krieg und als Prophetin.

Schmalkadischer Bund

Der Schmalkaldische Bund war ein Bündnis von lutherischen ▶ Reichsständen zur Verteidigung gegen Kaiser ▶ Karl V. und seine Politik in Religionsfragen. Der Kaiser hatte 1530 auf dem ▶ Reichstag in Augsburg die *Confessio Augustana* zurückgewiesen (▶ S. 64). Die Fürsten und Reichsstädte, die dem neuen Bekenntnis anhingen, konnten folglich wegen Widerstands gegen den Kaiser und Landfriedensbruchs angeklagt werden. Aus diesem Grund schlossen sie 1531 unter der Führung des sächsischen und des hessischen Fürsten in der sächsischen Stadt Schmalkalden ein Verteidigungsbündnis, um sich gegenseitig gegen den Kaiser beizustehen. Dem Bund traten weitere lutherische Stände bei, sodass er seine politische und militärische Macht gegenüber dem Kaiser zunächst ausbauen konnte. Unstimmigkeiten unter den Mitgliedern trugen jedoch in den folgenden Jahren zu seiner Schwächung bei. Im

Schmalkaldischen Krieg (1546–1547) unterlag das protestantische Bündnis dem Kaiser und wurde aufgelöst.

Scientology

Scientology ist eine umstrittene weltanschauliche Organisation mit zahlreichen Unterorganisationen und ihr nahestehenden selbstständigen Unternehmen. Ihre Lehren gehen zurück auf den Science-Fiction- und Western-Autor Lafayette Ronald Hubbard (1911–1986), der ab den 1950er Jahren versuchte, seine bewusstseinsverändernden Techniken („Dianetik") als Religion zu etablieren. Scientology ist weltweit tätig. Kritiker werfen der Organisation vor, dass sie sich psychologischer Methoden bediene, um Menschen zu manipulieren, abhängig zu machen und wirtschaftlich auszubeuten. Laut bayerischem Verfassungsschutz strebt Scientology ein weltweites, absolutes Herrschaftssystem an und stellt damit das demokratische System der Bundesrepublik Deutschland und die staatliche Garantie der ▶ Menschenrechte infrage. 1995 entschied das Bundesarbeitsgericht, dass Scientology keine Religions- und Weltanschauungsgemeinschaft im Sinne des Grundgesetzes ist.

Sebastian, heiliger

Sebastian ist ein Märtyrer, der im 3. Jahrhundert in Rom als Soldat am Hof des römischen Kaisers gelebt haben soll. Da er sich zum Christentum bekannte, wurde er, der Überliefe-

rung zufolge, zum Tode verurteilt und sollte an einen Baum gebunden und durch Bogenschützen hingerichtet werden. Die Legende besagt, dass die Pfeile ihn nicht töten konnten und er nach seiner Genesung erneut vor den Kaiser trat und sich zum Christentum bekannte. Daraufhin ließ der Kaiser ihn erschlagen. Sein Leichnam wurde in der sogenannten Sebastians-Katakombe in Rom bestattet.

Sebastian wird seit dem frühen Mittelalter als Schutzpatron gegen die Pest verehrt, da auf seine Fürbitte hin verschiedene Pestepidemien geendet haben sollen. Sein Attribut sind Pfeile, die sinnbildlich für die Krankheit stehen, die die Menschen wie tödliche Pfeile trifft (vgl. ▶ S. 59). Neben Sebastian gibt es zahlreiche weitere Heilige, die als Helferinnen und Helfer gegen Seuchen wie die Pest angerufen wurden („Pestheilige").

Segen

In der Bibel versteht man unter Segen (von lat. *signum*, „Zeichen") ein Versprechen Gottes an den Menschen, dass er ihn beschützen und ihm helfen wird. Schon die Schöpfungserzählung enthält diesen Zuspruch Gottes (z. B. ▶ Gen 1,22.28). Auch der sogenannte „aaronitische Segen" (▶ Num 6,24–26) ist sehr bekannt. Im Neuen Testament segnet Jesus oft Kinder und legt ihnen als äußeres Zeichen die Hände auf (▶ Mk 10,16). Er segnet aber auch das Brot, bevor er es austeilt (▶ Mk 6,41).

In der katholischen Kirche segnen Priester und Diakone zu bestimmten Anlässen Menschen (z. B. am Ende des Gottesdienstes) und auch Dinge (z. B. das Weihwasser oder die Speisen an Ostern). Priester und Diakone sind durch ihre Weihe dazu befähigt, den Menschen den Segen Gottes zuzusprechen. Aber auch jede und jeder Getaufte kann für sich oder andere Gottes Segen erbitten. Das Kreuzzeichen als Segensgestus und der Tischsegen sind die heute bekanntesten Segen, die auch im Alltag Verwendung finden.

Spiritualität, spirituell

Der Begriff Spiritualität (von lat. spiritus, „Hauch, Geist") bezeichnet die Grundhaltung, die den Alltag und die Lebensführung von gläubigen Menschen prägt. Diese drückt sich z. B. in verschiedenen Formen des Gebetes aus, in Ritualen, Meditation, Pilgern und Wallfahren, Lesen der heiligen Schriften, Musik etc. Dahinter steht das Bedürfnis nach einer tieferen Erfahrung und Verbindung mit dem Göttlichen. Der Begriff ist in den letzten Jahren im Zusammenhang mit der ▸ Esoterik populär geworden und kann auch unabhängig von einer konkreten Religion gebraucht werden: Zentral ist die Vorstellung von einer geistigen Dimension des Menschen und seiner Umwelt; der Mensch wird als Teil eines „großen Ganzen" gesehen. Wie bestimmte Gruppen oder Strömungen diese Überzeugung in ihrer spirituellen

Praxis gestalten und entsprechende Erfahrungen ermöglichen wollen, kann sehr unterschiedlich sein. Es kommt auch vor, dass Formen oder Elemente aus verschiedenen Religionen aufgegriffen und umgedeutet werden. Für die christliche Spiritualität steht die Beziehung zu Jesus Christus im Mittelpunkt.

Zehn Gebote

Die Zehn Gebote, auch Dekalog genannt (von griech. *deka*, „zehn" und *logos*, „Wort"), sind eine Zusammenstellung von Grundregeln des menschlichen Verhaltens in der Hebräischen Bibel, die „die Grundpflichten des Menschen gegenüber Gott und dem Nächsten zum Ausdruck bringen" (Katechismus der katholischen Kirche). Sie sind die guten Weisungen Gottes, die es ermöglichen, ein sinnerfülltes und glückliches Leben in Freiheit zu führen. Der Dekalog steht in einem engen Zusammenhang mit dem ▸ Exodus. Nach der Befreiung erhalten die Israeliten die Zehn Gebote als Stütze zur Gestaltung der Freiheit und als Bundesangebot Gottes (▸ Ex 19; Dtn 5). Gott will den Menschen helfen, ein gutes Leben in Gemeinschaft zu führen.

Weil sie von Gott kommen (▸ Ex 20; Dtn 5), haben die Zehn Gebote für gläubige Juden und Christen die höchste Verbindlichkeit und gelten als zentrale Gebote. Verstößt man gegen sie, schädigt man sich selbst, seinen Nächsten, die Menschheit, ja

im Grunde die ganze Schöpfung. Befolgt man sie dagegen, wandelt man auf den Wegen Gottes. Exodus und Dekalog bilden damit Basis, Leitlinie und Zielpunkt für die Botschaft biblischer Prophetinnen und ▸ Propheten.

Zweites Vatikanisches Konzil

Das Zweite Vatikanische Konzil wurde 1961 von Papst Johannes XXIII. einberufen und tagte von 1962 bis 1965. Das Konzil wurde zum Symbol der Erneuerung der katholischen Kirche. Die Hauptthemen waren eine umfassende Reform der Liturgie, Aufgaben und Stellung der Laien, das Verhältnis von Kirche und Welt und die Beziehung der römisch-katholischen Kirche zu anderen ▸ Konfessionen und Religionen.

▲ *Zu Beginn und zum Abschluss der Sitzungsperioden des Zweiten Vatikanischen Konzils versammelten sich der Papst und die Bischöfe in der Konzilsaula im Petersdom. Berater und Beobachter konnten von den seitlichen Emporen aus das Geschehen verfolgen.*

Gesamt-Netzkarte

Diese Übersicht zeigt das Streckennetz dieses Schuljahres mit den fünf Kapiteln in den jeweiligen Farben. Die Umsteigehaltestellen zeigen mögliche inhaltliche Verbindungen zwischen den einzelnen Kapiteln an; ihr entdeckt sicher noch weitere! Damit könnt ihr zusammen mit eurer Lehrerin, eurem Lehrer, eigene Lernwege planen.

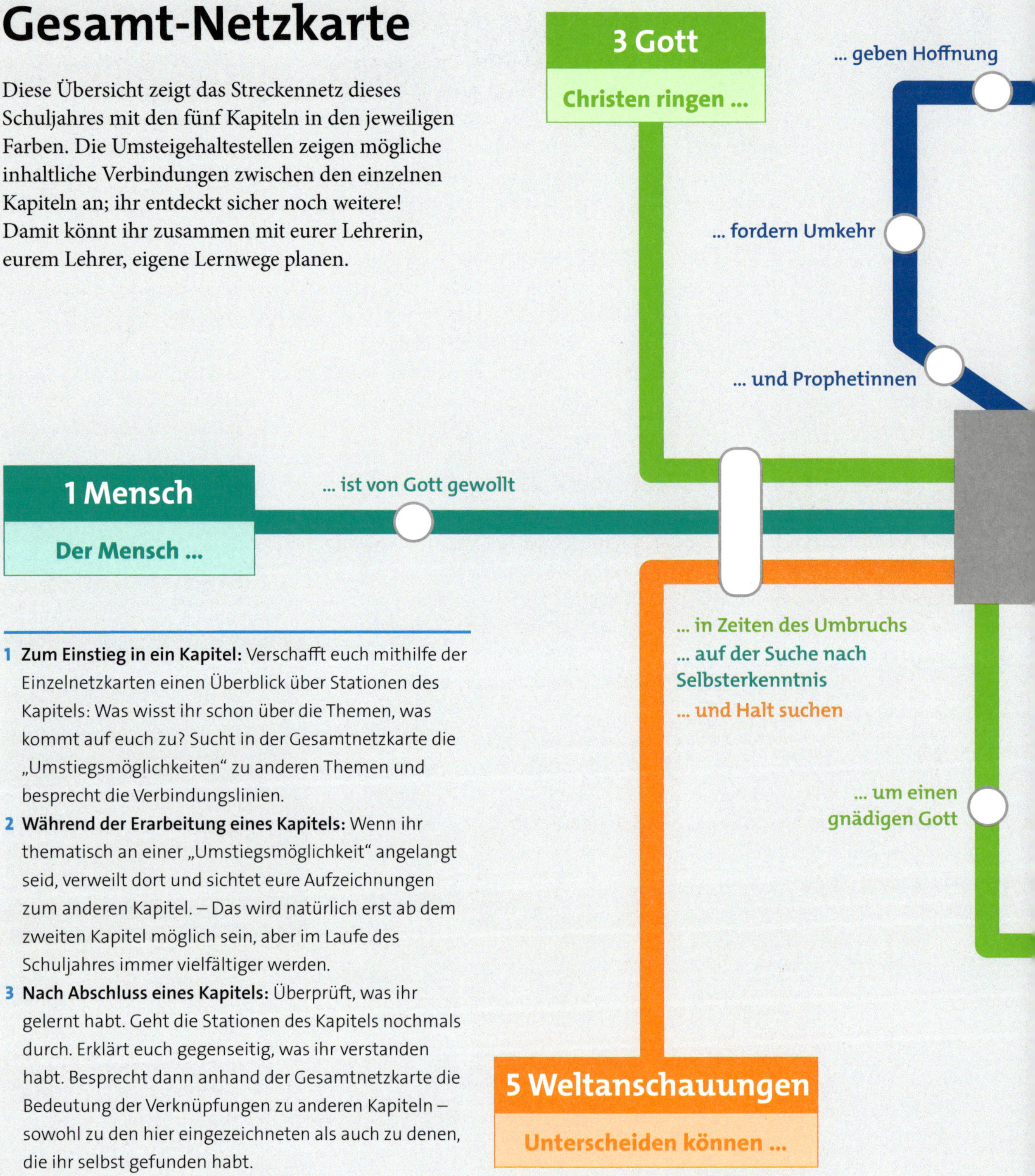

3 Gott

Christen ringen ...

... geben Hoffnung

... fordern Umkehr

... und Prophetinnen

1 Mensch

... ist von Gott gewollt

Der Mensch ...

... in Zeiten des Umbruchs
... auf der Suche nach Selbsterkenntnis
... und Halt suchen

... um einen gnädigen Gott

1 Zum Einstieg in ein Kapitel: Verschafft euch mithilfe der Einzelnetzkarten einen Überblick über Stationen des Kapitels: Was wisst ihr schon über die Themen, was kommt auf euch zu? Sucht in der Gesamtnetzkarte die „Umstiegsmöglichkeiten" zu anderen Themen und besprecht die Verbindungslinien.

2 Während der Erarbeitung eines Kapitels: Wenn ihr thematisch an einer „Umstiegsmöglichkeit" angelangt seid, verweilt dort und sichtet eure Aufzeichnungen zum anderen Kapitel. – Das wird natürlich erst ab dem zweiten Kapitel möglich sein, aber im Laufe des Schuljahres immer vielfältiger werden.

3 Nach Abschluss eines Kapitels: Überprüft, was ihr gelernt habt. Geht die Stationen des Kapitels nochmals durch. Erklärt euch gegenseitig, was ihr verstanden habt. Besprecht dann anhand der Gesamtnetzkarte die Bedeutung der Verknüpfungen zu anderen Kapiteln – sowohl zu den hier eingezeichneten als auch zu denen, die ihr selbst gefunden habt.

5 Weltanschauungen

Unterscheiden können ...

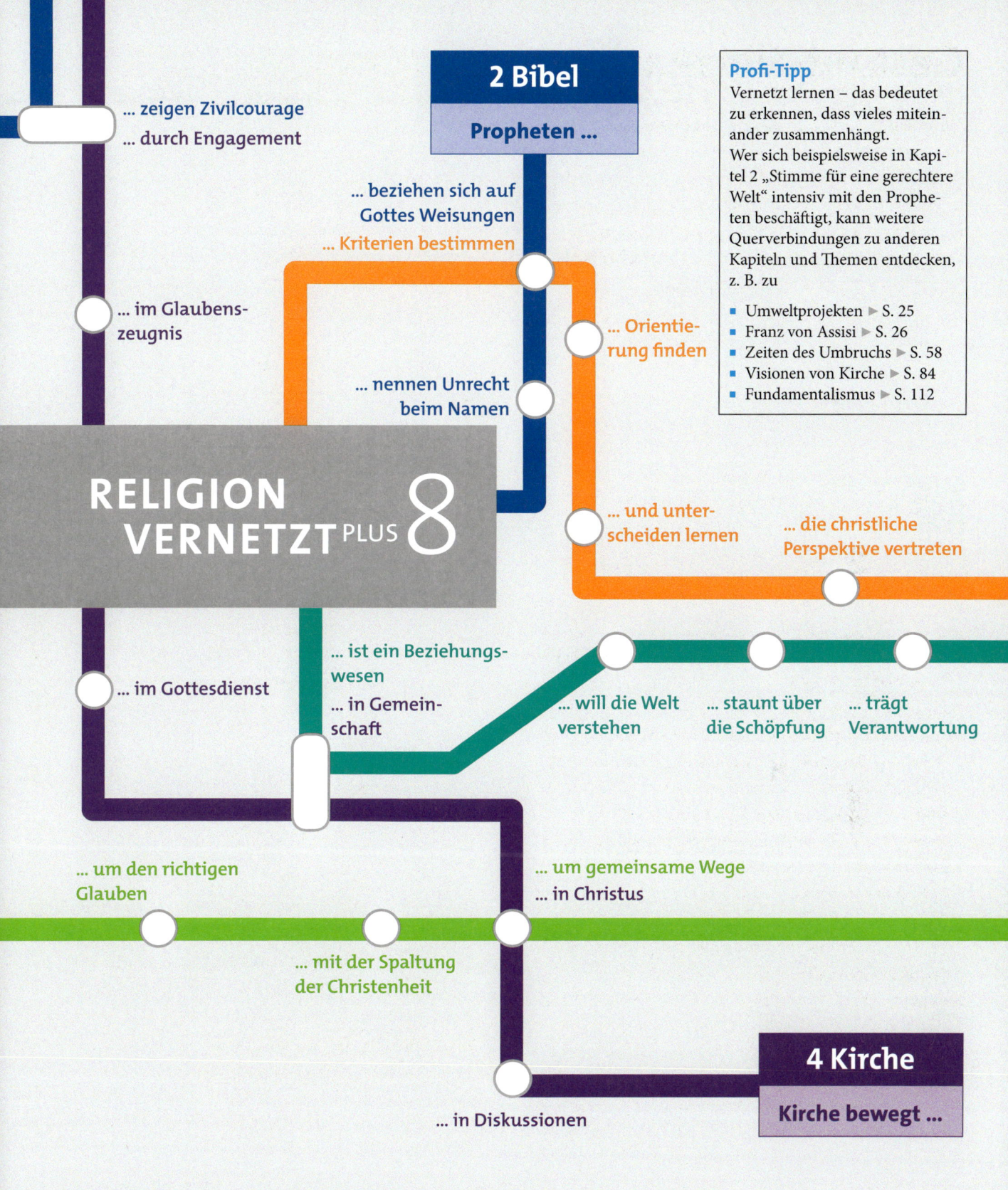

2 Bibel

Propheten …

… zeigen Zivilcourage
… durch Engagement

… beziehen sich auf Gottes Weisungen
… Kriterien bestimmen

… im Glaubenszeugnis

… Orientierung finden

… nennen Unrecht beim Namen

… und unterscheiden lernen

… die christliche Perspektive vertreten

RELIGION VERNETZT PLUS **8**

… ist ein Beziehungswesen
… in Gemeinschaft

… will die Welt verstehen

… staunt über die Schöpfung

… trägt Verantwortung

… im Gottesdienst

… um den richtigen Glauben

… um gemeinsame Wege
… in Christus

… mit der Spaltung der Christenheit

4 Kirche

Kirche bewegt …

… in Diskussionen

Profi-Tipp

Vernetzt lernen – das bedeutet zu erkennen, dass vieles miteinander zusammenhängt.
Wer sich beispielsweise in Kapitel 2 „Stimme für eine gerechtere Welt" intensiv mit den Propheten beschäftigt, kann weitere Querverbindungen zu anderen Kapiteln und Themen entdecken, z. B. zu

- Umweltprojekten ► S. 25
- Franz von Assisi ► S. 26
- Zeiten des Umbruchs ► S. 58
- Visionen von Kirche ► S. 84
- Fundamentalismus ► S. 112

Verzeichnis der Bibelstellen

Quellennachweis

35 Kindermissionswerk ‚Die Sternsinger'/Susanne Dietmann | dpa picture-alliance/dpa-infografik   36/37 Hans-Peter Eggerl (*1967), li.: Auszug aus Ägypten, re.: Am Horeb – Herz oder Gesetz © beide Hans-Peter Eggerl, hapeeART   41 Bridgeman Images/NPL-DeA Picture Library   43 Brot für die Welt   44 mauritius images /alamy stock photo/Kuttig – People   45 Gerhard Mester/Baaske Cartoons Müllheim   48 Imago Stock & People GmbH/epd   49 mauritius images/JT Vintage   52 Worldmapper   53 Buchcover: Aeham Ahmad, Und die Vögel werden singen. Ich, der Pianist aus den Trümmern, S. Fischer, Frankfurt a. M. 2019   54 Shutterstock.com/zhukovvvlad   55 Thomas Plaßmann   56 siehe S. 67, 59   57 siehe S. 72   59 Pestbild (Holztafelgemälde um 1490) in der Stadtpfarrkirche St. Sebastian Oettingen (Ausschnitt), Foto: Pfarrei St. Sebastian, Oettingen   63 Michael Apitz (*1965), LUTHER95, 2017, Acryl auf Holz (95-teilig), gesamt 398,5 × 360 cm Foto: Michael Apitz / Apitz-Art   64 Lucas Cranach d. Ä. (1472–1553), Martin Luther als Junker Jörg, 1522, Mischtechnik/ Buchenholz, 52,8 × 37,3 cm, Foto: bpk/Klassik Stiftung Weimar/Alexander Burzik   65 Cornelsen/Detlef Seidensticker   66 „Luthers und Luzifers einträchtige Vereinigung", Titel einer Druckschrift des Magister Peter Sylvius, 1535, Holzschnitt, Foto: bpk   67 „Ain grosser Preiß", Titel einer Druckschrift von Melchior Ramminger, 1521, Holzschnitt, Foto: Bridgeman Images/SZ Photo/Scherl   69 Ignatius von Loyola, Porträt in Rüstung nach einem Kupferstich von Cornelis Vermeulen, 17. Jh., Öl auf Leinwand, 94 × 72 cm, Inv.Nr. MV3161, Versailles, Château et Trianons, Foto: akg-images/Album/Oronoz | Hubert Gerhard, Erzengel Michael, Bronzeskulptur an der Fassade von St. Michael, München, 1558, Foto: akg-images/Erich Lessing   70 Luther, Martin: An die Radherrn aller stedte deutsches lands: das sie Christliche schulen auffrichtenn vnd halten sollen — Erfurt, 1524, Titelblatt. Universitätsbibliothek Heidelberg, Salem 36,13 C (Res), https://doi.org/10.11588/diglit.1832   72 Thomas Plaßmann   73 Geht doch! Ökumenischer Pilgerweg für Klimagerechtigkeit, www.klimapilgern.de   74 Regine Adam, Donaukurier   75 Ökumenischer Jugendkreuzweg #beimir, 1. Stationsposter © Jugendhaus Versicherungen GmbH – Bereich: Verlag Haus Altenberg, Düsseldorf 2021   76 dpa picture-alliance/ZB/Peter Endig | Playmobil - geobra Brandstätter Stiftung & Co. KG, Zirndorf   77 Sebastian Reigel (um 1608–1675), Allerheiligenbild, 1642, St. Georg, Dinkelsbühl, Foto: Christoph Weiser, München   78 Michael Pendry (*1974), Heart Number One, Kunstinstallation in der Heilig-Geist-Kirche München, 2016 © Michael Pendry, Foto: Sebastian Krawcrza   79 Thomas Plaßmann   80 siehe S. 92, 90   83 Kindermissionswerk/Benne Ochs | Wolf Lux/Malteser | Daniel Jäckel/pba | dpa picture-alliance/R4200   90 mauritius images/Dr. Wilfried Bahnmüller   91 dpa picture-alliance/Armin Weigel   92 Kamba Luesa, DR Kongo, Auferstehung, missio-Kunstkalender 1994 © missio Aachen   93 Frauen-T-Shirt „Mach's wie Gott und werde Mensch!" © Mutmacher/Spreadshirt.de https://bit.ly/3gGbAiO [aufgerufen am 26.04.2021]   95 von li.o. im Uhrzeigersinn: Sozialdienst katholischer Frauen Landesverband Bayern e.V. | Deutscher Caritasverband e.V. | Bahnhofsmission Deutschland e.V. | Bischöfliches Hilfswerk MISEREOR e. V., Aachen | missio Aachen | Tafel Deutschland e.V. | Logo Flüchtlingshilfe, Sven Jäger / Bistum Würzburg | Bischöfliche Aktion Adveniat e.V. | DAHW Deutsche Lepra- und Tuberkulosehilfe e.V.   96 Bruder Martin, Straßenambulanz St. Franziskus e.V.   98 Verein Friedenslicht Schweiz; Foto: Vreni Stählin   99 Imago Stock & People/epd   100 Imago Stock & People GmbH/Independent Photo Agency Int.   101 Bistum Augsburg, Bischöfliche Finanzkammer   102 Wassily Kandinsky (1866–1944), „Yellow Accompaniment (Gelbe Begleitung)", 1924, Öl auf Leinwand, 99,2 × 97,4 cm, Foto: bpk / The Solomon R. Guggenheim Foundation / Art Resource, NY   104 siehe S. 107, 117   105 siehe S. 113   107 Hans Mendl (Schneekugel) | Shutterstock.com/Tanhauzer (Kette) | Shutterstock.com/footageclips (Kleeblatt) | Shutterstock.com/Jakub Krechowicz (Centstück) | dpa picture-alliance/chromorange (Christophorus) | stock.adobe.com/bigfoot (Landschaft) | stock.adobe.com/Comofoto (Kerzen) | Shutterstock.com/Sunnydream (Sternzeichensymbol „Fische") | mauritius images/alamy stock photo/ Little Adventures (Hamsa-Anhänger)   110 von li.o. nach re.u.: Imago

Stock & People/imagebroker/Michael Weber | mauritius images/Heiner Heine | mauritius images/alamy stock foto/CTK | Amin Rochdi, Hamburg | mauritius images Stefan Kiefer   111 von li.o. nach re.u.: mauritius images/alamy stock photo/amer ghazzal | Imago Stock & People GmbH/robertharding | Shutterstock.com/George Rudy | Shutterstock.com/Robert Kneschke | mauritius images/alamy stock photo/Dinodia Photos   112 Shutterstock.com/dotshock | Imago Stock & People GmbH/UPI Photo | Imago Stock & People GmbH/UPI Photo   113 António Artur Ferreira (*1966), Fundamentalism, 2013, Öl auf Leinwand, 70×60 cm, www.antonioferreira.gallery   114/115 Hintergrund: Shutterstock.com/A StockStudio | Mitte: stock.adobe.com/Pixel-Shot   117 Edith Peres-Lethmate (1927–2017), Kreuz des Südens, 1985, Bronzeskulptur, 70 × 45 cm, Pfarrei St. Martin, Koblenz-Pfaffendorf, Foto: Kirchengemeinde St. Martin, Koblenz Pfaffendorfer Höhe   118 Weltanschauung Bistum Bamberg/WerbeAtelier Kolvenbach-Post   119 Religions-und Weltanschauungsfragen, Bistum Augsburg   120 Quint Buchholz (*1957), Das Zimmer der Wünsche (II) © 2002 Quint Buchholz   127 akg-images/Science Source   128 mauritius images/alamy stock photo/Asar Studios   129 Giotto di Bondone (1276-1337), Der Heilige Franziskus predigt den Vögeln, Detail der Predella des Hl. Franziskus, Assisi, Öl auf Holz, um 1295, Paris, Musée du Louvre, Foto: Bridgeman Images/Photo Josse   130 stock.adobe.com/Nicola   132 Christoph Amberger (um 1505–1561/62), Karl V., um 1532, Öl auf Lindenholz, 67,2 × 50,7 cm, Foto: bpk / Gemäldegalerie, SMB / Jörg P. Anders   133 Lucas Cranach d. Ä. (1472–1553), Martin Luther, 1529, Öl auf Holz, 70 × 54 cm, Foto: bpk / Deutsches Historisches Museum / Sebastian Ahlers | Lukas Cranach d. Ä. (1472–1553), Katharina von Bora, 1529, Buchenholz, 37 × 23 cm, Foto: bpk / Scala - courtesy of the Ministero Beni e Att. Culturali   134 Lucas Cranach d. Ä. (1472–1553), Philip Melanchthon, 1532, Foto: akg-images   135 Dani Karavan (1930–2021), Straße der Menschenrechte, 1989–1993, Aufnahme 2001, Foto: akg-images / Jost Schilgen | Cornelsen/Detlef Seidensticker   136 Ökumenischer Rat der Kirchen/World Council of Churches   137 Leonardo da Vinci (1452-1519), Der Vitruv'sche Mensch, um 1490, Federzeichnung auf Papier, 34,6 × 25,5 cm, Galleria dell'Accademia, Venedig, Foto: akg-images/Eric Vandeville   139 bpk/Josef Albert Slominski

Texte

Alle Texte ohne Quellenangabe stammen von den Autorinnen und Autoren dieses Bandes. Die Bibeltexte sind zitiert nach: Die Bibel. Einheitsübersetzung der Heiligen Schrift, vollständig aktualisierte und überarbeitete Ausgabe, © 2016 Katholische Bibelanstalt GmbH, Stuttgart

7 Durs Grünbein (*1962), Schädelbasislektion, Suhrkamp Verlag, Berlin 2020, S. 11   11 Einheitsübersetzung der Heiligen Schrift © 2016 Katholische Bibelanstalt GmbH, Stuttgart. Alle Rechte vorbehalten   14/15 Peter Musall (Hg.), Gottes Schöpfung uns anvertraut: Geschichten - Gedichte - Berichte - Bilder - Gebete u. Lieder, Offenbach/M.: Laetare-Verlag, 1986, S. 43   18 Lisa Ströhlein, Wissenschaftlich betrachtet, in: Gehirn und Geist, Juni 2014, bearbeitet   22 Reiner Kunze (*1933), Die wunderbaren Jahre, S. Fischer, Frankfurt a.M. ³⁴2019, S. 80 | Heino Falcke, „Das schwarze Loch ist etwas Höllisches", Interview: Lars Reichardt „Das schwarze Loch ist etwas Höllisches", Interview: Lars Reichardt, Süddeutsche Zeitung Magazin Nr. 43 v. 23. Oktober 2020, S. 24-29, hier: S. 29 | Arnold Benz, Die Zukunft des Universums. Zufall, Chaos, Gott?, dtv 2001, S. 47 | Sallie McFague, The body of God, 1993, 80, zit. und übers. nach Katrin Bederna, Every Day for Future. Theologie und religiöse Bildung für nachhaltige Entwicklung, Ostfildern 2019, S. 173   24 Franz von Assisi, Das Erbe eines Armen. Die Schriften des Franz von Assisi, Topos Plus 2003, S. 53-55   25 Enzyklika Laudato si', Nummern 1-2, 93   26 Alexander Gerst, Botschaft an Enkelkinder, 25.11.2018, https://alexander-schnapper.de/2018/12/19/astro-alexs-botschaft-an-seine-enkelkinder-und-an-uns/ (zuletzt abgerufen am 29.3.2022)   28 „EVA", Words by Lennaert H. Nijgh, Music by Frank B. Boudewijn de Groot © Altona Edition. Courtesy of Neue Welt Musikverlag GmbH, Übersetzung: Michael Winklmann   29 Was hat Gott beim Urknall gedacht, Herr Börner?, Interview: Holger Fröhlich,

erschienen in: Christ & Welt, Die Zeit, 22.06.2018 **32** Roman Herzog zitiert nach www.bpb.de/apuz/25726/zivilcourage-im-alltag-ergebnisse-einer-empirischen-studie?p=all **36/37** Text in der Illustration: ²Ich bin der HERR, dein Gott, der dich aus dem Land Ägypten geführt hat, aus dem Sklavenhaus. ³Du sollst neben mir keine anderen Götter haben. ⁴Du sollst dir kein Kultbild machen und keine Gestalt von irgendetwas am Himmel droben, auf der Erde unten oder im Wasser unter der Erde. (…) ⁷Du sollst den Namen des HERRN, deines Gottes, nicht missbrauchen (...) ⁸Gedenke des Sabbats: Halte ihn heilig! ⁹Sechs Tage darfst du schaffen und all deine Arbeit tun. ¹⁰Der siebte Tag ist ein Ruhetag, dem HERRN, deinem Gott, geweiht. (…) ¹²Ehre deinen Vater und deine Mutter, damit du lange lebst (...); aus: Einheitsübersetzung der Heiligen Schrift © 2016 Katholische Bibelanstalt GmbH, Stuttgart. Alle Rechte vorbehalten **41** Deborah Feldman, Überbitten. Eine autobiografische Erzählung, btb Verlag, München 2019, S. 343 **42** Reinhard Marx, Das Kapital. Ein Plädoyer für den Menschen, Pattloch 2010, S. 137–141 **44** Greta Thunberg, Ich will, dass ihr in Panik geratet! Meine Reden zum Klimaschutz, übers. v. Ulrike Bischoff, Frankfurt a. M. 2020, S. 38-40 **45** Enzyklika Laudato si, Nr. 52, 2015 und Nr. 94, 2015 **49** Martin Luther King, Aufruf zum zivilen Ungehorsam, Econ 1969, S. 118–120 **50** Text U-Bahn nach: Zusammenfassung des Films „In Bedrängnis", S. 3, DVD FWU, fwu.de/zivilcourage-im-alltag/ | Brief von Papst Franziskus an die Jugendlichen anlässlich der Vorstellung des Vorbereitungsdokumentes der XV. Ordentlichen Generalversammlung der Bischofssynode 2017, Libreria Editrice Vaticana **52** Martin Buber, Der Gott der Bibel, Kath. Bildungswerk Stuttgart 1979, S. 78f. **53** Andreas Knapp, Weiter als der Horizont, Gedichte über alles hinaus, Echter Verlag 2002, S. 27 | Aeham Ahmad, Und die Vögel werden singen. Ich, der Prophet aus den Trümmern, S. Fischer Verlag, Frankfurt a. M., S. 7 und 14f. **58** *Eyn christliche ermanung*, 1503, Zitiert nach: Heinrich Lutz, Das Ringen um deutsche Einheit und kirchliche Erneuerung. Propyläen Weltgeschichte, Bd. 4, Berlin 1983, S. 40 **59** Zitiert nach: Helmar Junghans (Hg.), Die Reformation in Augenzeugenberichten, übers. von Franz Lau und Helmar Junghans, Düsseldorf 1973, S. 43 **62** Auszug aus den 95 Thesen zit. n. www.luther2017.de/martin-luther/texte-quellen/die-95-thesen/index.html, aufgerufen am 21.1.2021 **68** nach: Andreas Hausotter, Schlaglichter der Kirchengeschichte, Auer 2015, S. 58 **72** Rede Papst Franziskus zum Reformationsjubiläum 2017, Libreria Editrice Vaticana | www.pilgern-bayern.de/pilgern-evangelisch **73** Dorothee Sölle (1929–2003), aus: Von Osten und Westen, von Norden und Süden. Ökumenische Pilgerwege, missio Aachen 2000, S. 43 | Geht doch! Ökumenischer Pilgerweg für Klimagerechtigkeit, www.klimapilgern.de **74** Elisabeth Raiser, www.kirchentag.de/service/archiv/ berlin_2003#c21546, abgerufen am 18.8.2020 **75** Ökumenischer Jugendkreuzweg 2018, #beimir, Station 1: Jesus wird zum Tode verurteilt, © Jugendhaus Versicherungen GmbH – Bereich: Verlag Haus Altenberg, Düsseldorf 2021 **76** Heinrich Bedford-Strohm, www.ekd.de/playmobil-luther-eine-million-verkauft-24252.htm **79** Elmar Klinger, Armut: Eine Herausforderung Gottes – Der Glaube des Konzils und die Befreiung des Menschen, Benzinger 1990, S. 107 | Christiane Florin, Ist die Kirche noch zeitgemäß?, www.weiberaufstand.de, Blogbeitrag 30.9.2017, Abruf 9.11.2020 | Volker Andres in: ennundteh. Magazin des BDKJ Erzdiözese Köln, 1/2017, S. 21 | Schülerzitate: Jugendverbände der Gemeinschaft Christlichen Lebens (J-GCL), Schlüsselworte des Glaubens. ZAM Projektdokumentation, 2017, S. 39 und 45 **82** Fakten zur Kirche in Deutschland: 18. Shell Jugendstudie. Jugend 2019. Eine Generation meldet sich zu Wort, Weinheim/Basel 2019, S. 156 | Werte zu Gottesdienstbesuchern und Ministranten: Katholische Kirche in Deutschland, Zahlen und Fakten 2019/2020, hg. v. Sekretariat der Deutschen Bischofskonferenz, 2020; Werte Gesamtzahl der Katholiken, Aussagen zu Taufe und Eintritten bzw. Bestattungen/Austritte: Zahlen und Fakten 2021, hg. v. Sekretariat der Deutschen Bischofskonferenz, 2022 **84** Andrea Voß-Frick, Maria 2.0, www.mariazweipunktnull.de/wp-content/uploads/2019/03/Maria20KircheMorgenHandzettel.pdf, abgerufen am

2.8.2022. | Schreiben des Heiligen Vaters an die Jugendlichen zur Vorstellung des Vorbereitungsdokuments der XV. ordentlichen Generalversammlung der Bischofssynode 2017, Libreria Editrice Vaticana, https://www.katholisch.de/artikel/11903-mit-vaeterlicher-zuneigung **85** Kardinal Walter Brandmüller, in: Wer den Tempel Gottes verdirbt, den wird Gott verderben, www.kath.net/news/67971, aufgerufen am 21.6.2022 | Zweites Vatikanisches Konzil, Lumen Gentium, 8 | Lothar Zenetti (1926-2019), Inkonsequent, in: Auf seiner Spur. Texte gläubiger Zuversicht, Matthias Grünewald Verlag, 2011 **86** Papst Franziskus in einer Audienz für das am Heiligen Stuhl akkreditierte Diplomatische Korps, 22.03.2013 **87** Lumen Gentium, 33 | Papst Franziskus, zitiert nach: www.domradio.de/nachrichten/2013-03-27/bergoglios-zusammenfassung-seiner-rede-vor-der-kardinaelen; Katholische Nachrichten-Agentur KNA, aufgerufen am 21.1.2021 | Hl. Augustinus, Sermo, 340,1 **88** Gaudium et spes, 1 | jetzt WIR/Bonifatiuswerk, Unsere Identität: Christus bezeugen, Frankfurt a.M., Konpress-Medien eG, Sonderausgabe, Oktober/November 2018, S. 4, © Bonifatiuswerk der deutschen Katholiken e. V. **89** Gemeinsame Synode der Bistümer der Bundesrepublik Deutschland, Beschluss: Sakramentenpastoral, Herder 1976, S. 241 **91** Unser Leben sei ein Fest Melodie: Janssens, Peter, Text: Metternich-Team, © Peter Janssens Musik Verlag, Telgte-Westfalen **92/93** Interview mit Christian Mazenik: Patrick Rotter **94** Definition Diakonie aus: Weber, Hartwig: Jugendlexikon Religion, Reinbek bei Hamburg: Rowohlt Taschenbuch Verlag, Rowohlt 1986, S. 135 | Ansprache von Papst Franziskus an die Teilnehmer der Vollversammlung der internationalen Vereinigung der Generaloberinnen, (U.I.S.G.), 8. Mai 2013, Libreria Editrice Vaticana | Presseerklärung der Oberzeller Franziskanerinnen: Oberzeller Franziskanerin muss vor Gericht, Mai 2021 **95** Ubi caritas; Melodie: Berthier, Jacques; © Ateliers et Presses de Taizé, 71250 Taizé-Communauté **96** Gesprächsprotokoll: Michael Winklmann **98** Zitate: WAZ Hattingen/FUNKE Medien NRW, 2016 | Ansprache des Heiligen Vaters an die Teilnehmer an der internationalen Friedenskonferenz, Freitag, 28. April 2017, w2.vatican.va/content/ francesco/de/speeches/2017/april/documents/papa-francesco_20170428_egitto-conferenza-pace.html, Libreria Editrice Vaticana **99** Papst Franziskus, in: Beate Hellbach, Franziskus Papst: Franziskus to go. Wegweisende Zitate von Papst Franziskus, Verlag Neues Leben Berlin 2016, o. S. | Alexander Brüggemann/KNA, www.kirche-und-leben.de/artikel/erwin-kraeutler-der-unbequeme-amazonas-bischof-wird-80, aufgerufen am 27.8.2020 **100** Botschaft zur Feier des Weltfriedenstages am 1. Januar 2017, www.dbk.de/ fileadmin/redaktion/diverse_downloads/Botschaften/2017-Botschaft-zum-Weltfriedenstag.pdf, Libreria Editrice Vaticana **101** Gottesdienst in Berliner S-Bahn: Mit Kopfhörern auf Kreuzfahrt © Claudia Keller/Der Tagesspiegel **103** Horst Evers | Andreas Knapp, Brennender als Feuer, Echter Verlag, S. 72 **105** Johannes Rau, Grußwort bei der Festakademie zur Eröffnung des Internationalen Meister-Eckhart-Gedenkens, 21.03.2003 **107** Einheitsübersetzung der Heiligen Schrift © 2016 Katholische Bibelanstalt GmbH, Stuttgart. Alle Rechte vorbehalten **108** Rebecca Nowack, in: Jugend – Glaube – Religion, Schweitzer u.a., Waxmann 2018 (Münster, New York) S. 187 | Paul Tillich, in: Paul Tillich, Die verlorene Dimension. Not und Hoffnung unserer Zeit, Furche Verlag Hamburg 1962, S. 23 f. | Definition: www.duden.de/rechtschreibung/Religion, Bibliographisches Institut GmbH **112** Definitionen radikal, Radikalismus/Fundament, Fundamentalismus/Fan, Fanatismus, Fanatiker: Duden. Deutsches Universalwörterbuch, 8. Auflage , Berlin 2015 **113** www.antonioferreira.gallery/de/gallery/fundamentalismus/ (abgerufen am 19.4.2022) **114** „Lichtnahrung" nach: Melanie Möller, www.remid.de/info_lichtnahrung/, abgerufen am 21.5.2021, © REMID e.V. **115** Nehmt Abschied Brüder, Text: Laue, Claus Ludwig; © Georgs-Verlag, Neuss **118 /119** Interview mit Axel Seegers: Matthias Werner **122** Papst Franziskus, aus: Ansprache zur Generalaudienz 8.8.2018 **123** Zit. n. Informationsblatt „Sekten" der Beratungsstelle für Sekten und Weltanschauungsfragen im Bistum Regensburg